王嗣敏——著

细说史记三千年·**西汉名臣**

华夏出版社
HUAXIA PUBLISHING HOUSE

图书在版编目（CIP）数据

细说史记三千年．西汉名臣／王嗣敏著 .-- 北京：华夏出版社有限公司，2022.7

ISBN 978-7-5222-0208-2

Ⅰ．①细… Ⅱ．①王… Ⅲ．①中国历史－古代史－纪传体 ②《史记》－通俗读物 Ⅳ．① K204.2-49

中国版本图书馆 CIP 数据核字（2021）第 238143 号

细说史记三千年·西汉名臣

著　　者	王嗣敏	
责任编辑	张　平	

出版发行	华夏出版社有限公司	
经　　销	新华书店	
印　　刷	三河市少明印务有限公司	
装　　订	三河市少明印务有限公司	
版　　次	2022 年 7 月北京第 1 版	
	2022 年 7 月北京第 1 次印刷	
开　　本	890mm×1280mm　1/32	
印　　张	10.375	
字　　数	247 千字	
定　　价	69.00 元	

华夏出版社有限公司　地址：北京市东直门外香河园北里 4 号　邮编：100028
网址：www.HXPH.com.cn　电话：（010）64618981
若发现本版图书有印装质量问题，请与我社营销中心联系调换。

陈平世家

周勃世家

陈平世家

刘郎白首尚多疑，百战功臣迹转危。
致使文成谢封邑，未如还荐魏无知。

（宋）晁冲之《读陈平传》

一双白璧赎君过，四万黄金买主疑。
自是楚人愚易入，谁言汉计尽能奇。

（元）蒋民瞻《陈平》

第一章　苦读书贫家贵子　只要钱陈平择妇

陈平是汉代风云人物，也是汉朝的开国功臣，历经汉高祖刘邦、吕太后、汉文帝三个时代，是当之无愧的政坛"不倒翁"。陈平与张良一样，都是研究道家经典著作的，二人倒是相得益彰。说张良是"谋略家"，陈平是"阴谋家"，都是智谋，却体现褒贬。张良的计谋都是战略层面上的，规划国家走向，而陈平的谋略多是战术层面上的，针对现实问题找到切实可行的方法，甚至为达目的不择手段，也就是通常所说的"善使用阴谋"。陈平和张良在人生态度以及对荣华富贵的处理上也是大相径庭的。张良真正悟出了道家的精髓，所以他能急流勇退、谦虚退让、善始善终。陈平也学到了道家的真本领，可是他把道家哲学功利化了，他的目的是攫取荣华富贵，但是，因为他能活学活用，倒也游刃有余、进退自如。陈平是个标准的政客，想要让他为理想和原则而牺牲，恐怕是办不到的。他确实是灵活性出众，善于察言观色、见风使舵，所以高祖评价陈平是"智有余，而不可独担大任"，也应该是看出他过于

003

狡猾,不会是国家的中流砥柱。人性是复杂多变的,陈平更是这样。他是千变万化的,不是一个脸谱化、概念化的人,他之所以能够成为政坛"常青树",也说明他是有本事的。陈平的许多行为也是军事政治中的正常手段,不能用普通的标准衡量。

陈平在秦朝时居住在阳武县户牖乡(今河南原阳东南。牖,yǒu),少时家贫,好读书。只要不是读死书,一般好读书的都应该有点出息,因为这样的人大多谦虚上进,而且能够鉴往知来,通过学习得到持盈保泰之法。实践家所不喜欢的是只知死背教条的读书人。不能说"坑灰未冷山东乱,刘项原来不读书",只以刘邦和项羽的成功鼓吹"读书无用论"。刘邦和项羽这样的人只能是乱世英豪,也仅仅是一种特例,不具有普遍意义。项羽失败的原因有一条就是"不学无术"。刘邦虽然自己不读书,但他用的多是读书人,他把读书人的大脑用好了,作为自己智力的延长线才成功的。人不能为自己的没文化找借口,在任何时代,读书人真正的智慧都不容小视。即使在"以武平天下"的乱世,单靠枪杆子也很少有成功的,刘邦和项羽就是很好的例子。陈平喜欢读书,他就已经具备成功的素质了。从后来的表现及司马迁的评价来看,他读的应该是道家经典著作。

陈平从小父母双亡,与大哥相依为命。家里只有薄田三十亩,大哥每日早出晚归,辛勤地在田间耕作。这位大哥极富牺牲精神,即使自己深受生活重负之苦,仍支持弟弟出外游历求学。一方面,既读万卷书,又行万里路,增长见识,做到理论与实践相结合;另一方面,"学,然后知不足",尽量寻师访友,扩大知识面。这对年轻的陈平来说无疑是影响深远的。陈平身材魁梧,相貌堂堂,风流倜傥(tì tǎng),对女人有很强的吸引力。有人就问了:"家里这么穷,陈平吃了什么东西变得这么高高大大、白白胖胖的呢？"他的嫂子早就对他不顾家庭、不事生产的行为看不顺眼了，认为他衣来伸手，饭来张口，不知稼穑（jià sè，泛指农业劳动）之难，就说："也不过是吃糠咽菜罢了。他不想谋生之道，以便早日摆脱贫困，整日里只知游手好闲，吟诗作赋，也当不了饭吃。有这样的小叔子，还不如没有，倒落个眼不见心不烦。"陈平大哥听到老婆这么揶揄（yé yú，嘲弄，讽刺）自己的兄弟，大怒，一纸休书把她打发回了娘家。这种做法未必对，但是这位大哥真是顾念兄弟情啊！

陈平成人以后，到了该娶妻的时候了，但他的终身大事成了问题。富家女儿没人愿意嫁给他，因为他无权无势。这种势利眼，古今概莫能外。金钱权势是最吸引人眼球的。贫家女儿倒有肯一咬牙一跺脚豁出去的，可陈平又不同意，他想娶一个富家千金。按照陈平的现实主义风格，他应该是想借助妻族的力量早日飞黄腾达。但事情哪有这么巧合的？他的婚事拖了很久，陈平也整天唱着"单身情歌"。孤单的人那么多，快乐的没有几个，谁是他的另一半呢？在他们户牖乡有一个姓张的贵妇，称为张负（"负"通"妇"。一说指人名），家资丰饶。她有一个孙女嫁了五回，可丈夫都死得早，舆论普遍认为她"克夫"，是个标准的"扫帚星"，谁也不敢娶她。虽然她家庭富有，毕竟自己的命更重要一些。但陈平不信邪，想娶这个女人，只是没有机会求婚。

因为家贫，每当乡里谁家死人了，陈平就过去帮忙理事，这好歹能管一日三餐（也就像现在的"蹭饭"），而且靠着早去晚归、手脚麻利、八面玲珑，还总能得点小费贴补家用。这都是没有办法的事，穷人的无奈有谁能够理解？有一次，张负在葬礼上看到了陈平，她应该也是来参加葬礼的。她非常看重陈平，认为他姿容伟岸，定非凡人。陈平看出张负对自己有几分满意，就留待最后才走，好与张负有说话的机会。陈平谈吐不俗，应该给张负留下了深刻的印象，因为她尾随来到陈平的家里。若是没有进一步了解的愿望，她又何必如此呢？张负看陈平家就在靠外城墙的一个偏僻小巷里，破席当门，四壁透风，然而她从陈家门外留下的车辙推断，与他交往的应该都是有道义、有才干的社会名流或勇武豪侠之士。大概这些人乘坐的车子与众不同，车辙一目了然，是"奔驰"还是牛车一看便知。

张负回到家以后，对她的儿子张仲说："我想把孙女嫁给陈平。"张仲说："陈平没有正当职业，号称自由职业者，全县的人都讥笑他的所作所为，你为什么偏偏要把我女儿嫁给他呢？"张负说："他们看人太肤浅，只知看眼前，像陈平这种一表人才的人哪会长久贫贱呢？时机未到罢了。"张负决定把孙女嫁给陈平，因为他贫困，她又借给他钱，让他拿这些钱做聘（pìn）礼并做置办酒席招待宾客之用，真是仁至义尽。张负又告诫自己的孙女："不要因为陈家贫穷就傲慢无礼，要待兄如父，待嫂如母，互相恭谨谦让，才能家和万事兴。人生无常，不能以自己一时的富贵盛气凌人，切记！"这时陈平的大哥应该又娶了一个女人，所以张负告诉孙女要尊重嫂子。陈平终于捡到了天上掉下来的"大馅饼"，从此他的生活用度日益宽裕，交游范围也更加广泛。

那个时候，人们分春秋两季祭祀土神，"春社"是祈祷有个好收成，"秋社"是感谢上苍给了丰收年，先祭神，然后分享祭肉（胙肉。胙，zuò）。陈平是社上的"宰"，主管切割祭肉，分肉相当公平，让人挑不出丝毫毛病。家乡父老夸赞道："好，陈平这小子分肉公平，让人心服口服。"陈平说："唉，若让我陈平治理天下（使平得宰天下），也会像分割这祭肉一样公正的（亦如是肉矣）。"陈平这句"嗟乎，使平得宰天下，亦如是肉矣"与陈胜的"燕雀安知鸿鹄（hú，天鹅）之志"、刘邦的"大丈夫当如此也"以及项羽的"彼可取而代也",体现了伟大人物在青少年时代所具有的傲视今古、气吞山河的霸气,预示着来日的不同凡响。

这基本上就是陈平的青少年时代,我们可以总结出这么几个特点:首先,陈平热爱读书;其次,交友广泛,胸襟开阔;再次,他是一个理论与实践相结合型人物,做事公正,一般能做到这一点的人都是比较熟稔(rěn)人情世故的;最后,他风流潇洒、气概非凡、谈吐不俗,否则也不能引起张负的注意。这些应该是他日后成功的无形资本吧。

第二章　离楚营封金挂印　投汉王当日重用

陈胜起义后，有一个叫周市（fú）的人平定了魏地，立魏咎（jiù）为魏王，与秦军在魏地激战。陈平是阳武户牖乡人，比较早地接受了革命的洗礼。他辞别了他的哥哥，和一群青年去保魏咎。魏王让他做太仆，大概是交通部部长一类的，为君王掌管车马。陈平多次向魏咎献计，可都没被采纳。这时有人谗害他，他只好逃走了。陈平这一次的政治生涯不成功。

过了一段时间，项羽带兵到了黄河一带拓展势力范围，陈平就投靠了他，一起入关攻秦。在"鸿门宴"上刘邦逃席，项羽就是派陈平去找的刘邦。后来论功行赏，陈平被授予"爵卿"。这是个什么官呢？是个虚职，尊为卿，而实际上并不受重用。项羽东归彭城做了西楚霸王，这时汉王刘邦率军平定了三秦的关中之地，又向东进军攻下了司马卬（áng）的殷地。这司马卬是什么人呢？他是赵王歇手下的大将，素有战功，项羽分封诸侯时封他为殷王，都城在朝歌（今河南淇县一带）。司马

◎陈平的简略版人生大事记

魏王咎

1
任太仆

建议未被采纳，被谗，改投项羽

↓

项羽

2
封信武君

→

3
跟随项羽入关，"鸿门宴"在场

→

4
击降殷王司马卬

→

5
司马卬再次降汉，项羽迁怒于陈平

↓

刘邦

9
解荥阳之围

以女子两千人出东门惑楚，刘邦从西门逃脱

←

8
实施反间计，除掉范增，离间钟离眜

←

7
任护军中尉

屡出奇计

←

6
背楚归汉

↓

10
劝刘邦封韩信，以安其心

→

11
鸿沟议和后，与张良劝刘邦乘胜追击，击破项羽

→

12
封户牖侯

汉高祖六年（前201）

→

13
劝刘邦伪游云梦泽，擒韩信

17
使出浑身解数谋得自身安全

←

16
受刘邦命拘樊哙

←

15
改封曲逆侯

←

14
解白登之围

↓

汉惠帝

18
先任郎中令

后升为左丞相

↓

高后

19
代王陵为右丞相

→

20
高后死后，与周勃诛诸吕

→

21
拥立汉文帝

汉文帝

24
汉文帝二年（前178）病逝

谥号为"献"

←

23
专任丞相

周勃被免

←

22
任左丞相

卬投降了刘邦，项羽就派陈平带领魏咎的老部下前往镇压。陈平降伏司马卬回来后，被封为都尉，也得到其他的赏赐。谁知没过多久，刘邦又把殷地攻了下来。项羽大怒，就想杀掉自己封赏过的平叛有功的将领。其实项羽根本没必要这么做，那时人们朝秦暮楚实属寻常。再说冤有头债有主，殷地又投降刘邦也不是陈平他们的错，项羽应该对司马卬兴师问罪。然而项羽头脑简单，意气用事，认为陈平他们没有尽心尽力，他要杀了这些人。陈平怕被诛杀，就"封金挂印"，把项羽的赏赐原封不动地归还了，只身带剑从小道逃亡。他要渡过黄河去投靠刘邦。在船上时，船夫看他是个魁伟的美男子，单身独行，认为他是一员临阵脱逃的将领，身上必有珠玉宝器，就动了邪念。他用眼角盯着陈平，想要杀了他。陈平急中生智，脱掉外衣赤身露体地帮船夫划船。为了救命他也不怕走光了。船夫这才知他一无所有，就打消了邪念，陈平就这样躲过一劫。在颠沛流离、生死存亡的关头，陈平表现出超强的智慧。

陈平到了汉营，通过魏无知求见刘邦。那时掌管迎来送往、清洁洒扫的近侍人员叫石奋（他年仅十五岁就跟随刘邦，因谨慎得到刘邦的喜爱，其姐是刘邦的美妾。他后来被称为"万石君"，因为他和四个儿子都是两千石的俸禄，合起来就是"万石"。这一家人以超级变态式谨小慎微而闻名。石奋在汉景帝时代退休，定期参加朝会，每次经过皇宫门楼，一定会下车快走，恭敬异常。他的子孙做个小官，回来拜见他时，他总是穿着制服接见，而且称呼他们官职，不直接叫名字。当子孙有错误时，他也不责备，只是吃饭时不坐主位，而且绝食，弄得子孙们互相责备，然后光着膀子来谢罪，保证痛改前非，这才作罢。皇帝赏赐的食物，他总是要叩拜匍匐着吃，好像皇帝就在身边一样。他的大儿子石建担任"九卿"之一的郎中令时已经头发花白，但石奋的身体还很健康，石建休大礼拜时，总是瞒着父亲为其洗内裤，清洗便器。石建当面不说背后乱说，私下里说话滔滔不绝，可是见到皇帝就好像不会说话了。石奋的小儿子石庆担任汉武帝的太仆，为皇帝驾车。有一次行进途中，武帝问有几匹马，这本来不用看就知道，可是石庆却要用鞭子"仔细地"数一遍，然后说："六匹。"他是石奋的儿子中最随便的，尚且谨慎如此。以上见《史记·万石张叔列传》），当时他的官职是"中涓（juān）"。他接过陈平的名片之后，就向刘邦传话。刘邦接见了陈平等七人，也没谈什么正经事，只是大吃了一顿，吃完饭，刘邦就让这些人去好好休息，陈平却说："我来是有要紧事的，不是来蹭饭的，今天必须把事情说明白。"刘邦就喜欢这样的人，他知道陈平不是扯皮闲谈的人，而是办事果决、讲究实效的实干派，于是就把陈平留下来，让他畅所欲言。陈平的远见卓识让刘邦心花怒放、喜不自禁，他知道自己又得到了一个贤才，就问："你在项羽那里官居何职？"陈平说："都尉。"刘邦当天就任命陈平为都尉，掌管军中监察工作，并让他和自己同坐专车，以示尊崇。命令一下，全军哗然，众将说："大王得到的只是项羽的一个逃兵，不知本领高低，当天就让他监督军中老将，同坐专车，恩宠过度，我们认为这事不十分合适。"刘邦听到这些议论后，反而更加宠信陈平，让他和自己一道东击项羽。

第三章　且不论盗嫂偷金　行反间范增出走

周勃和灌婴等老将全都说陈平的坏话，他们说："陈平虽然是个美男子，不过这也只是像帽子上装饰用的玉器罢了（"平虽美丈夫，如冠玉耳。"成语"美如冠玉"之源），恐怕是外强中干、羊质虎皮，绣花的枕头——中看不中用，没有什么奇才大略。我们听说他在家时和自己的嫂子有私情，在家不能安身，才投靠魏咎；在魏咎那里三心二意，才投靠项羽；到了项羽那里，又因为不中用，才当逃兵，到了我们这里。今日大王给他高官显爵，令他监察军队，主管赏罚，可他腐化堕落成贪污犯，收取贿赂，送钱多的得高官厚禄，送钱少的只能屈居下流，所以说陈平是个反复无常、见利忘义的小人，希望大王明察。"俗话说：众口铄金，积毁销骨。如今众口一词，都说陈平的坏话，刘邦也犯了嘀咕，他必须把这件事调查清楚。如果自己看错了人，再一意孤行，恐怕是众怒难犯。难道真是自己错了吗？

刘邦可以不管陈平与嫂子偷情的事，但是他不能容忍陈平出尔反尔、反复无常。于是刘邦就责备引荐陈平的魏无知，魏无知说："我举荐的是他的才能，如今您责备的是他的品行，二者不能混淆在一起。古时有个人叫尾生，非常守信，他和一个女子相约在桥下，女子没来，这时涨水了，可他为了遵守约定，竟然抱着桥柱子等待，最后被淹死了（即成语"尾生之信"）。假使您任用的是这种死守信约、不知变通的所谓信义之士，对于战争的成败又有什么用呢？大王您有时间和这种人浪费口舌吗？如今楚汉相争，情势危急万分，我所考虑的关键是：陈平的计谋是否对国家大事有利？就算他'盗嫂偷金'（此典故由来），又有什么大不了的，非得抹杀他的能力吗？"

这番话肯定对刘邦产生了很大的影响，但他还是把陈平叫来数落道："先生如今已三易其主，讲究信义的人怎会如此三心二意呢？"陈平是什么人？琉璃的肚肺，玲珑的心肝，他一听这话就明白是什么意思了。他知道有人从背后捅刀子了。他说："我刚开始跟随魏咎不假，但是他不能采纳我的建议，后来又听信谗言排挤我，我才投靠项羽。项羽不能信任人，他所宠幸、任用的不是项氏族人就是妻族兄弟，是不折不扣的'任人唯亲'，即使奇才异士也不会被真正任用。在那里郁郁不得志，我才背楚归汉投奔您，不为别的，就是听说您疑人不用、用人不疑，推心置腹、以诚待人，是名副其实的'任人唯贤'。我身无分文，若是不接受贿赂，连基本的生活都保障不了，何况我交游广泛，军务繁忙。我连基本的公关费用都没有，怎么收集情报、派遣间谍呢？不做这些工作，我又怎么决策呢？假使我的计策有值得采纳的，请大王留下我；若认为我一无是处，那么我收取的钱财一分不少都在这里，请您收缴回去，我也请求离开，以便平息众怒，不让大王为难。"

这话说得理直气壮，反而像自己有满肚子的委屈要向刘邦倾诉。刘邦一听，马上认错：我错了，冤枉先生了，你什么也别说了，是我的疏忽致使先生名声受损。他马上赐给陈平大笔的活动资金，正式任命其为护军中尉，监督众将，这些老将才不敢再说什么了。这就是刘邦的优点：知错必改，重才干不看虚名，用人时能够把握每个人的特点和长处。笔者推测，这也可能是陈平"欲擒故纵"的策略。他明知道自己名声不好，而且一来就受到重用，肯定要受到别人的攻击。如果这个矛盾不爆发，让刘邦心里犯疑，事情就不好办了。只有以攻为守，把事情摆在桌面上讲明白，辩明"品德"与"才干"的关系，才能让刘邦真正认识自己，自己的缺点才不会掩盖自己的长处。因此，他故意激怒众将，然后和刘邦最后摊牌。谁知道呢？

后来，在荥（xíng）阳大战中刘邦使出浑身解（xiè）数也不能摆脱困境，而项羽也是焦头烂额。项羽就想同意刘邦的建议，以荥阳为界各自罢兵。范增劝项羽说，打铁要趁热，不能给刘邦喘息的机会。这让刘邦苦闷不已，他问陈平："天下纷纷，何时可定？"人在困难时期都会摇摆不定，刘邦也对自己的信念产生了怀疑。陈平说："项羽为人，恭敬爱人，那些清廉中正、喜欢沽名钓誉、讲究繁文缛（rù，烦琐）节的士人大多投奔到他那里。这些人看重脸面，平时你敬我一尺，我敬你一丈，斯斯文文，避开本应摆在桌面上光明正大的实质利益不谈，也认为这是项羽心知肚明的事，应该不会亏待他们。可等到论功行赏时，项羽非常吝啬，顾左右而言他，对实质问题避而不谈，赏罚不明，这才让众人寒心。这些人对项羽并不是心服口服，只是做表面文章罢了。而大王您呢，态度傲慢，简约少礼，办事讲究实效，那些爱好名声、注重气节的士人肯定对您敬而远之。然而大王能够奖功罚罪，言出必行，那些有能力、无气节，讲实效、好名利的无耻士人大多投归于汉。假如您和项羽各自能改掉自己的短处，吸收对方的长处，平定天下只是小菜一碟（诚各去其两短，袭其两长，天下指麾则定矣）。然而您喜欢随意侮辱人，不能得到廉明的士人，这真是令人惋惜。不过，反观项羽阵营，它也并非铁板一块，真正刚强耿直的大臣（即成语"骨鲠之臣"。鲠，gěng）也不过是范增、钟离眜（mò。此人投奔韩信后，韩信为了讨好刘邦，逼死了他）、龙且（jū。韩信无视郦食其的存在，悍然发动对齐国的战争，田横没办法，向项羽求救，龙且就是被项羽派遣，最后被韩信击杀的那个人）、周殷这几个核心人物，寥寥几人罢了。其他人有的表面仁义道德，其实一肚子男盗女娼；有的阳奉阴违，对项羽的赏罚不公相当不满；有的不能施展个人抱负，对项羽的任人唯亲深恶痛绝。这些人未必能抵挡住糖衣炮弹的攻击。您若能拿出几万斤黄金，实施'反间计'，离间项羽阵营的君臣关系，让他们杯弓蛇影，互相猜疑，这样他们就会自相残杀。项羽本来就见识不足，猜忌多疑，耳根太软，容易听信谗言。据我估计，'金元外交'这一斗争策略会长盛不衰的。只要他们内部一乱，大王趁机起兵，项羽必败无疑。"刘邦高兴得直拍大腿，拿出四万斤黄金，任凭陈平花销，不用记账，自己也不过问开支情况，只要陈平把事情办好就行。

陈平搞间谍阴谋活动真是得心应手，他动用自己所有的社会关系展开行动。关键是"有钱能使鬼推磨"。那些"被金钱俘虏的小鬼们"四处宣扬钟离眜等人的罪状，说他们心怀不满，自认为劳苦功高，却不能裂土封王，他们与汉王刘邦秘密接触，想里应外合诛灭项羽，然后各自称王。项羽这只"大尾巴羊"果然起了疑心，不再像以前那样信任这些忠心耿耿的老将。项羽光怀疑还不算完，又派使者到刘邦那里打探虚实。这可是自投罗网，陈平想创造这样的机会还怕等不来呢，于是他马上安排演员，导演了一出"请君入瓮（wèng）"的好戏。项羽的使者到了汉营，吃饭时，陈平先派人端来"猪牛羊"三牲皆备的佳肴，这是当时待客的最高礼数。服务员进来时毕恭毕敬、笑容可掬（jū），可是一听说对方是项羽的使者，眼睛圆睁，嘴巴张大，故作吃惊状，说："我还以为是亚父范增的使者呢，原来是项王的使者。"又把这些精美的菜肴端走了，再回来时端上的只是粗茶淡饭，对人也是爱答不理，脸拉得像个鞋拔子。

这个使者憋气带窝火，回去就向项羽一五一十地诉说一遍——好像还不是"一五一十"，应该是"添油加醋"地诉说一遍。项羽果然疑窦丛生，怀疑范增搞小动作。当然，这条计策得以成功还要有之前陈平散布的流言蜚语做铺垫。项羽疑心已起，苍蝇才叮了这个有缝的鸡蛋。陈平他们彩排的时间短，这部戏实际上是个肥皂剧，拙劣不堪，若是遇上能够明辨是非的领导者，肯定会莞（wǎn）尔一笑，根本不当回事，而且还应该想到，对手如此处心积虑地离间我们的君臣关系，不正说明下属对自己忠心耿耿，并且下属是因为能力非凡才导致对手如此忌惮的吗？就算思维不能达到这个层次，也应该想想下属这么多年来在大事小事上的表现，不能草率地胡乱猜疑呀！范增劝项羽全力以赴，以最快的速度攻破荥阳，因为刘邦此时内外交困，独守孤城，这正是消灭他的最佳时机，可是项羽已对范增产生怀疑，明知是个好主意也不肯听。

有个成语叫"因人废言"，意思是说没有就事论事，虽然对方的话正确，但是因为不喜欢对方或是别的原因，就连对方的正确意见也一并否决。这是严重的错误。范增根本没有反叛，项羽得到的最有力的证据只是敌人的拙劣表演所展示的信息，连敌人的话都能相信吗？笔者实在搞不清项大将军的想法，简单地"一刀切"是相当愚蠢的。范增后来缓过劲来，知道项羽不相信自己了，这个倔老头也是沾火就着的脾气，他也没做太多的解释，直接炒了项羽的鱿鱼。他生气地说："如今天下大局已定，大王您自己干吧，我老了，不中用了，我辞职。"走到半道，范增因痈疽迸裂而死，也可以说是被活活气死的。陈平知道这个消息后，在夜里派两千女子虚张声势，出荥阳东门，引诱项羽去追，而自己和刘邦却从西门逃走，回到关中老家，收集散兵游勇再次向东进军。

第四章　擒韩信伪游云梦　白登围陈平使计

　　韩信攻破齐国之后，自立为齐王。这种"先斩后奏"的行为是上司最忌讳的，他们最不能容忍下属目中无人，于公来说，这是对自己权威的挑衅，于私来说，这是对自己人格的侮辱。所以，当韩信的使者向刘邦报告时，刘邦勃然大怒，出言不逊，陈平暗地里踩他的脚，刘邦才恍然大悟。他话锋顿转，说当王就要当"真王"，当什么"假王"。于是刘邦厚待韩信的使者，又派张良亲自参加韩信的登基典礼，这样才避免了不堪设想的后果。刘邦多次采用陈平的奇谋秘计，最终灭掉了项羽。平定天下后，刘邦把陈平的家乡户牖乡封给了他。

　　刘邦称帝的第二年，有人上书告韩信谋反，刘邦问众将怎么办，众将说："赶快发兵，活埋了这小子。"刘邦默然不语，后来他问陈平，陈平反问："将领们怎么说？"刘邦就把诸将的意见复述了一遍，陈平问："告发韩信谋反这件事还有其他人知道吗？"刘邦说："我没有告诉其他人。"陈平问："韩信本人知不知道？"刘邦说："不知道。"陈平问：

"陛下的军队与韩信的相比哪一个更强呢？"刘邦说："恐怕韩信要略胜一筹。"陈平说："如今士兵不及韩信的精良，谈到为将之道，韩信更是独占鳌（áo）头，在此不利情况下贸然兴兵，不但加速韩信反叛，而且结果不能预料。打这种无把握之仗，我私下以为危险至极。"刘邦问："那么该怎么办？"陈平说："古时有个惯例，天子每年要到各地巡视，会见诸侯。我听说南方有个云梦泽，您假装去那里游玩，这样会路过陈县。陛下可以发布消息让诸侯在陈县恭候，而陈县又与韩信的封地相连，他没有任何借口推托，而且他看您只是随便走走，游山玩水，势必无所顾忌。在他拜见您的时候，想要擒拿他只是几个壮士举手之劳罢了。"刘邦认为此计大妙，就派使者广而告之，说"陛下将到云梦泽巡游，各诸侯到陈县相会"。

刘邦怕夜长梦多，消息泄漏，便马上安排车驾出发，不给韩信思考的机会，韩信果然主动迎接。刘邦早就埋伏下武士，一看韩信来到便下令擒拿。韩信被捆绑起来扔在随行的车上，他大呼："天下已定，我确实应该被杀了。"刘邦说："你不要喊冤，你谋反的事是明摆着的。"刘邦在陈县会见诸侯之后，把韩信的封地收了回来，就打道回府。但这一次肯定是冤案，因为韩信又被放了，但降为淮阴侯。如果罪名成立，就不应该放人，如今不了了之，说明这是诬告，或者根本就是捕风捉影。

陈平屡次建功，被封为"户牖侯"，并得到了一个"符"，这是为了申明信义，剖符定封。这种"符"是用金、玉、铜、竹、木制成的信物，剖符是将符一分为二，皇帝与功臣各执一半，有事时，把"符"合到一起就可以了，这也是词语"符合"的来源之一。这是早期具有官方公信力的信物。当时，在调动军队时也用"兵符"，"符"是权力与地位的象征。陈平辞谢说："陛下对我太好了，我没有功劳。"刘邦说："我用先生的计谋克敌制胜，难道这不算功劳吗？"陈平说："若是没有魏无知，我又怎么会有为您效劳的机会呢？"刘邦就明白了，陈平是在为赏识自己的伯乐请功。刘邦说："你不是一个忘本的人哪！好，我就成全你。"就把魏无知一并封赏了。

刘邦称帝的第三年，有个功臣叫韩王信（汉初八大异姓诸侯王之一，与韩信是两个人，《史记·佞幸列传》中有一个汉武帝的宠臣叫韩嫣，他就是韩王信的曾孙）的被封在边境地区，以抵抗匈奴，他是"战国七雄"中韩国贵族的后裔（yì），《史记》有传。他驻守的地方被匈奴团团围住，他穷途末路了，就多次和匈奴接触，想要讲和。刘邦派兵支援，同时又怀疑他与匈奴有秘密协议。韩王信权衡利弊之后，投降了匈奴，充当匈奴的鹰犬，骚扰汉朝的边境。刘邦决定亲自征讨，陈平以护军都尉的身份跟随，参与战略决策。在这次行动中，刘邦犯了"军事冒险主义"的错误，被敌人引入包围圈，史称"白登之围"。刘邦等人被困七天七夜，后来用陈平的奇计才得以脱身，其计不详。

后人推测陈平走的是"夫人路线"。匈奴的首领叫单于，单于夫人叫阏氏（yān zhī），陈平要把她搞定，一种方式是重金收买，一种方式是吓唬她说汉朝美女如云，如果匈奴逼急了，汉朝就准备奉献美女了，让她们和她争宠，利用女人的嫉妒心理，让她吹吹枕边风，让刘邦脱身。或者二者兼而有之。《史记》中说计策非常隐秘，世上的人都不知道，有可能是比较没有面子的方式方法，否则就不会如此密不透风。以刘邦和陈平的做事原则，只要能够达到目的，什么手段都可以使用。他们二人在一起也算"绝配"，没有什么不好意思的，只要计策奏效，肯定一拍即合。

刘邦在回军途中经过曲逆，他登高望远，心旷神怡，有种劫后余生的感觉。他看见城中屋宇鳞次栉比（形容密集而规则排列。栉，zhì），就说："壮哉！我刘邦横行天下，攻城略地无数，只有洛阳的雄伟才可与此相提并论。"回头问掌管天下图书文籍的御史："曲逆有多少人口？"御史回答："秦朝时有三万户，后来历经战乱，百姓背井离乡，现在只有五千户左右了。"刘邦就下诏改封陈平为曲逆侯，五千户的租税全部赏给陈平，这是特别的恩宠。

后来，有一个叫陈豨（xī）的谋反，英布也被逼反，一时之间烽火连天。在刘邦四处征讨的过程中，陈平都随军前往。他总共出过六次奇计，每次都得到赏赐或者封邑。但是陈平的计策都比较隐秘，世人知之甚少。

第五章　为自保见风使舵　王陵直被摆一道

平定英布的叛乱时，高祖刘邦在战斗中被流矢击中，回长安的途中病势转重。这时刘邦册封的燕王卢绾（wǎn）也反叛了。卢绾和刘邦是发小，两家也是世交，可是权力让父子兄弟都能反目成仇，何况这种关系？刘邦这时已经病得很重了，就派自己的连襟樊哙（kuài）征讨。樊哙启程后，有人诬告他，说他盼着刘邦早死，他好杀掉戚夫人和刘如意。那时戚夫人正在为自己的儿子刘如意争夺吕后儿子刘盈的太子位。吕后的妹妹叫吕须，吕须的丈夫是樊哙，所以别人诬告樊哙为自己的大姨姐出头，倒是说得通。对戚夫人和刘如意怎样安排是刘邦晚年的一大心病，他大怒道："樊哙看我现在有病，巴不得我死呢。"就把陈平和周勃叫到床前，说："陈平你带着周勃火速前往军前，到了以后立刻把樊哙斩首，然后让周勃统领军队。"

二人受诏后，在半道上商量道："樊哙是陛下的老朋友了，这么多年同生共死，交情匪浅。樊将军功劳很大，屡建奇功，特别是'鸿门宴'上不顾自身安危，与项羽针锋相对，面对项羽毫无惧色，这才让陛下成功脱身。此外，樊哙的夫人是吕后的亲妹妹，和陛下有亲戚关系，身份也足够尊贵。如今陛下因一时的愤怒要杀樊哙，事后必然后悔不迭（dié）。不如把他囚禁起来带到陛下面前，那时要杀要剐随陛下的心思了，我们没必要做这个恶人。"于是他俩就把樊哙召来，宣读诏书，樊哙表示服从，被反绑双手押进囚车，由驿道递解到长安。周勃取而代之，带兵平定叛乱。

陈平在路上应该是慢慢悠悠地行进，因为他亲眼看到刘邦已病入膏肓（huāng），不久于人世了。如果刘邦没死，那么把樊哙押解回去后，刘邦要杀，自己也没办法；如果刘邦死了，那么自己保全樊哙，对于吕后来说就是大功一件。反正陈平是够狡猾的了。

果然，半路上陈平就听到刘邦驾崩的确切消息。他怕吕后及吕须拿他是问，就让囚车在后面慢行，自己快马加鞭急奔长安，想早点向吕后表明心迹。

《史记》中有"用陈平谋"四个字，应该是陈平之前给刘邦出过主意，让周勃取代樊哙，而把樊哙召回长安当面质问。以陈平的智力，他肯定不会劝刘邦直接杀了樊哙的，谁知刘邦这时病得糊涂了，不问青红皂白就要杀死樊哙。吕须肯定会认为抓樊哙杀樊哙都是陈平唆使的，否则刘邦不会如此绝情绝义。所以说陈平这时最怕吕须向吕后进谗言，把屎盆子都扣在他的头上。

陈平相当清楚当时的政治环境，刘邦一死，吕后必然是"大姐大"，她要是发怒，自己肯定死无葬身之地。他必须与时间赛跑，先向吕后讲清问题，先入为主，再有谗言就不怕了。途中有使者传令，让陈平与灌婴屯兵荥阳候诏，陈平接令以后并没有到荥阳去，而是继续前行到长安，在刘邦的灵前痛哭流涕，如丧父母，把吕后感动得泪流不止。陈平趁机向吕后解释，自己没有去荥阳的原因是要向高帝最后一次复命，然后把对待樊哙的方法说了一遍，主要是讲："当时陛下要我拿个意见，我不得已才说把樊哙调回来当面锣对面鼓地问清楚。谁知陛下不管三七二十一就要杀樊哙，我苦口婆心地劝止也没用，只好便宜行事，先把樊哙慢慢押解回来，等陛下消火之后再良言相劝，让他有时间想到樊哙的好处，这样就会放樊哙一马。谁知半路上听说陛下驾崩，这番心意陛下再也听不到了。我只有违抗诏命，星夜兼程，向您倾诉我的良苦用心。"

这陈平真是一个心理学高手，知道一旦心理战成功，对方就会形成思维定式，再有谗言也很难反客为主了。吕后果然让他说动了，对他说："你太劳累了，快点去好好休息一下吧。"可陈平怕自己离开后，吕须的谗言还会发生作用，只有留在吕后身边，再接再厉，才能让谗言完全失效。此外，留在吕后身边，他还可以尽早知道各种消息，也能早点考虑应对之策。于是他强烈要求宿卫宫廷，借此显示自己忠心耿耿。吕后就任命他为郎中令，主管宫中门户及机要事务，并让他辅导、教育汉惠帝，这样吕须的谗言就行不通了。樊哙到长安后就被赦免，爵位原封不动。陈平为自己谋划更是奇计迭出，百发百中，他成功化解了这一较大的风险。

惠帝六年，相国曹参去世，以王陵为右丞相，陈平为左丞相。这个王陵是谁呢？这个人也是刘邦的老乡，沛县人，当时是县里的豪强，比较有势力。刘邦在家乡时，以兄长的礼节对待王陵，应该说刘邦当时还是一个鞍前马后给人跑龙套的"小兄弟"，只是后来发生了天翻地覆的变化。王陵这个人"少文、任气、好直言"，不讲究繁文缛节，讨厌虚

◎秦汉时丞相一职的简要变化

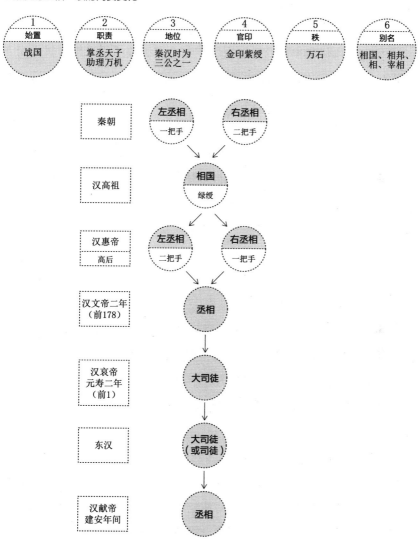

中国传统社会政治发展与西方最大的不同是，西方削弱君权，而中国是不断削弱相权，加强君权，至明清，君权达到极致，相权极度削弱

头巴脑、华而不实的调调儿，喜欢感情用事，重视江湖义气，有骨气，有担当，直来直去。

《史记》中经常出现这种情况，把两个有关联的或思想相似或同一类型的人物放在一篇中，这种横空出世式的描写看似突兀，其实这样的人物与本篇的主人公是有密切联系的，或者二人能够形成强烈反差，从而更加突出人物的性格，也就是说没有高山显不出平地来。这个王陵与陈平曾经是同事，单独立传，事迹还不是很多，所以这里加上对王陵的介绍。二人性格迥（jiǒng）异，相映成趣。

刘邦从沛县起兵，入关进咸阳时，王陵也拉起了一支队伍，盘踞在南阳一带，当时他的军队还是一支"独立军"，不肯跟随刘邦。后来刘邦挥师东进，与项羽争天下，他才投归汉军。项羽也想争取他，就把他的老母亲劫持到军中。王陵派出交涉的使者到达楚营时，看到王陵母亲东向坐（坐西朝东，为尊位），而项羽居下座，笑容可掬，态度恭谨。原来这是项羽导演的戏，故意让使者看到这一幕，想要以此打动王陵，让他归降。王陵母亲在私自送使者时，哭道："请替老妇给王陵传个话，要小心侍奉汉王，汉王是个厚道人，不要因为我的缘故三心二意。为了让他坚心守志，我今天唯有一死方可断了他的牵挂。"说完拔剑自刎而死。

我有一个推测不知是否合理。《三国演义》中写到刘备与徐庶配合默契，让曹操头痛不已，后来曹操听从谋士的建议把徐母骗到许昌，然后程昱骗出徐母的手迹，写了一封病危的书信带给徐庶，徐庶赶到许昌才知是个骗局。接着，书中又写徐母刚烈，说刘玄德忠厚仁义，徐庶弃刘归曹是有眼无珠，最后徐母自缢身亡，徐庶于是"身在曹营心在汉"，进曹营一言不发。根据我的了解，《三国志》中根本没有这回事，所以我推测罗贯中老先生是把这段"王陵母一死坚儿心"的故事移花接木，重新渲染一番，以扬刘贬曹，突出刘备的大仁大义。后来的"毛宗岗批评本"就把徐母与王陵母相提并论，说两位"英雄母亲"深明大义、千古流芳。

《三国演义》中徐母的形象以王陵母为蓝本，应该是合理的推测，只不过罗先生妙笔生花，把徐母的形象描写得更丰满一些，青出于蓝而胜于蓝。他这么写就是为了突出刘备的仁德、曹操的奸险（当然，《三国演义》作为历史小说，适当的艺术夸张是必要的。如果一切都尊重史实，那就看《三国志》得了，笔者只是进行类比）。

项羽听说王陵母亲自杀以后，恼羞成怒，他恨王陵母亲辜负了自己难得一见的运用智力的努力，竟然把王陵母亲的尸体扔到锅里烹煮了。这种无意义的举动让他的声望损失殆尽，而且他前后的行为形成强烈的反差，让人一看就知道他刚开始目的不纯，别有所图。其实人就算是虚情假意，假到底才像是真的，他莫不如把王陵母亲厚葬，这样，即使当时出于假意，现在也能以假乱真，而且最主要的是做给活人看。

实际上，成年人若还想像小孩子那样童言无忌，根本就不可能，社会角色让我们必须戴上各种面具，这是古今中外谁也逃避不了的事实。很多事就在于办事方法上的不同，才导致结果的千差万别。"刘备摔孩子"是假，因为赵云再亲也亲不过自己的亲生骨肉，但刘备就能做出来。曹操在袁绍的墓前涕泗（sì）交流，刘邦在项羽坟上哭哭啼啼，孔明在周瑜的葬礼上悲极大恸（tòng），这些人都老于世故，让人分不清这是鳄鱼的眼泪还是真情实感的自然流露。项羽就是因为缺少"情绪管理"，所以才失败。

项羽的残暴果然让王陵死心塌地地跟了刘邦。王陵和雍齿要好，他多次侮辱刘邦，让刘邦恨得牙痒痒，但他功劳大，若杀了他恐怕让人寒心。后来刘邦接受张良的建议，封雍齿以安众心。但那时雍齿与王陵相交，这让刘邦十分不快，加上王陵刚开始想自立门户，没有尽早跟随刘邦，因此王陵得封"安国侯"要比萧何、曹参等人晚些时日。

惠帝死后，吕后想立本族人为王，王陵否决了，陈平则同意。因此，吕后怨王陵不识时务，假装提拔他为皇帝太傅，实际上不打算任用他。王陵也好意气用事，不向吕后服软，称病辞职，闭门不出，最后连例行公事都免了，七年之后去世，这就了结了右丞相王陵的一段公案。

王陵被罢免右丞相之后，吕后提升陈平为右丞相，任命审食其为左丞相。

谁知道有些人就是这样，对不值一提的小过节总是念念不忘，或者是吕须小肚鸡肠、天性刻薄也说不定。吕须像块橡皮膏一样紧紧地贴住了陈平，她还没有忘记陈平以前为刘邦出主意逮捕樊哙的事呢。其实陈平当时不应该鼓动替换樊哙，因为"疏不间亲"。如果陈平只是奉命行事，君命难违，那么陈平这么处理是相当可贵的，吕须只有感激的分儿，不应该如此怨恨陈平。吕须经常向吕后进谗言，说："陈平作为丞相不理政事，整天只知醇（chún）酒美人，花天酒地。"陈平听说后反而变本加厉，吕后听说了，内心独喜。为什么陈平要自损形象呢？这和萧何强行贱买百姓的土地一样，都是韬晦（tāo huì）之计。

陈平谋身之道非常高，知道此时千万不能锋芒太露，那个审食其表面上是左丞相，其实他是吕后的代言人，一切大事都由吕后掌控。如果陈平励精图治、雷厉风行，那就更让吕后不放心了，所以他整日饮酒作乐，醉生梦死，吕后内心狂喜。那时正是吕后的权力欲望最强的时候，他不能触这个霉头。吕后当着吕须的面对陈平说："俗话说，嘴上没毛，办事不牢。女人与小孩的话不可信，就看你对我怎么样了。不要怕吕须说坏话。"吕后立诸吕为王，陈平假装服从，等吕后驾崩，他与太尉周勃合谋，终于灭掉吕氏集团。拥立汉文帝也是陈平的主意，审食其被免除左丞相一职。

第六章　钱谷事丞相不知　损阴德后世不昌

汉文帝当政后，认为太尉周勃亲自率兵诛灭吕氏，功劳大，而陈平也想把自己的尊位让给周勃，就称病引退。汉文帝对陈平在自己刚刚即位时就称病感觉有点不对劲，就问陈平这是怎么回事。陈平说："当年和高祖平定天下时，周勃的功劳不如我，可等到诛灭吕氏时，正好相反，我赶不上周勃。我愿意把我的职位让给他。"于是，汉文帝以周勃为右丞相，位次第一；陈平为左丞相，位次第二。赏赐陈平金千斤，再封三千户的食邑。

没过多久，汉文帝日益熟悉国家大事了。一次早朝时他问周勃："国家一年要判处多少案件？"周勃谢罪道："不知。"又问："那一年钱粮的收支有多少呢？"周勃又是一无所知，急得汗流浃背，羞得无地自容。于是汉文帝又问陈平，陈平道："有主管人。"文帝问："谁是主要负责人？"陈平答："若问刑狱的事，找廷尉；若问钱粮的事，找治粟内史（廷尉与治粟内史都是九卿之一，那时的体制其实和现在也有几分相似，文帝是国家元首，周勃和陈平相当于国务院正副总理，国务院下设九个部门，这九个部门的负责人叫"九卿"，上文说的廷尉应属最高法院院长，治粟内史后改为大司农，类似于财政部部长）。"陈平把这两个人搬了出来。汉文帝就纳闷了，他问："那各有各的主管，你又管理些什么呢？"陈平谢罪道："臣诚惶诚恐！陛下不知臣拙劣无能，臣下每日惴惴不安，深感尸位素餐，羞惭不已，只是勉强滥竽充数罢了。以臣浅见，所谓丞相，对上，辅佐天子调理阴阳，顺应四时；对下，抚育万物，和谐共处；对外，镇抚四方诸侯，维护中央权威；对内，亲附百姓，使官员各司其职，恪尽职守。做到这些则可确保风调雨顺、政通人和，这是丞相职责所在。"文帝称赞他说得好，精辟绝伦。

　　一边是对答如流，一边是张口结舌，这种对比羞得周勃差点找条地缝钻进去。退朝后周勃埋怨陈平："你平时怎么不这样教教我，也免得我像今天这样出丑了。"陈平坏坏地一笑，说："你身居丞相之位，怎么能不知道自己分内的事呢？不在其位不谋其政，你只要把自己职责内的事料理清楚就可以了，因为你不管怎样努力，都会有不了解的事。如果皇上问你长安城中盗贼的数目，你也要勉强回答吗？这些事只能问具体主管人员。"周勃这时才自知与陈平相比差远了，没过多久，就称病请求免除丞相一职。陈平合二为一，把让给周勃的右丞相一职又拉回到自己手里了。

　　汉文帝二年（公元前 178 年），陈平去世，谥（shì）号是献侯。儿子共侯陈买继位，在位两年就死了。孙子简侯陈恢继位，十三年后去世。曾孙陈何继位，在位二十三年，因抢夺人妻而被处决，陈家侯爵的名号与封邑被取消。

　　陈平曾经说："我多次使用阴谋诡计，这是道家的禁忌。倘若我的

陈平世家

◎陈平与张良的简单对比

		陈平	张良
1	出　身	草根	贵族
2	私　德	声名狼藉	相对清高
3	学术方向	黄老之术 外道内法	黄老之术 外道内法
4	个人追求	道家哲学功利化 追求荣华富贵	道家哲学超脱性 一心功成身退
5	能力特色	策划能力 行政能力（任丞相）	策划能力 战略能力
6	策略特点	偏于阴谋	偏于阳谋
7	刘邦心中 地位	心腹谋臣 类似于法正	帝王师 类似于诸葛亮
8	爵　位	户牖侯/曲逆侯	留侯
9	去世时间	汉文帝二年（前178）	《汉书》认为是汉惠帝六年（前189） 另一说是高后三年（前185）
10	典籍出处	《史记·陈丞相世家》 《汉书·张陈王周传》	《史记·留侯世家》 《汉书·张陈王周传》
11	刘邦评价	王陵憨厚刚直，陈平可以助之。 陈平智有余，然难以独任	运筹帷幄 决胜千里

爵位在我这一代被废止，我想那就是天道使然，不可能再兴起了。因为我善搞阴谋，所谓'人算不如天算'，人间私语，天闻若雷，我的所作所为必然遭遇阴祸啊。"后来，陈平的曾孙陈掌千方百计地谋求再继爵位，可没能如愿以偿，不知这是不是所谓的天道。《围城》的作者钱锺书评道：不信"天道"，却又主张"阴德"，难以自圆其说；而触事感怀，乍彼乍此，亦彼亦此，身处矛盾之中，这是人之常情。确实，人都是矛盾的。

司马迁评论道：丞相陈平年轻时就喜欢黄帝、老子的学说，深得道家精髓并能学以致用，当他在砧（zhēn）板上分割祭肉的时候，就已有高明深远的志向了。时局纷乱，他先是在楚（项羽）、魏（魏咎）之间彷徨徘徊，未能施展抱负，最终归入高帝（刘邦）麾下，才如蛟龙入海。君臣鱼水情深，奇计层出不穷，源源不断。他解决纷繁复杂的难题，消除动摇国基的祸患，确实是行家里手。在吕后当政之时，事态多变，王公大臣朝不保夕，然而陈平竟能自免于难，进退自如，安定汉室，自始至终保持荣名，号称贤相，这难道不是善始善终吗？若非足智多谋，怎能到此高超绝伦的境界呢？

这就是陈平传奇的人生。对他的评价历来毁誉参半，当然也有全盘否定或全盘肯定的。不过任谁也不能否认陈平创造了一个奇迹，任谁也不能否认陈平智勇双全，司马迁更是对陈平在纷乱复杂的多事之秋能够履险如夷、善始善终赞叹不已、自叹不如。一个如此热衷功名的人竟然能笑到最后，成为汉初政坛的"不倒翁"，确实让人啧（zé）啧称奇。按照通俗的看法，一个名利观念太强的人很容易深陷泥潭，难以自拔，但陈平总是能以退为进，以迂为直，不但善于立功，更善于自保，这确实令人叹为观止。陈平可以说是以智谋（或"阴谋"）著称于世的，这种智慧有临机应变的成分，但也绝非仓促之间就能办到的，应该归功于长期的知识积累和对人性、对社会的观察。陈平的知识构成主要是道家学说，在他年轻时，别人对他的评价十分不好，家里贫穷却又不事生产，四处游历求学，这在普通人的眼里是不务正业的表现。但正应该是这段"知与行"相结合的经历造就了陈平，当他给乡人分配祭肉的时候，就已胸有丘壑了。

我们在评价一个人的时候，全盘肯定或否定都是不对的，只有用中庸的智慧来品评最为合适，既不能以小眚（shěng，缺点）掩大德，也不能眉毛胡子一把抓，功过不分。陈平的第一条哲学是"将欲取之，必先予之"，这是老子的哲学要义，陈平发挥得淋漓尽致。吕后要让诸吕称王，王陵直来直去，就是不同意，可陈平却满口答应。吕后一死，陈平又与王公大臣联合，马上采取行动，诛灭诸吕。有这么几种说法：一说，这是先点火，后灭火，毫无意义。二说，按当时情形，一味顽抗，属鸡蛋碰石头，毫无作用，不如保留有用身，时机成熟时再一击命中，这是大智慧。三说，陈平是个小人，对吕后溜须拍马、阿谀奉承，但又阳奉阴违、怀有二心。吕后一死，刘氏王族势力抬头时，他马上见风使舵，出卖了自己曾经效忠的主子。四说，陈平早就预料到这一天，所以才曲意逢迎吕氏，以骗取信任，也好从中谋事、刺探情报，这样才能最后一举摆平吕氏。这几种说法都是人性的表现，可能都符合陈平的动机，这是人性的矛盾与复杂。

陈平对周勃也来这一手。他与周勃共事几十年，应该清楚地知道周勃的为人与水平，知道周勃根本不是当右丞相的料，可他先是称病让功，显示自己的高风亮节，然后又在朝会上侃侃而谈，在大庭广众之中显示二人的优劣，让周勃当众出丑，接着又取回相位。这种手段是比较卑鄙的。其实陈平的说法也不全对，丞相不知道数据是完全错误的，但他反应快，能自圆其说。在开篇时，我不知不觉地把他与张良相比，因为二人同为谋士且知识结构相似，所以有可比性。张良是标准的道家风范，讲究闹中取静，功成身退，以出世之心过入世生活，所以淡泊名利。陈平把道家思想功利化，他逃亡时对船夫的态度、抓樊哙时对吕后的言行，都显示了超强的智慧。

　　陈平历经汉高祖刘邦、吕太后、文帝三代，都很受宠，说明他熟稔人情人性，精通心理学。他应是理论与实践相结合型人物。拥有大智慧才能"任凭风浪起，稳坐钓鱼船"，"智谋"二字，断尽陈平一生。

周勃世家

功成无罪付廷平，借援东朝始得生。
若使当时逢吕后，诛夷又是一韩彭。

（元）徐钧《周勃》

削平吴楚大功成，一旦生疑触怒霆。
自是君王多任刻，非关许负相书灵。

（元）徐钧《周亚夫》

第一章　立军功南征北讨　性刚直厚重少文

绛（jiàng）侯周勃也是沛县人，是汉高祖刘邦的同乡。年轻时的周勃依靠编织养蚕工具维持生计，业余时间参加一个乐队，为办丧事的人家吹挽歌。因为勇武有力，他后来成为一个能拉硬弓的武士。这在当时叫"材官"，是秦汉时代的兵种之一，也称材士，又有材官引强、材官蹶（jué）张等别名。秦时诸郡多有材官，西汉承秦制。民年二十三岁以上，为材官、骑士一岁。材官善射，勇力惊人，遇有战事，由秦汉中央统一调拨，保卫首都或边塞，偶尔担任仪仗队职责。东汉时，这个军事制度被取消。西汉初有一丞相申屠嘉，他也是材官蹶张出身。有勇力，是成为将军的资本。

周勃经常在葬礼上讨生活的经历与陈平倒有几分相似。到此，我们可以用《中国通史》作者范文澜先生总结的一句话来展现汉高祖刘邦用人的不拘一格和兼收并蓄：张良是贵族，陈平是游士，樊哙是狗屠，周勃是吹鼓手，灌婴是布贩，刘敬是车夫，韩信是流氓（当然范先生这么评价韩信，我不十分同意，这好比说司马迁为了完成《史记》而没有自杀就是懦夫一样，韩信的表现是一个英雄的落落寡合、放荡不羁），彭越是强盗。我再加几个：英布是刑徒，萧何相当于公务员，郦食其是酒徒，叔孙通是功利化儒生。凡此种种，刘邦照单全收，合理使用，各尽其长。他打败刚愎（bì）自用、匹夫之勇的项羽，是必然的，不管项羽有多么强大。

刘邦做了沛公揭竿起义的时候，周勃以中涓（指在帝王身边主管清洁洒扫的人，曹参也从事过这个职业）的身份跟了刘邦。那时的周勃肯定是刘邦的心腹和中坚，他也是自始至终跟定刘邦的少数几个人之一，这一点和萧何有几分相似，所以他也是一直能得到刘邦倚重的可靠人。刘邦死时认为，能安定刘氏江山的非周勃莫属，这份信任也应该是在长期的战斗生活中建立起来的。汉高祖刘邦统一天下时，周勃被封为绛侯，绛县在今山西省侯马市附近，人口有八千一百八十户，他当时也得了那个特制的、可以一分为二的符节，作为侯爵凭证。

汉朝建立以后，周勃仍然跟随刘邦，为巩固王朝而奋斗，平定了异姓王的叛乱。这期间，他同样是战功卓著，被授予太尉一职。周勃为人质朴无华、憨厚老实、刚强有胆，刘邦认为他有勇有识，忠肝义胆，是一个厚道人，可以委托给他大事。周勃说话不喜欢拐弯抹角，没有虚情假意的应酬，每次召见儒生或辩士，他也不讲究什么繁文缛节，大大咧咧地东向坐，也就是自己坐在尊位上，说："想说什么就直接说吧，别废话连篇。"在他面前，那些喜欢引经据典的所谓饱学之士也只能用单刀直入法，因为怕被他呵斥。周勃质朴憨厚，无文化底蕴，大概就是这样子。

第二章　安刘氏当数周勃　今日知狱吏之贵

　　周勃最后一次征讨归来时，高祖刘邦已去世，他没回自己的封地，而是留在朝廷辅佐汉惠帝。后来设置太尉一职，他被任命为太尉，掌管军权。吕后去世以后，吕禄自领上将军，吕产以吕王的身份担任相国，把持朝政，操纵军政大权，想颠覆刘氏的天下。周勃身为太尉，竟然不能过问军政大事，于是周勃与陈平合谋，强强联手，终于诛杀了吕氏宗族，拥立文帝。

　　文帝继位以后，周勃被封为右丞相，赏赐黄金五千斤，食邑一万户。在此期间也发生了一点小插曲。在朝廷问政中，周勃作为首辅大臣一问三不知，紧张得汗流浃背；他自认为有"拥立之功"，有点得意忘形，被袁盎一番"功臣与社稷（jì）臣"的剖析弄得灰头土脸，心惊胆战。他在右丞相位置上坐了一个多月以后，有宾客劝道："您已诛杀吕氏宗族，拥立代王做皇帝，威震天下，这时您应后退一步，这才是'持盈保泰'之法。如今您得到丰厚赏赐，位列人臣之首，并以此为荣，时间久了，恐怕要招来祸患。希望您早做打算。"周勃现在也有自知之明了，知道自己处境危险，又认为和陈平相比，自己差了一大截，于是他托病辞职，归还相印，并深表歉意。文帝接受了他的辞职申请。一年以后，陈平去世，周勃又被任命为丞相。十多个月以后，文帝说："我之前命令所有列侯一律到自己的封地去，有些人还是没走，丞相是我器重的人，你就当个先锋模范吧！"于是免去他的丞相职务，令他回到封地绛县。两三年之间，周勃在丞相位置上倏起倏落，由此可见，保持荣华富贵也绝非易事。

周勃在封地的一年多时间里，照样提心吊胆。他都已经无职无权了，怎么还害怕呢？这就要归结于汉初大杀功臣给人们造成的心理伤害，那些劳苦功高、忠心耿耿的开国功臣无不兔死狐悲、人人自危，连稳定刘氏江山的周勃也未能幸免。他的封邑绛县属于河东郡的管辖范围，河东郡的郡守与郡尉常常到所属的各县巡视，了解民生民情。每次河东郡的长官巡行到绛县时，绛侯周勃害怕遇害，经常身披铠甲，让家丁心腹手持兵刃才敢和郡守相见，这样就难免让人不满和误解。后来果然有人上书告发周勃谋反。在汉朝初年的紧张政治氛围中，"谋反罪"就好像紧箍咒，人人避之唯恐不及，可它又常常像幽灵一样四处飘荡，如今就降临到周勃的头上。他的事情交由主管刑狱的最高法官——廷尉审理。廷尉指派人实施抓捕，进行审问。周勃拙嘴笨舌，加上内心恐惧，根本不知怎么答辩，说得结结巴巴的，好像真有其事。狱吏就开始欺凌侮辱他。难道周勃也要在谋反辩白上遭遇"滑铁卢"吗？

周勃拿出一千斤黄金贿赂狱吏，狱吏才给他指了一条明路，在公文背面写字提示说"让公主为你作证"。这个公主是谁呢？她是文帝的女儿，嫁给周勃之子周胜之为妻。这样说起来，文帝和周勃还算儿女亲家，所以狱吏指点周勃，请公主出面作证，走感情路线。这一语惊醒梦中人。周勃又把自己平日得到的赏赐，都送给了薄昭。薄昭是文帝母亲薄太后的弟弟，也就是文帝的舅舅。周勃宦海沉浮几十年，早就结交了文帝的亲属，给自己留了后路。在案件审理的紧要关头，薄昭为周勃向薄太后说情。太后倒是一个明理的女人，也认为周勃没有反叛这回事。当文帝拜见太后时，太后抓起头巾掷向文帝，说："绛侯当年诛灭吕氏后掌握皇帝印玺，手握重兵，他不在那时谋反，如今身居小小的绛县，反而会谋反吗?!"这和韩信相似。韩信不在群雄逐鹿、身兼三军统帅时谋反，偏偏要在天下已定、手无寸铁时不自量力，这是违背常理的。不过他没有周勃的背景和人际关系，加上苍蝇不叮没缝的蛋，他也做了许多让人能够诬陷的事情。文帝这时已看到了周勃的供词，再加上袁盎的仗义执言，他也应该心知肚明，就向太后谢罪说："主管此事的官吏很快就会对证明白，放他出去的。民不举官不究，既然有人告发他，我就要审理一下嘛，怎么可能诬陷好人呢？"于是派使臣持皇帝符节赦免周勃，恢复他的名誉和爵位。周勃出狱后，说："我曾经统领百万大军，驰骋沙场，至此才知道狱吏的尊贵。"真是事非经过不知难啊！

周勃又回到了他的封地，大约十年以后去世，他的儿子周胜之继任。六年之后，周胜之与公主感情不和，又牵连上了杀人罪，封地被收回，封号被取消。一年之后，文帝选择周勃儿子中比较贤能的周亚夫做周勃的继承人，封其为条侯。周亚夫是汉代的名将。

第三章　周亚夫驻军细柳　平内乱当属首功

在周亚夫封侯之前，许负（曾经给文帝他妈薄太后相过面）给他占卜过。许负说："您三年以后将会被封侯，封侯八年以后做将军和丞相，掌握国家大权，贵重至极，在群臣中独一无二。这以后再过九年，您却会饿死。"周亚夫笑着说："我的哥哥周胜之已经继承父亲的侯爵封号了，即使他死了，也自有他的儿子继位，我周亚夫怎么能被封侯呢？而且假若我能像您所说的那么富贵，又怎么能饿死呢？这简直不可思议，还望您指教。"许负说："您嘴角有竖纹入口，这是饿死的征象。"过了三年，他哥哥绛侯周胜之有罪，文帝从周勃的儿子中选择贤能的人，众臣都推荐周亚夫，于是文帝封周亚夫为条侯，接续周勃的香火。

公元前 158 年，匈奴大举入侵边境，文帝派宗正刘礼为将军，驻军霸上；派祝兹侯徐厉为将军，驻军棘（jí）门；以河内太守周亚夫为将军，驻军细柳。细柳在今天的陕西咸阳市附近。这几支军队主要用来防御匈奴攻击首都长安，文帝亲自去慰问驻军。到霸上刘礼和棘门徐厉的军营时，文帝和慰问团长驱直入，军中自将军以下，都下马迎进送出，态度恭谨。这是皇帝嘛！不久，文帝到达细柳军营，顿时感受到异样的气氛，只见周亚夫的军士都身披重铠，虎目圆睁，剑拔弩张，如临大敌。为天子开道的先导刚到军营门口，就被拦截下来，说闲杂人等不得入内。先导说："天子马上就到。"把守营门的都尉说："周将军有令：'军中闻将军令，不奉天子之诏。'"过了不久，文帝也到了，他想先导没面子，不让进可以理解，自己亲自上前，还不吓得军士屁滚尿流，打开营门迎接？出人意料的是，他也吃了闭门羹。文帝没办法，派使臣持符节诏令周亚夫说："我要进营慰劳军队。"周亚夫这时才命令打开营门，守门都尉告诫文帝的随从人员："将军有令，军中不得驱驰（急行）。"于是文帝按辔（pèi）徐行。到了中军帐，将军周亚夫手持兵器拱手说："顶盔贯甲的军人跪拜不方便，请允许我用军礼参见皇上。"文帝也被这庄严的气氛所感染，他靠在车前横木上向官兵致敬，派人向周亚夫致谢："皇帝郑重地慰问将军。"慰劳礼仪完结后文帝离去。出了军门以后，群臣非常震惊，文帝说："啊！这才是真正的将军！之前在霸上和棘门看到的，简直如同儿戏，他们的将军可能被生擒活捉；至于周亚夫，真是凛然而不可侵犯！"他称赞了很久。一个多月以后，未见明显敌情，三支军队撤防，周亚夫被任命为中尉，这是负责京城治安的武官，相当于首都公安局局长。这是明显的提拔和信任。

　　文帝在弥（mí）留之际告诫景帝："国家若有动荡，周亚夫是真正可以担当领兵重任的人。"文帝死后，景帝任命周亚夫为车骑（jì）将军。这是仅次于大将军的重任，位列上卿。按照许负的推断，周亚夫先被封侯，如今又升任将军，完成了一个二级跳。景帝三年，吴、楚等七国叛乱，周亚夫以中尉代行太尉的职务，率军镇压吴楚叛军。他向景帝进言："楚兵勇猛迅捷，难以争锋，希望暂时放弃梁国让他们打，拖住吴楚，然后派兵切断他们的粮道，这样才能制服他们。"景帝批准了他的作战策略。

周亚夫集结兵力到达荥阳以后，吴国的军队正猛烈攻击梁王刘武，他是景帝的亲兄弟。梁国危如朝露，转瞬即亡，梁王请求救援，周亚夫却不理不睬，反而带兵向东北，驻扎在昌邑，深沟高垒，坚守不战。梁王天天派使者向周亚夫请求支援，周亚夫认为，坚守有利于战略步骤的实现，就是不答应发兵。梁王又向景帝请求，希望他用皇帝的命令促使周亚夫出兵，拉兄弟一把，可还是不成功。周亚夫仍然坚守营盘，寻机破敌。后来周亚夫派出一支部队，但不是支援梁国而是切断吴、楚的粮道，这样吴国军队缺乏粮食，更急于挑战，周亚夫仍然好整以暇，以逸待劳。夜间，周亚夫军营惊乱，原来是汉军互相攻击、扰乱，起了一场"内讧（hòng）"，一直打到周亚夫的帐外，可他依然高枕而卧。不久，军中恢复了安定。这一段描写一直被视作大将军镇定自若的标准风范。

后来吴军想用"声东击西"的办法打开出路，被周亚夫识破，他派出士兵予以痛击。吴兵饥饿难忍，就准备撤退。周亚夫一看"疲军之计"见效，吴军已无斗志，就指挥精兵倾巢而出。汉军勇往直前，杀得吴军人仰马翻。吴王刘濞（bì）见大势已去，率领几千精壮亲兵逃到丹徒。在汉朝的威逼利诱下，东越人杀掉了刘濞。这场"防守反击战"打得非常漂亮，只用了三个月的时间就打垮了吴楚联军，局势稳定下来。众将对周亚夫高超的战争策略竖起了大拇指。美中不足的是，梁王和周亚夫结下了仇怨（*此事详见《刘濞列传》*）。周亚夫胜利班师，朝廷正式任命他为太尉。五年以后，他升任为丞相，得到景帝的器重。

第四章 天下平将军无用 汉景帝卸磨杀驴

在本系列丛书之《汉初战略》中我们说过，景帝刚开始立栗姬的儿子刘荣为太子，可是栗姬嫉妒成性，气量狭窄，经常无事生非，给景帝宠幸的妃子穿小鞋。这些受宠的女人大多是通过景帝的姐姐刘嫖进见的，所以她就把心中的怒火宣泄在刘嫖身上。当刘嫖提出要把女儿嫁给她的儿子刘荣时，栗姬严词拒绝。这刘嫖哪是省油的灯，就在景帝面前揭栗姬的短。这时王夫人（*武帝刘彻的母亲*）乘虚而入，与刘嫖结亲，两个女人联手，终于扳倒了栗姬，太子刘荣被废。这时周亚夫据理力争，认为太子毫无过错，无端被废会引起动荡，于是景帝疏远了周亚夫。有可能周亚夫说话刚性十足，宁折不弯，也不讲究方式方法，伤了帝王病态而脆弱的自尊心，再加上景帝的弟弟梁王一直对周亚夫抱有成见，每次进京时都要向窦太后讲周亚夫的短处，多种因素共同起作用，周亚夫渐渐失宠。

栗姬被排挤以后愤郁而死，王夫人被立为皇后，刘彻被立为太子。

这王皇后有一个哥哥叫王信，这人没有太大的本事，就是酒量"超逸绝伦"。景帝他妈窦太后说："应该把你老婆王皇后的大哥王信封为侯。"景帝推辞说："当初的南皮侯窦彭祖和章武侯窦少君（景帝的舅舅，窦太后的兄弟），在先帝（指文帝）在位时都没有被封为侯，等我继位后才加封，所以王信现在还不能被封侯。"这个窦彭祖是窦太后大哥的儿子，窦少君是她的弟弟，这些外戚本身都没什么功劳，就是因为和一个有权势的女人沾边儿，就有了荣华富贵。景帝的意思可能是在自己生前封赏身无寸功的大舅哥王信必定落人口实，新君登位大赦天下时再有所行动应该更好。窦太后说："君主应该具体问题具体分析，不必因循守旧。我哥哥窦长君在世的时候，竟然不得封侯，死后他的儿子反而得享殊荣，我一直为此深感遗憾。皇帝还是快封王信吧。"景帝没办法了，就说："这事我得和丞相商量一下。"周亚夫听完景帝的话后说道："高皇帝规定'非刘氏不得封王，非有功不得封侯'，有违此誓，天下人共同讨伐他。如今王信虽然是皇后的兄长，可是身无寸功，若是封他为侯，有违规定，也会引起天下人的非议，这样不好。"景帝默默无语，只能作罢。

　　按照景帝的表情来推断，他并非不想立王信为侯，只是不想自己亲口说出来，他想让周亚夫提出来，然后他顺水推舟，这样就把自己洗脱干净了，然后让周亚夫承担非议，而周亚夫根本不理这一套，一切按规章制度办事，铁面无私。本来这是以公废私，应大力提倡，可传统政治的"人治理念"有一条就是：只许州官放火，不许百姓点灯，一切以自我为中心。那些靠裙带关系上去的，就能得到法外开恩；那些所谓的外人，尽管流血流汗，仍然徒劳无功，有时不但无功，甚至还有错，所以就有了"冯唐易老，李广难封"的感慨。这个王信后来还是被封侯了。

根据历史上的记载，这个人最大的"贡献"是促进了消费，主要是酒类的消费。

那时，汉朝与匈奴战事不断，匈奴中有一个叫唯徐卢的贵族率众归降，景帝就想封他们为列侯，以劝后人效法，作为瓦解敌军的策略。丞相周亚夫不同意，进言道："他们背叛自己的君主投归陛下，而陛下封他们为侯，这样我们还怎么责备那些怀有二心、见利忘义的臣子呢？"景帝道："封唯徐卢等为侯不同于丞相所说的情况，这是'将欲取之，必先予之'的战略。想招降纳叛、不战而屈人之兵，又不想采取实际行动引导后来者，这怎么行呢？丞相的建议不可采用（景帝实际上只说了最后一句话，前面的话都是笔者根据上下文意思增加的）。"于是把唯徐卢等五人都封为列侯。周亚夫因此谢罪称病，后来又被免除了丞相职务。

不久，景帝在宫中召见周亚夫，并赏赐给他食物，可是宴席上只有大块的肉，没有切碎的肉，连筷子都没准备。周亚夫心里不高兴了，回头让安排酒席的人拿双筷子来。景帝皮笑肉不笑地说道："这难道还不让你满意吗？"言外之意是你这个人要求越来越高，赏你一块肉就已是额外开恩了，还挑三拣四的，不知足？其实景帝这纯粹是试探人，也是没病找病，就想看看周亚夫的表现，屈居人下的都会遇到这种无理取闹的无聊事。周亚夫脱帽谢罪。景帝起身时，他趁机快步走出。景帝看着他的背影，说："这个心怀不满的家伙，不是将来能全心全意侍奉幼主的臣子。"景帝故意设这么个局，就是要看周亚夫有什么样的表现，周亚夫的"怒形于色"让他动了杀机。汉景帝这么做也是为自己的儿子着想，铲除障碍，因为像周亚夫这种人只有他自己能处置。

没过多久，周亚夫的儿子从为皇家制造刀剑盔甲等御用物品的"工官尚方"那里买了五百套将来供陪葬用的盔甲盾牌等器物，那时的人习惯在生前把自己的后事安排好。搬运工辛苦一遭却没有得到工钱，他们知道这是偷买皇家专用器物，一怒之下，就上告周亚夫的儿子购买违禁品欲图谋反。此事在追查的过程中牵连到周亚夫。景帝一直想惩治他呢，这可真是天赐良机。接到状纸后，他就派官吏成立"专案组"，一定要把这件事查清。

景帝开始倒没有直接抓捕周亚夫，而是让主审官按照状纸上所列的罪行责问他，希望他能给一个明确的答复。可是周亚夫心里憋火呀，他想，我能不能谋反你还不知道，于是干脆当个扎嘴的葫芦——一言不发。景帝骂道："我不用他说了。"要说一开始景帝还有赦免之意，那么现在他是铁了心要杀他了，于是命令周亚夫到廷尉那里受审。廷尉责问道："你想造反吗？"周亚夫回答："绝无此心。我儿子所买的器物都是陪葬品，怎能说是要造反呢？"这其实很明显是诬告，但廷尉早就接到了最高指示，只能昧着良心罗织罪名了。他说："你纵然活着时不能造反，也是想死后造反吧！"这是什么话，简直蛮不讲理。他们的逼供越来越急。

起初，当官吏要逮捕周亚夫的时候，周亚夫就想自杀，夫人劝阻了他："留得青山在，不怕没柴烧。"那时他还抱有很大希望，所以没有自杀，于是被关进了监狱。周亚夫哪里受得了这种委屈，绝食五天，吐血而死，封国也被废除。可怜一代名将，落此下场。

封爵断绝一年以后，景帝才改封周勃的另一个儿子周坚为平曲侯，当绛侯的继承人。十九年后，周坚去世，他的儿子周建德继承侯位。十三年后，周建德当上了太子太傅。后来，由于周建德向朝廷贡献祭祀用的"酎（zhòu）金"时黄金成色不好，被取消了爵号，封地收归中央。其实，那时所谓的"酎金不善"（《三国演义》上说，刘备是汉景帝玄孙，中山靖王之后，刘备家这支就是因为"酎金不善"被取消了爵位，刘备才流落民间），完全是汉武帝为了剥夺别人的继承权而找的借口罢了。周勃这一支就这么断了。周亚夫果然被许负言中，饿死了。他死了以后，汉景帝就把自己的大舅哥王信封为盖侯。

第五章　有公断人心如秤　士可杀安能受辱

司马迁评论道：当绛侯周勃还是平民百姓时，是个粗陋朴实、缺乏修养的人，没看出有什么超凡脱俗之处。跟随高祖刘邦平定天下以后，他被封侯拜相。吕氏想要谋反作乱，是周勃振臂一呼，抢先对吕氏发难，匡扶了社稷，解救了国家的危难，即使伊尹、周公那样的古代名臣，又怎能超过他呢？周亚夫用兵，威严庄重、纪律严明、深谋远虑，就是春秋时期齐国军事家司马穰苴（ráng jū）也难以超过啊！可惜他自以为是，骄傲自满，虽然能坚守节操，但不够通达权变，过于刚直，最后竟以穷困而告终，真让人悲伤啊！

司马迁对周勃父子二人的卓越功勋深为赞扬，对汉朝皇帝的尖酸刻薄无情鞭挞（tà），对二人的悲惨遭遇无限同情。周勃与周亚夫都在刘氏王朝的危急关头挽救了中央政权，周勃在平定吕氏谋反的斗争中厥功至伟，而周亚夫在平定吴楚叛乱，维护国家统一的过程中做出了卓越的贡献，若是没有他的用兵如神，最后真是胜负未知。可就是这样的功臣，却因为被诬陷而惨遭牢狱之灾。周勃因为未雨绸缪（chóu móu），早早结交薄昭、薄太后等文帝近亲，又因为遇到袁盎那样的耿直大臣，所以他得以幸免于难，而他的儿子周亚夫却没有这么幸运了。周亚夫主要在三个方面违背了景帝的意愿，才遭到景帝的忌恨：为栗姬和太子死力辩护、不同意封王信、不赞成封匈奴降将。司马迁说他"守节不逊"，意思是能够出于公心坚守原则，但不知顺应天子之意，这其实也是一种褒扬，这是"有其父必有其子"。周勃也是一个很有原则的人，他不像萧何、陈平等人那样会察言观色、见风使舵，司马迁说他"木强敦厚"，这也是赞美之辞。周亚夫考虑问题能够从国家大局出发，这应该是国家之福，只因为他违背景帝心意，竟然惨遭杀害。他的判决书上"欲反地下"四个字纯是笑话，怎能让人心服口服呢？哪个人又能尽善尽美，毫无失误呢？看人看事就不能多看本质吗？人为什么总是忘恩负义、过河拆桥呢？人为什么总是宽于责己、严于责人呢？司马迁对刻薄寡恩的景帝的憎恶、对周亚夫无辜受戮的同情，都溢于文辞。

若说周亚夫的失误，应该也有一些。在平定"七国之乱"时，对景帝之弟梁王求救的处理上，欠缺考虑。其实，在通盘考虑战略时，也可以和梁王进行有效的沟通，让他知道自己的战略意图，这样配合起来就会更默契。不让对方明了自己的真实想法，难免会被人误解。梁王天天求援，周亚夫却不出兵，天子出面也说不通。都是同一阵线的，怎么能不管不问？这么做，很容易让人产生"自私自利"的想法。再联系他在细柳军营时的表现，如不让文帝进营门，在军营内车马不准急驰，这些都是让人赞叹不已的。但是，见到皇上只行军礼，这好像有点过了。"将在外，君命有所不受"是对的，但这应该是在具体的战术指挥上，如今皇帝已经在他的面前了，也没有干扰他的指挥，正常的君臣礼节还是要保持的。他这种做法有没有沽名钓誉之嫌，尚待探讨。所以，若说他真有失误的话，是不是可以用"过犹不及"四个字来表述他的第一个失误？可是人无完人哪！世界上哪有那么多完美的事呢？

　　将"不能喜怒不形于色"作为他的第二个失误可能有点牵强，但他在景帝设宴试探时确实过于情绪化了，这算不算缺点呢？读者自己判断吧！再有，笔者推测他在讲话方式和办事方法上肯定也有些失误，要是硬算的话，这算他的第三个失误。他还犯了一个最最主要的失误。大家知道他是怎么被告发的吧，是因找佣工做完活不给工钱。这种血汗钱怎么能昧着良心不给呢？以民为本才是正道啊！

袁晁列传

匣剑未磨晁错血，已闻刺客杀袁丝。
到头昧却人心处，便是欺他天道时。
痛矣一言偷害正，戮之万段始为宜。
邓公坟墓知何处，空对斯文有泪垂。

（宋）许氏《读晁错传》

同为汉家思虑周，江山安泰身倾危。
喋血安陵东市死，二君何必互仇为？

嗣敏戏作咏史诗《袁盎晁错》

第一章　论功绩袁盎发难　敢直言周勃脱罪

　　袁盎与晁（cháo）错是文景年间的冤家对头，两个人最后发展到你来我走、不肯同室说话的程度，各自摆出"老死不相往来"的架势，势同水火。"七国之乱"时，晁错本来想落井下石，把袁盎推入火坑，可谁知袁盎面不改色，反戈一击，置晁错于死地。所以说高手过招，没有花拳绣腿，眨眼之间就决定生死。那么二人怎么闹成这样了呢？二人之间的恩怨情仇到底是怎样了结的呢？历史上的袁盎与晁错到底是什么样的人呢？

　　袁盎没有显赫的家世，他的父亲曾经是一个强盗，所以袁盎的血液中继承了父亲的基因，他颇有侠士之风。在吕后当政时期，袁盎投靠了她的侄儿吕禄，做了吕禄的家臣。在讨伐吕氏的政治斗争中，他并没有受到太大的冲击。等到汉文帝继位时，袁盎的大哥袁哙大力扶持，保举他做了中郎。

　　大家知道，汉文帝得以称帝，绛侯周勃的功劳是相当大的。文帝当政时，周勃被封为右丞相。这个周勃也犯了人类的通病，帮点忙就要连本带利地再把这份人情要回来。他居功自傲，整日得意扬扬。汉文帝一来个性使然，二来感念恩德，三来刚刚当政、人生地不熟的，所以他对周勃相当客气，好像他与周勃本末倒置、君臣易位了。最能说明这一点的是，汉文帝经常目送周勃出殿，或者亲自送他出去，这是不符合朝廷礼法的。到了退朝时间，群臣应该等皇帝走了才可以按顺序离去。如今正好相反，这预示着周勃已经触及封建统治中枢最敏感的神经了——功高震主。

袁盎问文帝："陛下认为周勃丞相是什么样的人？"文帝答："社稷臣。"袁盎接着说道："周丞相顶多算'功臣'，不是'社稷臣'。'社稷臣'是'主在与在，主亡与亡'。什么意思呢？就是说他是高帝的臣子，当高帝在世时，他要怀仁辅义，帮助高帝治理好天下；高帝驾崩以后，他要继承遗志，推行高帝生前的政治路线，若是不能推行高帝的政令，就要为高帝的政治理念杀身成仁。这才叫作'社稷臣'。但是吕后当政时期，整个吕氏家族把持朝政，独断专行，更可气的是竟然分封吕氏为王，明显背离了高帝'非刘氏而王，天下共击之'的政治遗嘱。周勃也曾歃（shà）血为盟，他那么做明显违背了自己的誓言。那时他还是太尉，掌握天下兵权，却不能力挽狂澜，而是在吕氏面前唯唯诺诺，连大气也不敢出。等到吕后死后，这些大臣才互相协作，谋杀了吕氏族人。而那时周勃掌握兵权，他抓住机遇，因势利导，才得以成功，所以他是功臣，但不是国家重臣。丞相好像有自视过高的骄矜（jīn）之色，而陛下却谦退揖（yī）让，君臣双方均已失礼。我认为陛下不应该采取这种态度。"在以后的朝会中，文帝日益庄严，摆出一副凛然不可侵犯的样子。这不但打击了周勃的嚣张气焰，而且让他越来越敬畏了。看来确实不能一味纵容、一味退让，这种姑息养奸的行为对双方都会有损害的。后来，周勃得知是袁盎背后使"绊子"阴了自己一下，就对他抱怨说："袁盎你小子太不讲究了，我和你哥是好哥们儿，你却在朝廷上毁谤我。"还有一种可能，袁盎得以与吕氏脱离干系并且能够继续任职，可能也有周勃在后面使力。如果这么看，袁盎是不是一个阴险小人？不是！

当朝丞相对自己怀恨在心，换作别人恐怕是要么心惊胆战，惶惶如丧家之犬，要么赶紧赔礼道歉，摆出摇尾乞怜的样子，进而以此为契机，加倍巴结。可袁盎既不害怕也不道歉，依然我行我素。是袁盎不知死活，敢于得罪权臣而一味讨好文帝吗？也不是！前面说过，文帝下过诏书，让有封地的列侯都回到各自的领地，可很多人为了显示忠心都不愿离开，于是文帝就让周勃带头回到封地。周勃回到封地之后，被人诬陷谋反。这谋反大罪还了得？周勃被投入长安的一所监狱，在朝的大臣明知道这是冤案，可是他们害怕仗义执言会丢掉头上的乌纱帽，若碰上龙颜大怒可能连小命都没了，于是没有人敢当这个出头鸟为周勃辩护。大臣们或是敢怒不敢言，或是随声附和，更有甚者，看周勃失势，可能还要打打"太平拳"或者煽风点火，唯恐天下不乱。只有袁盎敢于表明自己的态度，说周勃是无辜的，是被小人陷害的。后来周勃得以无罪释放，袁盎出力最多，周勃这才真正清楚了袁盎的为人，知道他不徇私情，胸怀坦荡。周勃倾力与之结交。

林则徐有一副对联：海纳百川，有容乃大；壁立千仞，无欲则刚。袁盎之所以有如此的侠肝义胆，就是因为他"心底无私天地宽"，他的刚烈缘于他做事的出发点是公心。他劝文帝不要在周勃面前失去君臣礼节，如今又能深明大义，独抒己见，救周勃于水火中，这一切都出于公心，并没有掺和太多的杂念。

其实，袁盎劝诫文帝保持威严，这对周勃是有好处的。为什么这么讲？我在前面说过，文帝对周勃的谦让并不一定完全出自本心，还应该有外部因素，比如还没熟悉"皇帝工作流程"，对有拥立之功的大臣心怀感激等。如果周勃一味居功自傲，毫无收敛，把皇帝的谦退礼让当成理所当然，他的危险就会真正来临。一旦日积月累，当文帝感到不堪重负、如芒在背的时候，周勃的死期也就到了。当恩情像市场上的商品，能待价而沽或者讨价还价的时候，这种恩情会成为一种负累，这就是比高利贷更可怕的人情债。"施恩者"的贪得无厌会使"受恩者"心力交瘁，当后者忍无可忍的时候，会由恩转恨，这种恩情会成为祸根。所以我们强调，对别人要"受人滴水之恩，当涌泉相报"，对自己要"率性而为之，施恩不望报"。陈阿娇皇后失势的一个原因就是以为自己的母亲拥立汉武帝有功，因此她目空一切，仗势欺人，结果搬起石头砸了自己的脚，沾沾自喜的她反而成了汉武帝的眼中钉、肉中刺。袁盎对文帝的劝告及时避免了矛盾由量到质的转变。一旦文帝心中仇恨的种子慢慢生根发芽，这才是最可怕的。长痛不如短痛，周勃也学到了"谦受益、满招损"的重要一课。

第二章　淮南王骄横犯法　袁将军恳切进言

文帝当政时，高祖刘邦的八个儿子当中只剩下他和淮南王刘长了。淮南王在进京朝见天子的时候，杀死了吕后的宠臣辟阳侯审食其，举止骄横得很，谁也不放在眼里。刘长为什么要杀死审食其呢？这要从刘长的身世说起。刘长的母亲是赵姬，本来是赵王张敖的小妾，张敖是张耳的儿子、高祖刘邦的女婿。有一次刘邦经过赵国，张敖把赵姬献给刘邦，刘邦宠幸过后就离开了赵国。张敖不敢再碰赵姬，就建造了一座宫殿让她居住。刘邦对张敖太过傲慢。赵国相国贯高是一个侠客，认为刘邦对自己的主人无理就是侮辱自己，于是和人密谋要刺杀刘邦，后来事情败露，赵王张敖及其侍从、妃嫔、家属等人都被拘捕，关押在长安，赵姬也在其中，当时她已怀有身孕。赵姬把自己受孕的事告诉刘邦，可刘邦当时在气头上，并没有理会。赵姬没办法，就让自己的兄弟赵兼通过审食其去吕后那里通融，因为审食其与吕后共患过难，是个红人。可是吕后嫉妒，就没有向刘邦报告，审食其也没有力争。

　　赵姬生下刘长后，应该是怨恨刘邦的绝情，就自杀了。当孩子被抱到刘邦面前时，刘邦也很后悔，就让吕后抚养刘长，这也是刘长在吕后当政时没有受到冲击的原因。刘长长大后，知道了事情的本末，他不能怨自己的父亲刘邦绝情绝义，也不能怨自己的继母吕后小肚鸡肠，就把满腔怨恨洒向审食其。只是当时吕后在位，审食其正得势，刘长只好忍耐，而审食其还未必认识到自己已经有了一个危险的敌人。人有时候就是这样不知不觉中得罪了人，可是自己还被蒙在鼓里。当时，如果审食其真能努力一下，事情应该会有好转。审食其确实也有责任，要不然刘长不会无缘无故地找到他的头上。

　　吕后去世后，汉文帝即位。刘长自认为和文帝最亲，十分骄横，时常犯法，文帝常常赦免他，刘长就更加傲慢，打猎时与文帝同乘一车，称文帝为"大哥"。刘长为人多才多艺，力能扛（gāng）鼎。他到审食其府上，当众锤杀了审食其，让随从魏敬割下其头颅，然后到汉文帝面前谢罪说："我母亲当时和赵王分开居住，根本不可能听说贯高谋反的事，她没有罪。如果审食其据理力争，我母亲就能得到保护，这是第一项罪过；赵王刘如意和戚夫人也无罪，吕后杀了他们，审食其也没有设法保护，这是第二项罪过；吕后分封吕氏家族，危害江山社稷，审食其作为国家重臣，没有仗义执言，这是第三项罪过。我替天下人诛杀此贼，也为母亲报仇，特来向陛下请罪。"汉文帝因为他是自己的兄弟，又顾及他为母报仇的心意，就赦免了他的罪过。刘长仗着这份恩宠，回到封地后为所欲为，竟然模仿起天子的气派来。

　　这是汉文帝不对，他的怀柔政策有点过头，纵容了诸侯王的贪欲。"姑息"才能"养奸"。在这种情况下，袁盎劝道："诸侯王势力过大，骄傲非常，毫无拘束，必然要发生祸患。为了尽早消除隐忧，可适当削减他们的封地。"这是极有眼光的建议，然而文帝不听。这个淮南王果然日甚一日地骄傲蛮横起来。后来，棘蒲侯柴武的太子谋反之事被人告发，在严刑逼问下，他招供说淮南王也是参与者，二人曾经秘密商谈多次。在传统政治中，谋反罪是最为大逆不道的，谁敢触犯，绝对六亲不认。按照法律规定，刘长应该被处死，然而文帝不忍心杀他，就赦免了他的死罪，但同时免除了他的王号，将他流放四川，用囚车传送。袁盎劝道："陛下向来对淮南王的骄横听之任之，没有慢慢纠正，这才闹到一发不可收拾的地步。淮南王为人刚愎自用，心高气傲，陛下要么对他恩宠放纵、不加约束，要么让他一落千丈、名誉扫地，他必然无地自容，无法承受这巨大的心理打击。如果路上碰到雾气露水，遭受不测风云，他本来就内心忧郁，一有诱因必然生病。若是他死在途中，陛下终究会被人认为，拥有天下之大却不能容忍自己的兄弟。若是背负杀弟之名，可怎么办？"文帝不听，催促淮南王快快上路。

　　后来，淮南王果然如袁盎推断的那样，在路上死了。汉文帝听到这个消息后，十分伤心，不吃不喝，唉声叹气，以泪洗面。袁盎进宫以后，文帝惭愧不已，说："因为没有采纳你的意见，才造成这种局面。"袁盎说："陛下请放宽心，这些都是过去的事了，后悔无益。而且陛下有三种高于世人的品行，这件事还不足以毁损您的英名。"文帝问："哪三种呢？"袁盎道："陛下还是代王时，薄太后曾经生病，足足有三年的时间，陛下夜里不曾合眼，衣不解带，跑前跑后地侍奉太后，汤药不是陛下亲口尝过绝不进奉。要论孝道，恐怕要数孔子的学生曾参（shēn）了，可作为平民的曾参尚且难做到这一点，而陛下以君王之尊身体力行，超过曾参很远了，这是其一。先是吕氏当权，后来大臣群起而攻之，灭掉吕氏，大臣专政，然而大王竟然敢只带几名随从人员奔赴祸福未知的长安，这种大智大勇就是古时孟贲（bēn）、夏育那样的勇士也难以企及呀，这是其二。陛下在长安，群臣拥戴，可陛下却坚辞了五次才践天子位，这份谦虚退让之德绝无先例，这是其三。而陛下放逐淮南王，是想让他的心志得到锻炼，能够改正错误，这是作为兄长的一片苦心哪！可谁知有关人员监护不周，致其死亡，这并非陛下的过错，无损于陛下的孝、智、勇、仁、谦的品行，所以陛下不必把过错强揽到自己的头上。"这么说，真是说到点子上了，文帝宽心了很多，说："那现在该怎么办？"袁盎说："淮南王有三个儿子，怎么安排就看陛下的了。"文帝把淮南王的儿子都封为王，袁盎从此声名鹊起。但是刘长的儿子淮南王刘安（主编《淮南子》的那个人）还是怀恨在心，到了汉文帝孙子汉武帝当政时，刘安策划谋反，不过谋反胎死腹中，刘安被逼自杀了。

第三章 治赵同一剑封喉 谏飙车岂是无胆

袁盎时常称引大仁大义，语气慷慨激昂，为人敬服，可是有一个叫赵同的宦官自恃受文帝宠幸，经常谗害他，为此，袁盎深感忧虑，因为宦官很少有识大体的，他们只知一味媚上，自私自利，为了得到宠幸，什么招儿都能使。这些人进宫为宦，早已颜面丢尽，此时也不会讲究什么仁义道德。这样的对手最可怕，因为狗咬人一口，人不能反咬狗一口。那时袁盎的侄儿袁种是文帝仪仗队的骑兵，手持符节侍卫在皇帝专车左右。袁种劝叔父："您越退让，赵同越得寸进尺。和他正面交锋，在稠人广众之中折辱他的锐气，让陛下看不起他，这样他的谗毁就不会起作用了。"有一次文帝外出，由赵同参乘，袁盎跪在车前进言："我听说，有资格和天子同乘一辆车的都应该是天下英豪，如今汉朝虽然缺乏人才，但陛下怎能找受过刀锯刑罚（指阉割）的人滥竽充数呢？"这时文帝笑了，知道宠幸宦官让大臣们心怀不满了，就让赵同下车。赵同羞得泪流满面。这个袁盎可够狠的了，不过他没有办法，对方已拔刀了，他不能像唐僧那样"虎狼露齿欲唉，尚谈因果"，他只能亮剑，以邪制恶了。按照佛家的标准，这时应该是以德报怨。但是有的人根本不能被感化，因此，对害群之马只能针锋相对。这也是司马迁《报任安书》中那句"同子参乘，袁丝变色"的由来，他借此表达自己遭受宫刑后为俗人不齿的苦闷。

有一次，文帝到霸陵（文帝的陵墓），他从东面上山，想从西面纵马奔驰下山玩一次"飙（biāo）车"，体验风驰电掣（chè）的生死时速。袁盎骑着马，靠近车边挽住了缰绳。文帝问："将军害怕了吗？连我都不怕，将军怎么还胆小如鼠呢？"袁盎说："臣闻'千金之子，坐不垂堂'，因为自己身份贵重，有许多大事需要料理，所以都不敢坐在屋檐下，怕瓦片坠落伤害自己；家有百金的人，不倚靠在楼台边的栏杆上，怕失足落水；而圣明的君主，不在面临危险的时候心存侥幸。如今陛下只图一时痛快，让六匹马驰骋（chěng）如飞，若是马受惊吓，出了事故怎么办？陛下即便看轻自己，但对高祖和太后怎么交代？"文帝这时才停止体验。

由此，大家可以看出，《史记》的内容多么广博，这恐怕是劝阻人们不要飙车，别拿性命开玩笑的最早资料。对于生的意义、死的价值，笔者认为《史记》论述得最为充分，最让人信服。很多事都是这样的。人不像孙悟空那样从石头缝里蹦出来的，人有亲情、有友情、有事业，有那么一大批爱自己、依赖自己的人，做事怎能不多加考虑？看轻自己倒也无所谓，却容易给别人造成终生难以弥合的伤害，所以我们要好好反思自己的行为。这件事告诉我们两点：一是人不全是为自己活着，要多想；二是绝不做无谓的牺牲，要谨慎。少玩一次"酷"，对自己的生活并没什么不良影响；多一份侥幸，却多了让自己遗恨终生的可能。大丈夫怕什么死？但是要死得值，要把自己的责任和义务尽完再死，要死得坦坦荡荡，问心无愧。一个真正的男人，在报答恩情、完成心愿之前，不但不会做像汉文帝那样的无益之事，即使处于让自己难堪、屈辱的境地，也要学韩信、学勾践，忍辱负重，不达目的誓不罢休。这时他怕死，怕因为小事而影响了自己的大局，所以他避免一切不必要的牺牲。他一直对自己的责任念念不忘，他怕人说自己是个知恩不报的人。他可以在活着的时候忍受屈辱，但是绝对不能死后也让人看扁。他遭遇人间惨境时，更不能死，因为这时死，会被人说："看吧！这个懦夫，活着窝囊，死得也窝囊。"这对有志之士是莫大的耻辱。这就是所说的"死不起"。为值得的事，在必要时刻，以生命做一场豪赌也在所不惜。避免一切无益之事，不为鸡毛蒜皮的小事冒险，在艰难困苦的环境下勇敢地活下去，来证明自己的价值。否则，死不瞑目。

第四章　慎夫人权衡轻重　申屠嘉闻过则喜

文帝那时经常到皇家园林——上林苑去游玩（我们在本系列丛书之《汉初战略》中提到过这个地方，萧何就是因为请求汉高祖刘邦把上林苑的空地让给贫民耕作而被逮捕入狱的）。每次去游玩，窦皇后（就是汉景帝时代推崇道家学说的窦太后）和慎夫人都要跟随。这慎夫人自不用说，必定娇美如花、善解人意，所以非常得宠，在行宫中经常与文帝同坐在一张席子上。用那时的观点来看，这是乱了体统，因为有资格和皇帝平起平坐的女人只有皇后。一次，袁盎把已布置好的慎夫人的座席往后挪，慎夫人感觉不爽，不肯入席，粉面含怒。文帝一看美人儿生气了，他也发怒，起身走入后宫。眼看就要闹得不欢而散，袁盎趁机劝道："我听说若是尊卑有节，就会上下和睦。如今陛下已册封了皇后，慎夫人再受宠幸，也是侍妾，侍妾难道能和主上同席而坐、乱了朝廷礼法吗？这样就失去了尊卑的礼节，我认为不合适。陛下宠爱她，可以用别的方式重赏她，这无可厚非，是人之常情，但不应该宽容无度，在大是大非上一味骄纵。要知道陛下这种宠爱慎夫人的方法，恰好是将来祸害她的原因。陛下难道没听说过吕后把戚夫人做成'人彘（zhì）'的故事吗？"

最后这句话击中了要害，文帝由阴转晴，高兴了起来，他知道袁盎这么做是为慎夫人着想，就召来慎夫人把袁盎的话告诉她。慎夫人知道了袁盎的良苦用心，赏赐给他五十斤黄金。由此我们可以看出袁盎多么厉害。见微知著，防患未然。若不是有大智慧，怎能有此种见识？爱一个人并不代表顺着他，所谓"君子爱人以德，小民爱人以姑息"。"爱人以德"这个成语指对人不偏私，按道德规范行事，是真正对人好，而"姑息"是指迁就，无原则地溺爱一个人反而是在害他。这则故事的道理特别适合为人父母者，当然，对其他人同样适用。别人证据确凿地指出了自己的一个缺点和错误，真是害自己，真是和自己过不去吗？

但是袁盎多次犯颜直谏，文帝有点受不了，就把他调出长安任陇西都尉。他爱兵如子，士卒争相为其效命。后来他被任命为齐国丞相，接着调至吴国当丞相。吴王刘濞是后来"七国之乱"的领导者，不是什么善男信女。临行前，袁盎的侄子袁种告诫他，吴王一直骄横无比，手下有一班无耻的奸邪小人。如果有人看不过眼，想向皇上上书揭发检举、弹劾惩治他们，他们要么诬陷他恶人先告状，然后倒打一耙，要么一不做二不休，杀了他以图耳根清净。俗话说"不痴不聋，不做阿姑阿翁"，在有些事情上不能过于较真儿。南方海拔较低，潮湿多雨，叔父若能以水土不服、预防风湿性关节炎为借口，终日饮酒，对细枝末节的问题听而不闻，然后时常善言相劝吴王不要反叛，这样的话，就应该能摆脱灾祸。袁盎采用了侄子之计，吴王刘濞果然优待袁盎。看来袁种也是智谋之士。吴王刘濞是一个难缠的人物，而且是文帝的堂兄弟（文帝之父为高祖刘邦，刘邦二哥叫刘仲，刘濞为其子），担任吴国丞相是一个苦差事，袁盎也不得不用韬晦之计。

有一次袁盎请假回乡探亲，在路上遇到了当时的丞相申屠嘉（《史记》有传）。此人是跟随高祖起家的，当时比较勇武，被封为"材官蹶张"，带领一支百人左右的小分队。"蹶张"指能用脚蹬开强弩，力大无穷。后来他升为丞相。袁盎和他虽然同是丞相，但一个是中央统治机构的，一个是诸侯国的，二者还差了一截呢，袁盎就下车拜见他，申屠嘉却没有下车，只是摇下车窗摆摆手，说了点感谢的话。其实他这样对待地方大员也挺失礼。袁盎到家以后，越想越不是滋味，感觉在自己下属面前太跌份儿了。于是他连夜到丞相府，递上名片，请求拜见丞相，等了好久才见到申屠嘉。

袁盎跪着说："希望和您私下交谈。"丞相说："如果您谈的是公事，请明天到办事大厅和主管人员谈好了，我再把您的意见上奏；如果谈的是私事，我申屠嘉不谈私事。"袁盎一看他摆出公事公办、拒人于千里之外的姿态，就说那好，就这么说吧。袁盎问："您担任丞相，觉得和陈平、周勃相比怎么样？"申屠嘉道："赶不上他们。"袁盎说："好，您自己也承认这点。陈平和周勃辅佐高帝平定天下，后来又诛灭吕氏，稳定了刘氏的江山。而您当时只是个能脚蹬硬弓的武士，后来升为队长，靠积累战功才升为淮阳郡守。您并没有像陈平那样屡出奇计，稳定江山，也没有像周勃那样带领大兵团作战，攻城略地。由此可见，您的功劳与二人相比微不足道。连陈平、周勃都不敢自视过高，何况您呢？这是其一。自陛下（指文帝）登基以来，每次朝会，只要大臣递上奏章，他就虚心听取他们的意见，不可采用的就放置一旁，可以接受的就马上施行，并鼓励他们再接再厉。这是为什么呢？陛下就是想用这种办法招徕天下贤能之士，以便广纳忠言。皇上每天都能听到闻所未闻的观点和意见，这样就能渐渐进步，一天比一天贤圣明智。若是每天只能听到一些了无新意的陈词滥调，长此以往，就会故步自封，坐井观天，不要说进步了，能够保持不退步都是奇迹。而丞相您现在却钳制天下人的言路，抱残守缺，这样的话，恐怕要日益愚昧，这是其二。如果圣明的君主督责愚昧的丞相，您遭受灾祸的日子恐怕就指日可待了。"

申屠嘉如醍醐（tí hú）灌顶，猛然惊醒。他拜了两拜说："我是一个不识大体、愚鲁无知的人，一直没有自知之明，如今多谢将军教诲。"他把袁盎引入内室，以贵宾之礼相待。申屠嘉闻过则喜，是一个能进步的贤明人士，他的"前倨后恭"正是对袁盎能力的肯定，后来他最服袁盎，不为别的，就为袁盎的见识。

第五章　儒是表法家为实　称智囊晁错得宠

再接下来就是袁盎与晁错之间的纠纷，在此我们先介绍一下晁错的出身与为人。晁错最初师从一个叫张恢的人学习申不害、商鞅的刑名之学，也就是钻研法家的学说，凭着文学才能当上了太常掌故。这掌故的薪水是百石左右，职位不高，主要职责是研究历史的沿革，以便为国家的决策服务，应该是一个有潜力的职位。那时治理国家特别爱借鉴或吸取前代的成功案例或失败教训，为现实决策服务。其实现在也如此，政府的"智囊团"里绝对少不了精通历史的人物。前人的错误和弯路是后人的财富。

晁错这个人倒是挺正直，可是处理问题时态度相当严厉，给人以冷血的感觉，缺少人情味，这样，他的人际关系就相当紧张，袁盎等大臣都十分不喜欢他。文帝时，国家没有研究《尚书》（孟子说"尽信书则不如无书"，指的就是这部书，后来则指所有的书，引申为不能被教条束缚之意）这一经典著作的人，后来听说济南有一个叫伏生的人精通《尚书》，此人是秦朝时的博士。在秦始皇焚书坑儒时，《尚书》也在被禁毁之列，伏生拼死在房屋的墙壁中藏了一部。可到了汉文帝时代，伏生已经九十多岁了，无法到朝廷任职，于是汉文帝就让太常派人到伏生那里学习。晁错是太常的掌故，就获得了这次"公费研修"的机会。回来之后，他趁着上书的机会，引用《尚书》论证当朝的时事，切中要害，展现了一定的实力。但是也有人提出质疑，说伏生那时说话不清楚，谁也听不懂，只有他的女儿能够当翻译。由于掺杂了方言，晁错至少有二三成没有听懂，只是略知其意罢了。但不管怎么说，物以稀为贵，晁错在当时如星辰般耀眼。

后来文帝命令他当了太子的家令辅佐太子，太子就是后来的景帝。晁错凭着自己的辩才，得到了太子的宠幸。他被称为"智囊"，并且多次向文帝上书，陈述应当削弱诸侯的理由以及应该及时更正法律条令以适应现实的道理，文帝虽然没有采用，但是认可他的才能，提升他为中大夫。晁错奉行的是法家思想，强调积极进取、富国强兵，针对现实有的放矢，力求使政策立竿见影，不避艰难，而文帝基本上奉行道家哲学，以天下无事为多福，休养生息，尽量避开矛盾，节约民力，所以文帝不能采用他的意见。这个时候，太子刘启非常倚重晁错，对他的建议心折首肯。可能是因为晁错信奉的法家思维过于霸气，加上其个性张扬，不尊重别人的感情，还有就是做事方式方法不对头，袁盎和各位大臣都认为他好大喜功、好出风头。特别是袁盎，与他的对立相当明显。如果晁错在座，袁盎转身就走，反之亦然。二人见面一句话也不说，"冰炭不相容""道不同，不相为谋"。

汉景帝即位以后，任命晁错为内史。晁错和景帝有感情基础，所以他请求秘密商议政事时，景帝总是给他机会，而且多次采纳他的建议。

他得到的恩宠超过了九卿（相当于国务院下面的九个部长），法令大多被他修改。可这种越级上报的行为却招致他上司的怨恨，因为他这么做很容易让顶头上司产生猜测：一是他目中无人，根本瞧不起自己；二是他急功近利，想独吞胜利果实；三是他自私自利，损人利己，到皇帝那里打小报告，否则正大光明的事为什么要躲起来密谈？其实从晁错的为人来看，他倒不是那种损人利己的无耻小人，很多事都是出于对国家的忠心，甚至不计个人得失，但总是让上司或同事怀疑他并非良善之辈。如果都是公事，为什么不能先和上司打个招呼？既然是公事，那就是说大家都有份，如果有功劳，就让整个部门的人都得到点儿荣耀，因为他的某些论点、思维也是在部门中得到启发和充实的；如果他谈的都是公事，为什么不能摆到桌面上来，非得躲起来密谈，这是什么意思？真正的公事都应该上得了台面的。所以据我分析，虽然晁错是为公家着想，讨了景帝一人的欢心，但得罪了其他所有人，被看作是一个心怀叵测的阴险小人。他的这种办事方式有点像周亚夫，他自认为于公于私都对得起景帝，但伴君如伴虎，一旦景帝不可靠怎么办呢？

上文提到的申屠嘉就对他心怀不满，可一时无力与他抗衡，但还是等到了一次机会。晁错的内史府建在太上皇庙内外墙之间的空地上，门朝东开，进出十分不便。晁错私自命人朝南开了两扇门出入，凿开了太上皇庙外层的小矮墙。虽然不是把正式围墙打通，但这种太岁头上动土的行为也是大逆不道、冒犯祖宗的。丞相申屠嘉知道后勃然大怒，想借这个过失奏请景帝诛杀晁错。盛怒之下，他当着众人的面就脱口而出了。有好事的人或晁错布下的眼线把申屠嘉丞相要拿他开刀的事告诉了他。晁错事前没有多想，现在回头一看也惊出了一身冷汗。他连夜进宫请求单独面见皇上，把这件事原原本本地讲述了一遍，提前来负荆请罪，请求皇帝饶恕。申屠嘉上朝奏事，趁机说晁错只图自己方便，擅自凿穿太上皇庙的围墙做门，触犯刑律，按律当斩。景帝说："这不是真正的庙墙，而是庙外空地上的围墙，不算触犯法令，更不用说处死了。"申屠嘉知道是怎么回事了，晁错先行一步，恐怕还会恶人先告状，说自己因为看不上他，挟私报复，小题大做，申屠嘉只好谢罪。退朝后他生气地对下属说："我本该先斩后奏，如今事先申请，反而被这小子玩弄了，实在是失误至极。"申屠嘉急火攻心，没多久就病死了，晁错因此更加显贵。但是申屠嘉曾经公开宣布：不在家里接待访客，有事公事公办。他也确实是这么做的，所以当时他被视为贤良方正的君子。虽然晁错一时得势，却让一大批正直的人寒心，他的性命也更岌岌（jí）可危了。

第六章　清君侧七国叛乱　诛晁错身死东市

晁错被任命为御史大夫，他正式进入了中央决策层。御史大夫是丞相的助手，并有独立职权，主管监察百官。他上台以后就打算把孜孜以求的削藩政策落到实处。晁错对景帝说："诸侯王势力过大，威胁中央权威，违背高皇帝的初衷。对他们听之任之，必然会给中央留下祸患，不是长久之道，不如赶紧动手。"晁错的奏章递上去以后，景帝召开御前会议，命令公卿、列侯和皇室人员各抒己见，就"削藩"这一中心议题展开热烈讨论。这时的晁错在皇帝面前红得发紫，没有谁敢非难，只有景帝的姑舅兄弟、大将军窦婴（就是窦太后的内侄）敢于提出反对意见，二人在朝堂之上展开了激烈的辩论，但最终冠军还是颁给了正方晁错。景帝决定削藩，把诸侯王的外围郡县收归中央。窦婴和晁错也结下了梁子。

晁错修改的法令有三十章，颁行之后诸侯王哗然，都认为他无事生非，对他恨之入骨。晁错的父亲听说儿子这么做事，急急忙忙地从老家赶来，苦口婆心地劝道："皇上刚刚即位，你也才执掌大权，立足未稳，就突然提出要削弱、侵夺诸侯土地，离间刘氏骨肉。人们都议论纷纷，埋怨你多管闲事。这是为什么呢？"晁错说："本来就应该这样，否则天子得不到尊崇，国家得不到安宁。"他父亲说："刘家的政权安稳了，晁氏可就危险了。你可真是因公废私，大义灭亲哪。我回去了。"到家之后，老人家就服毒自杀了。他说："我不忍心看到灾祸牵连到我的头上，还是先走一步吧。"他老爸死后十多天，诸侯王就谋反了，而且是以讨伐晁错为名义。

诸侯王反应得这么激烈也出乎晁错的意料，他认为，以大汉天子的名义发布公告，还不是令行如山，大家全都俯首称臣？即使当初他也做了最坏打算，预料到他们会谋反，但没有想到会如此迅速。他和景帝都乱了手脚。这就是晁错的一个失误，他没有充分估计到事情发展的严重后果，更没有事先做出应急预案，所以说，"平时不烧香，临时抱佛脚"是不行的。而诸侯王提出的口号也相当有策略，叫"诛晁错，清君侧"，意思是说，晁错是皇帝身边挑拨是非的小人，他们起兵是为了给皇上清除祸根，斗争的矛头直指晁错。其实这些诸侯王也非善类，平时也作威作福，要说一点没有不臣之心也是扯淡，可晁错的急躁行为给了人口实。

晁错在当上御史大夫以后，扳倒了袁盎。他有监察百官的权力，有一项考核内容就是调查有没有人贪赃枉法，于是就查到了袁盎的头上，说袁盎收受吴王刘濞的财物。前面提到过袁盎在吴国当过丞相，吴王赠送礼物，这是正常交往还是别有所图，不得而知，反正应该量罪定刑。但袁盎得到景帝的特赦，未被追究刑罚，他被贬为庶民，成了平民百姓。七国谋反的消息传来，晁错对部下说道："袁盎接受了吴王的财物，所谓'花人钱财，与人消灾'，他专门替吴王掩饰，说吴王忠君爱国不会谋反，如今吴王竟然谋反，应该请求惩治袁盎，他应该知道反叛的阴谋。"部下反驳道："如果事情没有暴露，整治他倒可以早日识破阴谋，采取办法中断他们的奸计，化险为夷，可如今知不知道阴谋已不是什么重要事了，他们已经举兵西进（西汉都城在长安，诸侯王大多分布在燕地、赵地、齐地、楚地，所以说"西进"），这时惩办袁盎还有什么意义呢？况且以袁盎的为人，他不会参与其中。"

这话说得有理，晁错犹豫不决。如果事情没有败露，早知道很有意义，可以采取措施给对方以迎头痛击，或者不动声色地把对方诳骗来，像汉高祖刘邦"伪游云梦泽"逮捕韩信那样，声东击西。这时，每争取一分一秒，都可能置对方于死地。如今不是这种情况，已经不是什么阴谋了，而是变成"阳谋"了。人家都起兵造反了，还去探寻能不能造反的事有何益处？这是刻舟求剑。

晁错这种做法至少让人看出了他的三种心态：其一，掩耳盗铃，自欺欺人；其二，挟私报复，假公济私；其三，胆小怕事，推脱责任。看来他还不是真正的大才，而且在危急时刻吓得手脚冰凉、急于寻找替罪羊的行为让人看出了他的无能和无耻，这和他当时展现的"为了国家大义奋不顾身"的光辉形象形成强烈的视觉反差。他的做法没有争取到别人的同情，反而让人厌恶。

他要惩治的袁盎可不是吃素的。当有人告诉袁盎说晁错要落井下石的时候，袁盎确实恐惧，因为现在是非常时期，些小的罪过都能让人粉身碎骨。袁盎连夜去见窦婴，向他说明吴王等人谋反的原因，希望能够亲自见到景帝陈述。袁盎为什么要找窦婴呢？窦婴的姑姑是汉景帝的母亲窦太后，正宗的皇亲国戚，和袁盎的关系也不错，再加上窦婴因政见不和与晁错闹得不欢而散。那么袁盎为什么不自己去找皇帝呢？这时候他的身份已经不允许了，他被晁错弹劾成平民了，所以他要找窦婴作为引见人。

窦婴进宫一报告，景帝马上召见，现在景帝是最着急苦闷的那个人了。袁盎在进言之前要求左右退下，晁错认为自己是皇帝心腹，就没有离开，谁知袁盎说他的话只能讲给皇上一人听，闲杂人等全部退下，把晁错弄了个大红脸，他恨恨而出。袁盎进言说："诸侯王之所以反，就是因为晁错唆使陛下侵夺了他们的土地。他们起兵反抗主要是想诛杀晁错这个罪魁祸首，把本应属于自己的土地再夺回去。如今唯有杀掉晁错才能让他们丧失借口，然后再颁布诏令赦免他们的罪过，如此就可兵不血刃地化解这场危机。"景帝沉默了许久说："我终不能因小失大，因为怜惜一个人而使天下人遭殃。"于是决定诛杀晁错。

过了几日，景帝派中尉去召晁错，骗他到东市视察。这时晁错还不知危险已降临，他穿好朝服正准备上早班呢。当他转到东市时，就被斩首，连申辩的机会都没有，稀里糊涂地成了刀下鬼。

但事与愿违的是，晁错的死并没有阻止七国叛乱的步伐。有一个叫邓公的人从前线回来向景帝汇报战况，景帝问道："你从军中来，有没有听到诸侯因晁错已死而想罢兵的消息？"邓公答："吴王欲图谋反有几十年了，因为被削减封地，他正好趁机挑起事端。他是以诛杀晁错为借口，可醉翁之意不在酒。我只能说到这里，不敢再往下说了，怕陛下听后龙颜大怒杀了我，而使天下有识之士再不能进忠言了。"景帝道："为什么不说了？我恕你无罪，但讲无妨。"邓公道："晁错忧虑诸侯强大了不好控制，养虎遗患，所以请求削弱诸侯来尊崇朝廷，这是功在当代、利在千秋的大业。计划刚施行就被杀戮，这是亲者痛而仇者快啊。

诸侯无不额手称庆，对内却杜绝了忠臣的言路，弄得人人自危、噤若寒蝉。我私下认为陛下这么做事是不对的。臣冒死进言，罪该万死。"景帝沉默了许久，说："你说得好，我现在也很后悔。"于是拜邓公为城阳中尉。这个邓公善于谋划，后来升至"部长"级，他的儿子邓章因为研究黄帝、老子的学说而扬名于王公大臣间。

第七章　缺谋略仓促应战　学商鞅不遇孝公

晁错死得确实冤，他的名字是"错"，他确实错了，错在自己错误地估计了形势的险恶。其实按照推断，汉初中央与各诸侯国之间必然会引发战争，核心问题就是中央加强集权与诸侯无限制地扩展势力，这个矛盾很难用和平的方式解决，早晚都要用"铁与血"来结束，其爆发点就在晁错身上点燃。可以说他是"七国之乱"的导火索。晁错好像中了邪一样，急于削藩，不知他的真实想法是什么。说他无一丝一毫的私心杂念，完全为了国家而奋不顾身，也不完全正确，但他急于为国家谋划福祉的真情实意是可敬的，错就错在急于求成，不讲究办事的时机和办法。按照笔者的理解，这应该是他被冤杀的最主要原因。

我们从四个方面来看这个问题：最根本的原因是晁错本人。他好像鬼迷心窍一样，执意要削藩。他的理由是"削之亦反，不削亦反。削之，反叛得急，危害倒小；不削，反叛得迟，危害更大"。按理来说，这种推断是完全正确的。诸侯王怀有不臣之心是显而易见的，可以说削

◎从朱元璋复制刘邦政策想到的问题

> 西汉、西晋、明朝三个朝代封同姓诸侯王，无一例外，都出现了大规模叛乱。刘邦犯错，情有可原，西晋和明朝决策者都犯不读《史记》之错。

	西汉初年	明朝初年
创始人心性	相信血亲	相信血亲
设计政体	一朝两制	一朝两制
对待功臣手段	杀害功臣（小规模）	杀害功臣（大规模）
对血亲关系	封同姓王	封同姓王
决定削藩时的心态	急于削藩 无应对策略	急于削藩 无应对策略
诸侯王反应	举兵造反	举兵造反
有无周亚夫	有	无
最后结果	中央胜利	藩王胜利

1　君子不贰过，历史就怕不断复制错误

2　历史上发生了什么不可怕，可怕的是在现实中和未来不断发生同样的故事

藩对于巩固中央政权是正确的，但"对不对"与"能不能"是一个问题的两个方面，"对不对"是理论问题，"能不能"是实践问题，认为对、认为好的事却不一定做得对、做得好。说"事与愿违"就是指现实与美好的想法有很大的差距，或者背道而驰，完全超出预想。这在我们身上经常发生。说"如愿以偿"就是指事情的发展基本上按照预期的想法进行，达到理论与实践的统一。但即使在这种情况下，仍然有"美中不足，好事多磨""福无双至，祸不单行"。不然怎么说成功难呢？就在于事情不是一蹴（cù）而就、一帆风顺的，而是"呈螺旋式上升"的。何况当初制定策略时就低估了现实，达到预期目的就更难了。所以晁错回

答了"对不对"的问题，但没有回答"能不能"的问题。

《史记》中并没有记载他事先制订了详细的计划书，一一说明怎样排兵布阵等等。这也可能是司马迁的疏忽，但这种可能性约等于零。如果有周密的谋划，这正是书中最出彩的地方。《史记》是以人性与谋略为主的，不应该把这么重要的东西忽略。所以我推测，晁错对现实估计不足，没有谋定而后动。这种"谋"不是"多谋无断"，而是"多谋善断"；不是"胆小示弱"，而是"胆大心细"。魄力不等于鲁莽。也就是说，晁错没有有步骤、有计划地实施"削藩"策略，只是说应该削。这样，他的举动就显得太冒失了。也可能是他急于证明自己的能力，或者是急于报答景帝的知遇之恩，反正是太急了。用现在的话来说，他犯了冒险主义的错误，空有满腔热忱，缺乏对时局的分析和对恰当时机的把握，所以他仓促应战，最终把自己的命丢了，死前还喃喃自语："这是咋回事呢？怎么和自己当初的想法不一样呢？问题在哪里呢？为什么对方不讲信用、不按套路出招呢？"

此外，晁错的主意连他父亲都反对，说明他的方法和方式确实存在问题。别人有可能和自己作对，但做父母的哪有不希望儿女出人头地的？可见他的父亲也是旁观者清，知道这么做肯定没有好果子吃。有可能他父亲思考的角度偏一些，不知国家大义，只知"疏不间亲"，这虽然不对，但不管怎么说，晁错急于求成的做事方法是不得人心的。后来他的父亲竟然以死来警告晁错，晁错错了。人的想法有时真让人捉摸不透，不可思议。若是晁错抱定为理想而献身的想法，那么他应该死而无怨；若是他不甘心这么窝囊地死去，那就只能怨自己不讲办事的方式方法了，能怪谁呢？

第二方面的原因是汉景帝。晁错学习商鞅的法律学，有可能是钻研过深，发生了思想错位，甚至有点走火入魔，自比商鞅，而把守成之主汉景帝看成了有雄才大略、想富国强兵的秦孝公。如果他有这种想法，就大错特错了。

首先晁错不会成为商鞅。商鞅是法家学派的杰出人物，是一个能把理论与现实相结合的实践家，同时又是一个理论家，所以相比较而言，商鞅更为优秀。理论型人才解答"为什么"这个问题后，就要让位给工匠型、技师型人才，由他们来完成"怎么做"这个把理论变成现实的更艰苦的工作。晁错更像一个理论型人才，而非工匠型、技师型、实践型人才。他可以解答"为什么"，却无法解答"怎么做"。他连人际关系都处理不好，加上思维方式与办事方法大错特错，事情肯定不会成功。好心办错事、费力不讨好，都是说他这种人的。不是说想做大事就一定要搞庸俗的人际关系，而是说想要成事就一定要尽量减少阻力，增加推动力量。只结交君王一人而不惜得罪所有人，并且还成事的，只有一个商鞅，中国五千年历史只有这么一个特例，无法效法。

此外，汉景帝也比不得秦孝公。秦孝公是一个有强烈霸业心的君主，而且在战国时期，社会动荡，竞争激烈，动作缓慢就有可能被消灭，故步自封更不可能，唯一的出路就是积极进取。这就是竞争的好处。"生于忧患，死于安乐"，要想活得好，只有竞争。汉景帝在个人素质上比不得秦孝公，社会环境也不可同日而语，这些都是二者不能相提并论的地方。

法家讲究的是法网无情，办事方法是雷厉风行，效果是立竿见影，这样就难免刚性，而太刚则易折，所以施行者都身受极刑，商鞅最后被五马分尸，吴起被射死，而晁错被腰斩。这是法家人物的悲哀。此外，景帝对晁错过于恩宠，把群臣排斥在外，使大臣产生了逆反心理。景帝刚刚继位，晁错也才接手御史大夫的工作，还没有站稳脚跟，就猝（cù）然变革，过于急躁。而且晁错凿坏太上皇庙围墙一事确实存在过错，哪怕有象征性的惩罚也是好的，可景帝轻描淡写的一句话就为他遮掩过去，这种太过明显的包庇与袒护其实害了晁错。

第三方面的原因是大臣。我们再回过头来看看晁错得罪的是什么人物。袁盎是文帝时的重臣，声名显赫；申屠嘉是一个正人君子，景帝时的当朝宰相；窦婴是大将军，景帝的姑舅兄弟，外戚中最有权势的人物。所以，晁错基本上得罪了整个上层，只有一个景帝对他青睐（lài）有加。一旦景帝翻脸，他只有死路一条。晁错自以为拥有尚方宝剑，谁知却是赝（yàn）品。

晁错为人深沉、刚直、苛刻，这就难免有吹毛求疵（cī）、得理不饶人的毛病，在他上书或在朝廷辩论之时，也肯定是咄咄（duō）逼人、雄辩滔滔，无形之中打击面就会过大，而且会给人以夸夸其谈、好出风头的坏印象。再加上他恃宠而骄，难免看不起人，让人以为他是只知媚上的无耻小人，尽管他忠心为国。一个不懂人情世故、不知人性优劣的人很难实现理想、完成使命。

那个时候，占有统治地位的思想是老子的"清静无为"，景帝的母亲窦太后就是一个崇尚道家思想的人。这种思想在大臣当中也相当盛行，他们认为晁错无中生有，挑起事端，争取自己的名声，所以就把晁错的战略思维缩化成只为一己之私的卑劣想法了。晁错的眼光是长远的，后来的历史证明，景帝、武帝确实在实践他的政治理想，但社会存在决定社会意识，在当时的条件下，大臣们的想法也不能说错，晁错在错误的时机用错误的方法发动了操之过急的政治举动，失败在情理之中。

◎杀死晁错的五个凶手

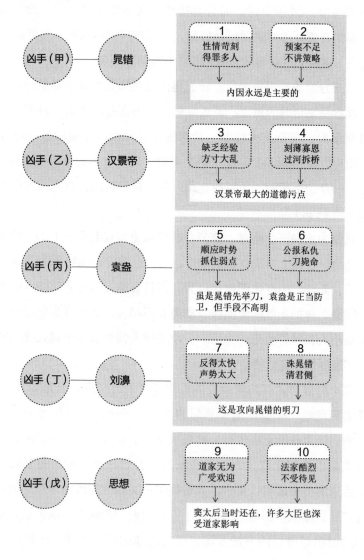

第四方面的原因是诸侯的反叛。这场事端确实是由晁错引起的，他被诸侯们视为眼中钉、肉中刺，诸侯们必欲除之而后快。所以诸侯们首先把矛头指向了晁错。从高祖刘邦的"愿从诸侯王击楚之弑义帝者"，到诛灭吕氏时齐王刘襄的"今寡人率兵入诛不当为王者"，到吴王刘濞的"诛晁错，清君侧"，都是极有策略的提法，即放出烟幕弹，掩饰自己真实的意图。"诛晁错，清君侧"这一口号的提出将晁错推向了断头台，诸侯们的口号确实迷惑了汉景帝。所以，这种策略性用词也可以杀人不见血。

这四个方面的原因是笔者的推测，至于对与错，不是笔者能说了算的，需要读者判断。总的说来，晁错的死和韩信被杀一样，都是汉初有名的冤案，除了统治者的凶残，自身是不是也有原因呢？与陈平相比，他俩在保护自身方面差了一大截。

第八章　遭刺杀家危国泰　悲二人名立身败

晁错死了以后，袁盎又得重用，被任命为太常。这个太常主管宗庙和祭祀方面的事，是中央九卿之一。窦婴为大将军。袁、窦二人以前就关系密切，经过这次联手，关系更是牢不可破，声威也更显著，长安城中有一大批追星族，每天有几百辆车相随。后来景帝命令袁盎以太常的身份出使吴国，这主要是打"亲情牌"，意思是我们都姓刘，五十年前真是一家人，没必要刀兵相向。可吴王却策动袁盎投入他的怀抱，担任将领。由于袁盎不肯同流合污，吴王就想杀了他。他派了一个都尉带领五百军士围困住他，但一时还没决定动手。这时画面一转，我们还要插播一段背景资料片。

原来，袁盎在吴国当丞相时，非常完美地处理过一段风流韵事。当时，袁盎的一个部下和袁盎的一个侍女偷情，袁盎知道了这事，但他没有说破，对待这位部下没什么两样。有多事之人告诉这个部下，说丞相知道他和侍女私通的事了。这种事在当时可了不得，部下怕袁盎怪罪，就偷偷逃跑了。袁盎知道后，亲自骑马把他追了回来，将他官复原职，还当了月下老人，把侍女赐给了他。袁盎的这种宽仁大度怎能不让部下感恩戴德？按照小说家的说法是"无巧不成书"，世界上的事总是有太多巧合；流行说法叫"世界有时很大，有时很小"，这是对世事无常的感叹。

这个负责包围袁盎的都尉就是他以前的老部下，袁盎真是命不该绝。这个都尉知道这是回报恩人的良机，他拿出全部积蓄买了两桶相当于五十六度二锅头的烈酒给士卒喝。当时天寒地冻，士卒又冷又饿，这些酒真是美如王母娘娘在"蟠桃会"上准备的琼浆玉液，不知不觉，守夜的士卒都醉倒了。都尉赶忙把袁盎拉下床，说："您快快离开，吴王明天早上要杀您。"袁盎不信，他以为这是吴王设计的一个圈套，说："你是干什么的，我要先看一下你的身份证。"都尉说："我是以前和您的侍女私通的那个人。"袁盎惊愕不已，果然认出了故人，他辞谢道："多谢好意，但我不能走，你上有老下有小，我一走了之会拖累你的。"都尉说："您只管离开这是非之地，我也马上逃亡，藏匿好自己的家属，您不用顾虑。"他用刀割开了帐幕，引导袁盎从醉卧的士兵把守的通道径直离去。到了安全地带，二人互道珍重，分道扬镳。袁盎把象征皇权的权杖上的毛饰解下放入怀中，避人耳目，把杖柄当拐棍使用，跌跌撞撞地走了七八里路，看到了朝廷的骑兵，他赶紧上前说明情况。

他死里逃生，跑回长安向景帝汇报了出使情况，大意是现在已非言词所能济事，只有采取军事打击。后来，"七国之乱"被绛侯周勃的儿子周亚夫带领的军队平定了。袁盎"有心栽花花不开，无心插柳柳成荫"，他多年前的善举在危险关头救了他自己一命。

"七国之乱"是现在的定义，当时习惯叫"吴楚之乱"，吴王刘濞和楚王刘戊（wù）是两个带头人。刘戊的爷爷是刘交，刘交是汉高祖刘邦的弟弟，是取代韩信成为楚王的。第三个是赵王刘遂，他是被吕后活活饿死的刘友的儿子。其他四个都是汉高祖刘邦大儿子齐王刘肥的儿子，所以是"七国之乱"。楚王刘戊兵败自杀后，汉景帝任命刘交的儿子刘礼，也就是楚王刘戊的叔父为楚王。袁盎被任命为楚相。他在楚相任上时曾上书进言，没被采用，后来因病免职回家，整天和乡里人厮混，无所事事，斗鸡走狗（成语来源）。

洛阳人剧孟曾经拜访袁盎，袁盎给了高规格的招待。有个富人对袁盎说："听说剧孟是个博戏之徒（博戏，当时流行的一种游戏，玩法不详。博戏可作为娱乐，也可当产业来经营。剧孟可能是后者。汉景帝与刘濞之子刘贤也是因博戏而起纠纷，结果刘贤被打死），将军为何要和他交往？岂不降低了身份？"袁盎一听这话相当不高兴，他说："剧孟虽是个博戏之徒，但为人四海，行侠仗义。他母亲死时，送葬的车有上千辆，这说明他确有过人之处，否则有些人连花钱都请不来。这和剧孟能够积极为人排忧解难有关，他是不折不扣的'及时雨'。要知道谁都会遇到一些沟沟坎坎的，一旦有急难的人敲门求助，不以有父母在堂为借口来推脱，不以刚好有事要外出来拒绝，为天下人所依赖和仰望的，也就只有季心和剧孟罢了。如今您有钱可以雇几个人随行，表面上威风凛凛，风光无限，但是一旦您有急难，他们就真的那么可靠吗？为了钱帮您的人同样可以为了钱背叛您，真情实意是无价的。"他把富人谩骂一顿，再也不和他交往了。一些上流社会的人听说这件事后，对袁盎赞不绝口。真的是这样，只有患难的朋友才是真正的朋友，没有经过急难考验的"好朋友"还只是处于理论推理层次的命题。没有实践检验怎知是对是错？

袁盎虽然在家闲居，但他人闲心不闲，景帝常常派人向他征询意见。景帝的亲弟弟梁王刘武想争取皇位继承人的资格，在袁盎劝说以后，景帝基本解决了这个争论不休的问题。因此，梁王非常痛恨袁盎，就派刺客刺杀他。要想刺杀一个人，首先要了解他的为人和喜好等基本情况，特别是缺点和弱点。这个刺客也开始打探袁盎的情况，谁知被问的人都像打开了话匣子，对他赞不绝口。能当刺客的人总有点侠骨柔肠，他得知自己要刺杀的是这么一个人，感觉下不了手，就直接找到袁盎，说："我是梁王雇佣的杀手，任务是刺杀您，可是您是一个忠厚的长者，我实在不忍心下手，但是接踵而至的杀手还有十多批，您早做准备。"说完他掉头就走。这就是人格的魅力。袁盎知道这事后快快不乐，家里又有许多怪异现象，于是他就到一个有名的相士那里占卜，回来时，在安陵城门外被随后而来的梁国刺客杀死了。袁盎和晁错一样，都是因为公家之事而以身殉职的，可歌可泣。他是汉初的一位奇侠。

司马迁评论道：袁盎虽然不好学，但是也能牵强附会，辩才无碍，更兼能以仁爱为本，深明大义，激昂慷慨，称雄一时。汉文帝继位以后，他适逢其时，得以纵横驰骋，施展生平抱负。然而一朝天子一朝臣，汉景帝登位后，他明显遭遇排挤。虽然时局动荡，遭逢吴楚之乱，他提出诛杀晁错的建议得到采纳并被重新重用，但是终究不能再三再四施展雄才。他看重名声、夸耀贤能，然而最后还是因为追求名声而败亡。晁错在做太子家令时，多次向文帝上书，但要么如石沉大海，无声无息，要么被明确相告，善言难用。后来汉景帝继位，他擅行职权，猝然变更法令，致使诸侯发难。他不急于挽救国难，却一味挟私报复（指陷害袁盎），因此丧命。俗话说"变古乱常，不死则亡"，难道是说晁错这类人吗？

司马迁基本上用唯物辩证法的观点来评价人，从正反两方面来评判，至于他的观点正确与否，我不作评价。对于一个两千年前的人拥有的这种超时空的洞察力，我更多的是惊叹。这与盲目崇拜无关，而是发自内心的赞美。对于同一人、同一事，历来是"横看成岭侧成峰，远近高低各不同"。角度不一样，难免有差异，只要有充分的理由来论证自己的观点就可以。当然，不能颠倒黑白，强词夺理。谁敢说自己的评价就一定是百分之百正确的呢？

后来有人评价二人：尊主卑臣，家危国泰；悲彼二子，名立身败。袁盎在立嗣问题上坚持礼法，传子不传弟，是为了保证政权的稳定；晁错在削藩问题上独行己见，是为了尊崇中央。国家因此得以安泰，但他俩的身家性命却危若朝露了，所以这一切让人深为慨叹。最后那句"名立身败"确实是这对冤家的共同命运。

只读《史记》还不够，还需读《汉书》，这样才能对袁盎、晁错了解得更立体。晁错称得上战略家，但缺少一定的实践能力。他为国而死，名声受损，真是冤枉。

刘濞列传

堪叹高祖计谋深，肢解楚地付双亲。

荆王战死刘交败，骁勇沛侯得履新。

煮海为盐豫章铜，招致亡命性自矜。

起兵非关太子事，刘家怎保无淮阴？

嗣敏戏作咏史诗《刘濞》

第一章　高祖封兄弟子侄　刘濞得坐镇东南

汉高祖刘邦有兄弟四人，老大叫刘伯，死得较早。刘邦年轻的时候四处游荡，混吃混喝，不屑于"朝九晚五"的本分生活，有一段时间他常常带着一帮狐朋狗友到他大嫂家里胡吃海喝。也许是家道艰难，也许是恨铁不成钢，也许是不堪其扰，也许是本性使然，反正他大嫂是烦死他了。有一次刘邦又带人去了，大嫂用勺子敲打饭锅，给人以空空如也、饭已吃完了（"羹尽"）的感觉，刘邦的朋友一听这声音，知道没饭了，就都走了。可刘邦多聪明，他偷偷地打开锅盖，看到锅里还有不少饭，就知道大嫂的用意了。为此，他怨恨不已。这有点像韩信到那个南昌亭长家混饭吃受到冷遇的情景，只不过亭长那里是提前开饭，反正都起到了同样的效果。怪不得韩信后来感念刘邦"解衣衣我，推食食我"的感情，刘邦也感同身受，深知在连饭都吃不起的情况下被人看扁的滋味。二人同病相怜。

刘邦称帝以后，分封刘姓子弟为王为侯，唯独对大哥刘伯的儿子刘信像忘了似的，他爹刘太公就提醒他，宁可落（là）一群，也别落一人，还有一个刘信没得到封赏。刘邦说："我不是忘了刘信，而是他老妈太不忠厚，不够意思。"但是老爸已经张口了，他也不好不给面子，就把刘信封为羹（gēng）颉侯。这是一个特殊的爵号。我们知道，那时真正的侯爵都是有封地的。比如淮阴侯韩信，韩信的老家就是淮阴，那里就属于他的封地，当地的税收收入都归他所有。所以，有地的侯爵起

◎汉初八大异姓诸侯王简况

姓名	王爵名称	获取方式	大致在位时间	重大事件	结局
韩信	齐王 楚王	自立，刘邦后补手续 刘邦改封	前203—前202（齐王） 前202—前201（楚王）	韩信由楚王降为淮阴侯	被杀
英布	淮南王	项羽分封 刘邦分封	前206—前204（项封） 前203—前195（刘封）	与项羽反目，投汉；韩信、彭越被杀后又反汉	被杀
彭越	梁王	刘邦分封	前202—前196	一直用游击战骚扰项羽后方	被杀
张耳 张敖	赵王	刘邦分封	前203—前202 前202—前198	张耳先被项羽封为常山王，后降汉，与韩信搭班子	正常死亡 降为宣平侯
臧荼	燕王	项羽分封 刘邦分封	前206—前202	先被项羽分封为王，后降韩信，又反汉	被刘邦击败俘虏
卢绾	燕王	刘邦分封	前202—前195	为刘邦发小，替代臧荼为燕王，后投降匈奴	病死于匈奴
韩王信	韩王	刘邦分封	前205—前201	驻守马邑，防备匈奴，后投降匈奴	被汉将柴武击杀
从吴芮起传五代	衡山王 长沙王	项羽分封 刘邦分封	前202（吴芮改封长沙王）—前157	共传五代，第五代长沙王无子，国除	算是得到善终的人

英布妻子应是吴芮女儿

码是个"税务局局长"。其他如留侯张良、绛侯周勃、曲逆侯陈平等都是名副其实的。

那时也有一种侯爵是没有封地的，如"关内侯"，整个函谷关以西都叫关内，这种封号代表的是名誉和地位或者相等的俸禄。关于"羹颉"的说法有三：一说为爵号，并非县邑之名；一说本为山名，在涿鹿西，高祖取其山名为刘信爵号；一说为古城名，今安徽舒城西北三十里有羹颉城，相传为刘信所筑。但这三种说法大相径庭，只是一种推测。而我认为，刘信被封的这个"羹颉"并不是封地，只是为了取一谐音。这在刘邦的近亲属中可能只此一个。

这两个字是什么意思呢？"羹"指呈糊状或稠汁状的食物，可以代指粮食。"颉"有两种读音，一种与"协"同音，意为"鸟上下飞翔"，组词"颉颃（xié háng）"，不相上下的意思；另一种与"竭"同音。上古时代有一个叫仓颉（jié）的人，据说是汉字的创制者。但这两种意思和"羹"字都沾不上边儿。当然，我没做太多考证，也没有得到权威认可，只是个人理解，这个"颉"应念"竭"，"羹颉"是"羹竭"的谐音，"羹竭"是"羹尽"的意思，就是"粥没有了"。也有人推理说有"羹颉山"这个地方。但不管有没有这座山，刘邦心中埋怨他的大嫂刮羹敲锅假装没饭了是肯定的。所以，这个"羹颉侯"与其说是荣誉，毋宁说是耻辱。可刘信倒不在乎，坦然接受。在高后执政时，刘信因罪被削爵一级，只当了关内侯。摘掉了这个高帽子未尝不是一件好事，少了笑柄。

刘邦的弟弟叫刘交。韩信第一次被抓以后，从楚王降为淮阴侯，刘交成为楚王。在英布反叛时，刘交的部队被英布击败。他在位二十三年，死后儿子刘郢（yǐng）继位。刘郢仅在位四年就死了，刘交的孙子刘戊继位。楚王刘戊参与了"七国之乱",兵败自杀以后,刘交的另外一个儿子刘礼当上了楚王,因为刘礼当时在中央任职,人比较可靠。

刘邦的二哥叫刘仲。这个人应该相当本分,勤劳肯干,日子过得不错,所以刘太公经常拿刘仲为例数落刘邦不务正业。刘邦称帝以后,在一次宫廷聚会上问他爸:"以前您老夸耀刘仲比我行,现在您说我们俩的产业谁更大些?"弄得大家哄堂大笑。刘仲后来被封为代王(也就是汉文帝登基前所在的位置)。不过,因兄弟关系而被委以重任的刘仲并不具有相等的实力,他被匈奴攻击以后,独身一人从小道一路狂奔回洛阳。这就太不堪了。刘邦出于同胞兄弟的关系不忍心治他的罪,就把他降为侯爵。这就是人治的缺点,不是以能力来论功行赏,而是以血缘关系、感情疏密决定赏罚,真正的贤士难以出人头地。

后来英布谋反,刘仲的儿子沛侯刘濞当时年仅二十,血气方刚,随军征讨。他力大无穷,多立战功。英布起兵以后杀掉了荆王刘贾,上文提到的楚王刘交也非其对手(根据《史记·高祖本纪》记载,韩信被降为淮阴侯后,其原封地被一分为二,荆王刘贾称王淮东,楚王刘交称王淮西),刘邦才亲自带兵平叛。打败英布以后,刘邦想到荆、吴一带民风剽悍(piāo hàn),轻浮好斗,应该派一个年富力强、骁勇善战的"王"来镇抚此地。他自己的儿子都还小,被杀掉的那个荆王刘贾还没有子嗣,自然而然地,他就想到了自己的侄儿刘濞。于是刘邦把他立为吴王,分封给他三个郡的五十三座城池,相当看重他。

授予印信后,刘邦把刘濞召来,仔细看了看他的相貌,说:"你有反叛之相。"他心里后悔起来,但已经任命了,君无戏言,若出尔反尔,朝令夕改,还怎么服众呢?他拍了拍刘濞的后背,告诫道:"汉朝建立五十年后,东南有反叛之人,难道是你吗?大家都是刘氏子孙,千

◎刘邦在位期间刘姓王替代异姓王的过程

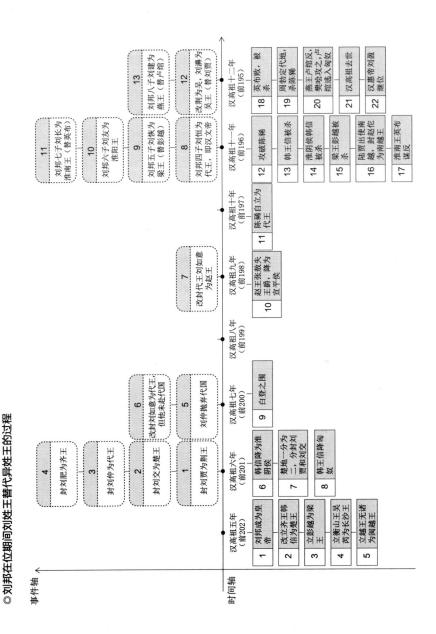

万不能同室操戈呀。"刘濞赶忙叩头说："不敢。"但刘濞最后还是反了。这个故事有可能是后人根据刘濞谋反的事实杜撰的，以此证明刘邦的未卜先知，但是以刘邦的眼力，也应该有这种判断。谁知道呢？

到了汉惠帝、吕后时代，天下初定，民心未附，诸侯王都使出浑身解数投入到经济建设中，安抚一方的百姓。那时吴国占尽地利，境内的豫章郡有铜山，刘濞收留天下亡命之徒私下铸钱。我们在文中提到的金，少数指黄金，大多指铜，那个时候，铜作为一般等价物流通，用经济学术语来说，就叫"社会必要劳动时间大"。铜比较珍贵，所以吴国不缺钱。又因为吴国靠着海边，所以能靠着蒸煮海水提取食盐。那时食盐也是珍稀资源，食盐的经营权一直控制在国家手里，走私食盐的都会被判以重罪。吴国占有当时最为紧俏的战略物资，国力强大，因此，免除百姓的赋税，这是别的诸侯国不敢想象的。

第二章　堂兄弟因子结怨　晁大夫力主削藩

吴王刘濞和汉文帝刘恒属于堂兄弟，他们俩也结了怨。怎么这么说呢？吴王的太子刘贤进京朝见，陪伴皇太子刘启——后来的汉景帝饮酒，玩博戏。跟随吴太子的老师都是楚地人，轻浮强悍，因此吴太子从小就养成了骄横、暴躁的臭毛病。博戏的时候，两位太子因为玩的事儿争执起来，吴太子的随从也在旁帮腔，态度不恭敬，皇太子就拿起博戏用的台盘掷击吴太子，打了个正着，杀死了他。文帝派人把吴太子的尸体送回吴国安葬。吴王大怒道："天下同宗，死在长安就该葬在长安，何必回来安葬呢！"又把尸体运回了长安安葬。这是明显的赌气行为，不过老来丧子的滋味肯定不好受。人生三大悲就是：少年丧父、中年丧偶、老年丧子，吴王刘濞的心情可以理解。吴王从此逐渐抛开了作为诸侯王的礼节，称病不进京朝见汉文帝了。

朝廷知道吴王是因为儿子的缘故才如此的，后来查问清楚吴王的确没病，因此，当吴使进京时，就将其拘捕责问，反复求证。吴王害怕，积极策划谋反。这年秋天，吴王又派代理人代行秋季朝见大礼，文帝又责问使者，使者说："吴王确实没有病，正准备来朝见呢，谁知朝廷拘禁惩办了几批使者，没有办法，他害怕陛下治罪，只能将错就错，一直称病。'察见渊中鱼，不祥'，这是指水至清则无鱼，人至察则无徒。作为君上，不应当看到臣下的隐私就紧紧抓住不放，人非圣贤孰能无过？只盯住错处不顾念优点，就让臣下没有机会改过自新了。陛下催得越急，吴王心里越害怕，称病也是无奈之举，希望陛下赦免他。"于是文帝赦免了吴使者，并让其带走他赏给吴王的坐几和拐杖，说吴王确实年纪大了，腿脚不便，可以不用来中央朝拜。吴王被赦免了罪过，他的谋反计划也逐渐放弃了。

吴国因为盛产铜、盐，老百姓得以免除赋税，士兵服役也发薪水。逢年过节，吴王亲自慰问贤能人士，赏赐平民，与民同乐。就这样过了四十多年，吴王广布恩泽，老百姓也甘为所用。

晁错做太子（后来的汉景帝）家令，得到太子的宠幸。他多次怂恿（sǒng yǒng）太子在文帝面前数落吴王的罪过，想要削减他的封地。晁错也多次上书劝说文帝，可文帝宽厚仁慈，不忍心惩罚吴王，因此吴王日益骄横。汉景帝继位以后，晁错为御史大夫，这时他踌躇满志，想大刀阔斧地实现自己的政治理想。他向景帝进言："高皇帝平定天下时，兄弟不多，自己的儿子们年幼，就广泛地分封刘氏宗族，长子齐王刘肥（刘邦和情妇曹氏的儿子，属于私生子，不太被承认。见《汉书·齐悼惠王刘肥》）被封有七十余城，楚王刘交（他是汉高祖刘邦同母异父或同父异母的弟弟，应属庶出，也不太被承认）被封有四十余城，二哥刘仲之子吴王刘濞（这是刘邦的亲侄子，和刘邦的儿子相比，还是隔层肚皮隔层山）被封有五十余城。这三个旁支亲属，就差不多分去了天下的大半。吴王因为吴太子被陛下打死一事心生嫌隙，耿耿于怀，装病不来朝见，按照宗法规定，他应该被处死。文帝宅心仁厚，不忍心诛杀他，还赐给他坐几和拐杖，让他养好身体，不必来朝见了。他应该感恩戴德，改过自新。谁知吴王根本不思悔改，不肯洁身自爱，反而更加骄横放肆，铸钱煮盐，收买民心，招徕亡命之徒，藏污纳垢，思谋作乱。如今是削之亦反，不削之亦反。削之，反叛得急，准备仓促，危害倒小；不削，反叛得慢，羽翼已成，反而危害更大。"这基本上就是晁错提出削藩的理论基础和政治纲领，然后他就开始实施了。

楚王刘交的孙子刘戊（发动"吴楚之乱"时楚国的当政者）进京朝见汉景帝时，晁错趁机进言说，刘戊在为薄太后（薄太后是文帝的母亲，高帝的夫人，刘戊应该称其为奶奶）服丧期间偷偷淫乱，违反服丧期间不得男女同房的礼制规定，请求诛杀刘戊。在服丧期间干这事的确不对，但这种风流罪、糊涂事谁又能说得清？这也是欲加之罪，何患无辞。景帝赦免了刘戊的死罪，但把他的东海郡收归中央作为罚款，又趁机把吴王的豫章郡、会稽郡收了回来。之前赵王刘遂（高帝孙子，被吕后活活饿死的刘友之子）因为有罪，被削夺了河间郡，刘肥之子胶西王刘卬因为卖官鬻（yù）爵，被削夺了六个县。就这样，诸侯王因为共同的遭遇，渐行渐近，开始考虑大事了。

第三章　胶西王厉兵秣马　吴王濞整装待发

　　在《袁盎列传》中提到的那次窦婴出面反对晁错的宫廷辩论中，晁错再一次提出削弱吴国的力量。吴王听到这个消息后心中犯了嘀咕，他害怕朝廷无休止地削减封地，便想趁机撕破脸皮，公开造反。他的这种想法是可以理解的。若是有人无偿夺取自己的既得利益，谁都会进行反抗的。他四处寻找合伙人，诸侯中可和他筹划大事的只有被削去六县土地的胶西王刘卬。这个刘卬好勇斗狠，善于用兵，而且是沾火就着的火暴脾气，齐地一带的诸侯都怕他，于是吴王派心腹应高去引诱刘卬。

　　因为怕留下证据，所以应高身上没带书信，他口头传达了吴王的本意。他对刘卬说："如今皇上亲近、重用小人，以致被谗言蒙蔽，忠奸不分，喜欢蝇头小利，只看重短期效益，这才擅自变更法令，不断侵夺诸侯土地。这违背了高帝的本意，逆天行事。吴王和大王都是知名的诸侯，向来本分，可也无端地被削夺土地，而且从目前的情况来看，你们二王首当其冲。朝廷削减土地的行为还会变本加厉，直到土地削尽、诸侯国灭亡才会停止。只要还有些许土地，朝廷绝不会善罢甘休，我们也将永无宁日。吴王身体不好，已经有二十多年没有朝见天子了，这是年老体衰造成的。他曾经害怕被猜疑，可又无法辩白，如今胁肩累足（耸着肩膀，并着双脚，表示害怕的样子。此成语的来源），小心翼翼，仍然害怕不被宽恕。而我们私下听说大王也因为出卖爵位的事受到刑罚。大王和吴王肯定有些小错误，可罪不至此。而且我们听说，将来朝廷对诸侯王不只是削减封地而已，恐怕还有深意。"他说到这里就不说了，看是否打动了胶西王。胶西王接口道："确实如此，我也遭遇过这样的事。您打算怎么办？"应高说："同恶相助，同好相留，同情相成，同欲相趋，同利相死……"刚说到这里，胶西王插话道："先生说得太深奥了，我是大老粗，听不懂。"

应高莞尔一笑，解释道："这就是说，仇恨相同的人能同仇敌忾（kài），志趣相同的人能同声相应，情感相同的人能同心同德，欲望相同的人能同生共死，利益相同的人能同舟共济。如今吴王自以为和大王有着共同的忧患，息息相关，利害与共。吴王愿与大王同呼吸，共命运，并肩战斗，顺应时势，遵循事理，牺牲自身来为天下除害，应该可以吧？"这个应高也真是一个口才杰出的辩士，阐述完双方的利害关系，突然话锋一转，直接切入主题。胶西王大吃一惊，说道："我怎么敢这样大逆不道？如今皇上虽然严厉，可我也只有引颈受戮罢了，怎么敢反叛呢？"应高说："话不能这么讲。俗话说：'天作孽，犹可恕；自作孽，不可活。'若真是我们自己作孽，我们甘受刑罚，自不必说。可如今御史大夫晁错蛊（gǔ）惑天子，致使奸邪当道，贤言难进。晁错只知侵夺诸侯土地，大臣愤怒，诸侯皆有背叛之心，他的所作所为已弄得天怒人怨，彗星频现，蝗灾肆虐，他的倒行逆施给我们提供了千载难逢的机会。虽然我们身处逆境，但是'天加横逆于君子，必加福于君子'。所以吴王想以讨伐晁错为借口，陪侍在大王的鞍前马后，一同纵横天下，旌麾（jīng huī）指向，莫不望风而降。若是得到大王的首肯，吴王就率楚王攻取函谷关，守住荥阳敖仓的粮食（楚汉战争时，刘邦就抢占了这个战略重地，可项羽视而不见），然后整顿行营，等待大王您临幸。若如此，则可勠（lù）力同心，得遂大丈夫之志，您和吴王平分天下，不也可以吗？"胶西王道："好，就这么办。"应高回报吴王，刘濞怕胶西王事后反悔，又亲自和他结盟，共同谋划大事。

胶西王要谋反的消息不胫（jìng）而走，他手下的群臣议论纷纷，后来派出代表劝谏刘卬："拥戴一个皇帝方能安乐无忧。如今大王要和吴王反叛朝廷，假使事情成功，天无二日，民无二主，您和吴王就要开始争权夺利了，这才是真正祸患的开始。自古以来就是一山难容二虎，别看现在说得动听。而且诸侯的土地不及朝廷的十分之二，实力悬殊，战事一起，又要惊扰皇太后，这不是长久之计。"可刘卬现在已经被迷住了心窍，根本不听群臣的劝谏。接着，他向齐地（今山东）的其他几个诸侯发出了外交照会，并得到了他们的许诺。

第四章　封六王齐地肢解　七国乱四王响应

诸侯王被中央严厉的削藩政策弄得相当震恐，都怨恨晁错，所以对吴王刘濞和胶西王刘卬的倡议一呼百应。

当时实际上谋反的诸侯有七个：

（1）吴王刘濞；

（2）楚王刘戊；

（3）赵王刘遂；

（4）胶西王刘卬；

（5）济南王刘辟光；

（6）菑（zī）川王刘贤；

（7）胶东王刘雄渠。

其实还有两个诸侯也牵扯其中：

（1）齐王刘将闾（lú）；

（2）济北王刘志。

刘濞列传

◎ "七国之乱"叛军首领的名单

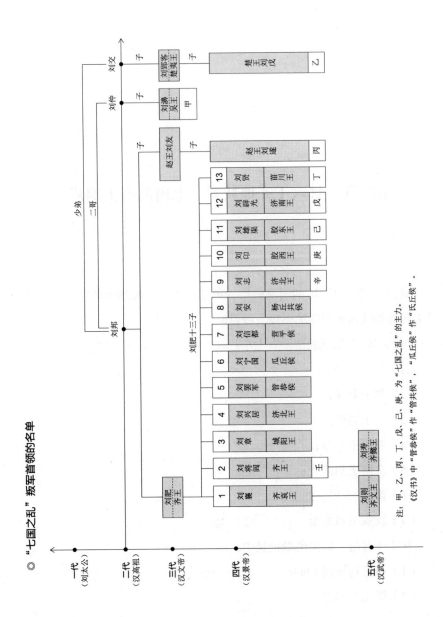

注：甲、乙、丙、丁、戊、己、庚，为"七国之乱"的主力。
《汉书》中"营恭侯"作"管共侯"，"瓜丘侯"作"氏丘侯"。

好了，为了说清这些反王的大致情况，还要从楚王韩信说起。

汉高祖五年（公元前202年），刘邦登上天子之位，坐上了象征最高权力的皇帝宝座。他开始考虑国家的长治久安之道。他认为，异姓王的存在是威胁到刘氏王朝将来的定时炸弹，他必须在自己的有生之年找到替代方案。比较妥善的办法是，一方面加强中央集权，一方面用刘姓王替代异姓王。

于是，汉高祖六年（公元前201年）成为一个标志性年份。这一年，刘邦首先对实力最为强大的楚王韩信下手，通过"伪游云梦泽"的方式逮捕了韩信，把他降为淮阴侯，并带回首都。刘邦把韩信的辖区一分为二，分封楚王刘交和荆王刘贾。同时分封二哥刘仲为代王，庶长子刘肥为齐王。齐国应该是当时第一大诸侯，首任齐相就是西汉中央政治机构第二任相国曹参。

汉高祖十一年（公元前196年），淮南王英布谋反，杀死荆王刘贾，打败楚王刘交。刘邦带兵打败英布之后，想找一个年富力强的刘姓至亲镇守荆国，于是选中了二哥的儿子刘濞，改国号为吴。楚国依然由刘交管辖。就像晁错后来对汉景帝说的那样，吴国、楚国、齐国这三个诸侯国加起来的体量，快要占到天下的一半，确实是可能挑战中央的地方实力派。

现在，我们再来谈谈齐王刘肥。

汉惠帝和刘肥是同父异母兄弟，老大是刘肥，老二是汉惠帝，其他的都是小弟。在汉惠帝当政时，有一次刘肥到了长安，和汉惠帝以兄弟之礼见面，可能有失于君臣之礼，结果遭到了太后的嫉恨，太后差点用毒酒毒死他。他向鲁元公主奉献土地，又对太后赔着小心，才躲过一劫。刘肥在位十三年后去世，齐王之位传给了儿子刘襄。

刘肥一共有 13 个儿子，刘襄是继承他王位的儿子。还有两个儿子非常有名，一个是朱虚侯刘章，一个是东牟侯刘兴居。在诛灭吕氏家族的斗争中，刘章的贡献相当大。《汉书·高五王传》记载："始诛诸吕时，朱虚侯章功尤大，大臣许尽以赵地王（wàng，称王）章，尽以梁地王兴居。"这段话的意思是说，以周勃和陈平为首的大臣集团，为了争取刘章和刘兴居，向他们许诺，如果事情成功，将让刘章当赵王，让刘兴居当梁王。

然而，这只是大臣们的许诺。汉文帝继位之后，听说两人最初想拥立自己的哥哥齐哀王刘襄为皇帝，就把他们的功劳打了折扣，虽然也封他们为王，但并非赵王、梁王，而是从齐地割出城阳、济北两个郡，分别封刘章为城阳王，刘兴居为济北王。一年多以后，刘章去世。

此时，正赶上匈奴大举用兵，丞相灌婴带兵到边防，准备反击，汉文帝也驾临太原。刘兴居以为皇帝要亲自督战，无暇他顾，于是起兵造反。汉文帝听说了，就罢兵回长安，派棘武侯柴将军击破之，俘虏刘兴居，刘兴居自杀，济北王国被废除。

汉文帝怜悯济北王自取灭亡，不久，把刘肥的七个儿子封为列侯。汉文帝前元十五年（公元前 165 年），刘肥的孙子、齐哀王刘襄的儿子齐文王刘则去世，他没有儿子。当时，刘肥的儿子中，只有城阳王这一支还保有王位。汉文帝考虑到刘肥的嫡系没有继承人，于是把齐国分成六份，在汉文帝前元十六年（公元前 164 年），同时分封了六个王：

（1）齐王刘将闾；

（2）济北王刘志；

（3）菑川王刘贤；

（4）胶东王刘雄渠；

（5）胶西王刘卬；

（6）济南王刘辟光。

后四位王，加上吴王刘濞、楚王刘戊、赵王刘遂，一共是七股势力，在汉景帝三年（公元前 154 年）发动了"七国之乱"，此时距汉文帝分封六王，过了约十一年。

第五章　清君侧炮制宣言　诛晁错明刀真枪

吴王刘濞反叛前向全国发出了军事动员令，他说："我今年六十二岁了，也要担任统帅，亲赴前线，我的小儿子十四岁了，同样要编入队伍，身先士卒。年纪在我与小儿子之间的，都要参加战斗，毫无例外。"他这么做可是要拼血本了。这样全民皆兵，动员了二十万军队，又向闽越、东越派出使者，以重金厚赏引诱，东越王（越王勾践的后裔，分布在今江苏、浙江一带）派出了军队参战。

吴王刘濞接着通过媒体向各诸侯王发了一封公开信，内容大概是这样的："我出兵是迫不得已的，如今向各诸侯王开诚布公地阐明我的观点，希望得到大家的指正。同时我也要讲明我的苦衷，让各位理解我不是狂妄无知、不知天高地厚的人。如今朝廷出现了奸臣，毫无功绩，却凭着巧舌如簧，巧言媚主，得以步步高升，扶摇直上。他不想匡扶皇帝以仁义治理天下，偏偏想方设法侵夺诸侯土地，无中生有，对诸侯妄加指责和非难，专门以侮辱诸侯为能事；不以宗庙礼法善待刘氏至亲骨肉，排挤先帝的功臣，提拔任用阴险小人，想祸乱天下，颠覆刘氏江山社稷。凡是有点天地良心的血性男儿，无不欲诛之而后快。

"陛下因体弱多病，神志失常，不能兼听而明，查明情况，我苦心焦虑，然而却没有机会申明真相。我辗转反侧，思虑再三，决定起兵诛杀奸贼。我明知这样做会引起误解，然而，为了整顿朝纲，铲除奸邪，我甘愿冒天下之大不韪，非如此难以得遂心愿。为了刘氏江山，我万死不辞。

"俗话说：'不如意事常八九，可与人言无二三。'我今天披肝沥胆，竭尽忠诚，只希望各位大王能体谅我'有话无处说、有冤无处诉'的苦衷，进而理解我为国家安危甘背骂名的拳拳忠心。换位思考，将心比心，这也应该是各位大王的共同心愿。我愿追随在各位身后，共同完成宏愿。

"想晁错本是草木愚夫，怎识天时人事，却谗言惑主，巧言令色，妄自尊大，发号施令。如今我们的口号就是'诛晁错，清君侧'，一定要肃清奸邪，匡正朝廷，扶弱锄强，安定刘氏，拯救四面楚歌、危机四伏的国家。诸侯王对奸邪小人晁错恨入骨髓，念念不忘十多年（汉文帝在位、汉景帝是太子时，作为太子家令的晁错就多次上表鼓吹削藩，所以诸侯王一直恨他），只想直取长安，纠正天子的错误，如今正是天赐良机。

"吴国虽然贫穷弱小，但我节衣缩食，积蓄金钱，修造兵甲，囤积粮食，夜以继日地工作已有三十余年的时间，今非昔比了。希望诸侯王明确地向士大夫宣布，我的金钱多如山积，凡是应该得到奖赏的，我必然亲自前往犒赏。'人无信不立'，希望各位大王广而告之，以明我之真意。我愿与诸侯王一道扫除残秽，匡扶社稷。"

汉景帝接到吴王的反书以后，龙颜大怒，决定"兵来将挡，水来土掩"，派三军司令周亚夫带领三十六员将军迎击反军主力——吴楚联军；郦食其的侄子曲周侯郦寄北上击赵王刘遂；将军栾（luán）布带兵攻打齐地的四位诸侯；大将军窦婴屯兵荥阳，坐镇指挥，策应各路兵马，与叛军捉对厮杀。

第六章 势难止箭已离弦 事难全二策选一

在《袁盎列传》中我们说过，在景帝正式发兵之前，晁错想起当过吴国丞相的袁盎，他想趁此机会整治一下袁盎，袁盎听到消息后就通过窦婴见到了景帝，当时景帝正与晁错商量调动军队和粮草的事情。景帝问道："你曾经当过吴国的丞相，了解吴国大臣田禄伯的为人吗？如今吴楚反叛，你有什么办法和建议吗？"袁盎道："叛军不足为忧，朝廷稳操胜券。"景帝说："恐怕没那么容易吧。吴王铸钱煮盐，积累实力，收买民心，苦心经营了几十年，如今年已花甲，才敢发兵，若是没有万无一失的良策，他能发动叛乱吗？你怎么说他没什么作为呢？平定叛乱谈何容易？"

袁盎道："吴国有铜、盐的便利有目共睹，但光靠金钱哪能招引来真正的英雄豪杰呢？充其量不过是一些见利忘义的亡命之徒罢了。利在，则虚与委蛇（wēi yí）、敷衍了事；利尽，则分道扬镳（biāo）、各顾前程。这些人毫无战略眼光，只顾蝇头小利，由这些人组成的军队不过是乌合之众罢了，不堪一击。如果吴王得到的是真正的豪杰，就会辅佐他施行仁政，又怎么能不顾现实条件鼓动他谋反呢？"晁错说："袁盎分析得对。"景帝问："我们怎么制定对策呢？"袁盎回答说："请陛下屏退身边的人。"景帝就屏退身边的人，只留晁错在身边。由此可见，景帝直到这时还是把晁错当成心腹。袁盎又接了一句："我所说的话不是人臣应该知道的。"景帝这才屏退晁错，晁错赶忙避到了偏殿，心中十分怨恨。

景帝又问，袁盎才说："吴、楚互相来往的书信中有这么一句话很说明问题，即：高帝分封功臣时的誓词中说，'使河如带，泰山若厉'，意思是说，即使黄河变得像条衣带，泰山变得像块磨刀石，封国也绝不改变。这句话同样适用于分封的刘氏子弟。只有国基坚固，才能国运长久。可如今奸臣晁错擅自惩罚诸侯，削夺诸侯的土地，违背了高帝的遗嘱，所以他们才以造反为名，向西进兵想要诛杀晁错，只要恢复原来的封地就罢兵。如今若不想引起旷日持久的战争，只有诛杀晁错，派使者赦免吴、楚等七国的罪行，既往不咎，重归于好，恢复以前被削夺的封地，那样就可化干戈为玉帛，不战而屈人之兵了。"

怪不得袁盎要让晁错出去呢。密谋要他的命，肯定要避开他。袁盎这番话让景帝拿不定主意，一方面是忠心耿耿的心腹谋臣，一方面是危在旦夕的江山社稷，他不知该如何选择。沉默了良久，他说道："难道真没有别的办法了吗？若是无计可施，我终究不能因为爱惜一人而弃天下于不顾。"他基本上下定决心要诛杀晁错了，可见那时七国声势浩大，景帝也是真没底，否则，虽然君主手腕残忍，但也应该是有血有肉有感情的人，下不了这个手，毕竟他知道晁错对自己忠贞不贰。袁盎又说："我这个人愚鲁无知，只能想到这条计策，希望陛下好好考虑。"他哪是愚鲁无知呀，简直是杀人不见血。

于是景帝任命袁盎为太常，任命吴王在朝为官的侄儿刘通为宗正，作为朝廷的代理人，依照袁盎的计策出使吴国，打"亲情牌"。晁错被骗到刑场，稀里糊涂地成了刀下鬼，他至死也不敢相信，竟会被自己倾心辅佐的皇帝弃之如敝屣（xǐ，鞋）。真是冤。

袁盎、刘通到了吴国，刘通因为是亲戚的关系，先进去见吴王，告诉他自己的使命，要他下拜接受诏书。吴王听说袁盎也来了，知道他想劝说自己，就笑着说："我已经做了东帝，还向谁下拜呢？"于是既不奉诏，也不见袁盎，反而把他扣留在军营，想强迫他当将军。袁盎不同意，后来他得到故人相助，才得以脱逃，向朝廷报告。景帝见吴王已不能靠言词打动了，这才决定发兵。

现在只有一条路可以走了，就是通过战争来解决。周亚夫快马加鞭赶赴荥阳，到达洛阳之后见到了能够急人所难、交游五湖四海、拥有广泛社会关系的剧孟（此人在《史记·游侠列传》中有略传）。他高兴地说："七国反叛得那么急，我还以为他们已把剧孟争取过去了呢。没想到我能安全抵达这里，并且剧孟没有举动，这样我就可以据守荥阳，荥阳以东没什么可忧虑的了。"

到了淮阳，周亚夫询问父亲周勃原来的门客邓都尉："先生能帮我筹划一下吗？"邓都尉说："吴兵现在锐气正盛，难以和他们针锋相对，要避其锋芒；楚兵心浮气躁、轻而无备，必然不能持久。我为将军考虑，莫不如带领军队向东北进发，在昌邑扎下营盘，把梁国（汉景帝之弟梁王刘武的地界）放弃。吴国一定会集中全部精锐力量攻打梁国，而将军两手准备，一方面深沟高垒，固守营盘，养精蓄锐；一方面运用奇兵断绝吴军的粮道，让吴王与梁王拼个鱼死网破、弹尽粮绝，然后我方以逸待劳，这样，击破吴国就不费吹灰之力。"

邓都尉的计策是不错，若是从战略全局上看，"舍车保帅"是对的，但是以邻为壑（hè，沟）也是不对的。后来，梁国遭到吴军的猛烈攻击，梁王多次向周亚夫求救，周亚夫都置之不理，以战争要通盘考虑为借口推脱。虽然周亚夫最后得到了他想要的结果，但他见死不救的行为还是让梁王十分记恨。周亚夫的死也有梁王的推动，过于刚直是周亚夫的性格弱点。

吴王刘濞果然因为过于保守而失去了战略主动权。照周亚夫当时的估计，吴军会赶在他之前攻下洛阳，所以，当他看到自己平安抵达洛阳时，非常高兴。那么吴王是怎么失去宝贵时间的呢？景帝召见袁盎时曾问他是否知道吴王手下田禄伯的情况，这说明这个人非常有才能，否则景帝不会单挑他来询问。吴王刚起兵时，田禄伯被任命为大将军，他向吴王建议："军队集结后循规蹈矩地向西推进，没有奇思妙想，很难取得成功。我愿意带领五万人，另寻出路，以奇兵制胜，然后再与大王会合，这样才能迅速抢占战争主动权。历史必将证明，光靠正面战场的血拼，很难有重大突破，只有用机动灵活的运动战袭扰敌人，切断敌军粮道，这样正面战场才可能成功。"

吴太子谏道："父王虽然师出有名，可毕竟还是造反，因此，军队的指挥权难以委托他人。一旦授人权柄，若是对方为了邀功，带兵投降朝廷，那该怎么办呢？如今非常时期，人心叵测，凡事不可不防啊！况且握有重兵单独行动，也会牵扯到许多利害关系，既无法知道也无法操控，只是白白损失自己的实力罢了。"吴太子说的也有理，这就只能看主帅对全局的把握、对手下的了解程度和是否敢孤注一掷了。最后吴王拒绝了田禄伯的分兵要求。这就好像田禄伯想注册分公司迅速抢占市场，可吴王担心难以掌控手下的行动，一旦失败，自损实力，因此他宁可放弃市场也不想冒险。这种老成之见也对。想要求安稳，就只能放弃许多机会，这也是一种辩证思维。然而，要想取得大功，必须冒险，必要的时候连命都要赌上，这也是建立大功业的人少之又少的原因，因为这种机会是没有百分之百的成功概率的。

第七章 求稳妥用兵保守 困梁国屡失战机

　　当时还有年轻将领桓将军劝说吴王："吴军多是步兵，步兵适合在险恶的地形中作战，利用地利，展开麻雀战、偷袭战、埋伏战等，歼灭敌人有生力量，这是发挥自身的优势；而汉军多是战车、骑兵，这个兵种适合在平原上进行集团冲锋，开展大规模的兵团作战。所以我们应该火速进军，打破坛坛罐罐，不争一城一池之得失，千里挺进洛阳城，占据武器库，攻下敖仓粮库，并且占据险要地形来号令诸侯。虽然没有打破函谷关，但天下大势已定了，这也是扬长避短，发挥自身优势。若是行动迟缓，滞留在攻城夺地这种细枝末节上，等到汉军的战车和骑兵推进到平原地带，我们就要失败了。"这位桓将军更了不起，看得更透彻，他知道敌我双方的优劣所在，这就相当厉害。只有知己知彼，才能百战百胜。而且他说要占领兵器库、粮库，占尽地利，这都是有见地的想法。

　　吴王就把桓将军的话和老将说了，老将说："这些年轻人逞血气之勇，冲锋陷阵还可以，哪里能有高瞻远瞩的战略眼光呢？"于是吴王又没有采用桓将军的计谋。由此可见，吴军是老人当政，绝对稳妥，但太稳妥了，就会顽固，顽固导致谨小慎微，最后被灭掉。

其实，"有志不在年高，无志空活百岁"，"见识"是不分种族、性别、年龄和教育程度的，有见识的人往往是掌握真理的少数人。俗话说"不听老人言，吃亏在眼前"，这很正确，老年人的社会阅历和丰富经验是宝贵的资本，但又不能盲目迷信过去的经验。如果非得用过去的经验生搬硬套瞬息万变的现实，这就是削足适履、刻舟求剑。"狭隘经验论"不可取，年轻人肯定有冒进的时候，但不能因此就一笔抹杀年轻人的其他优势和正确判断。没有谁规定年纪大的就一定比年纪小的有见识，孔融四岁就知道让梨，司马迁十岁就开始钻研古文，司马光幼年时就能沉稳冷静地砸缸救人，甘罗年纪轻轻就是吕不韦的座上客。四十岁有四十岁的幼稚，二十岁有二十岁的成熟，长江后浪推前浪，一代新人换旧人，没有"后生可畏"，哪有历史传承？

吴王集结重兵、整装待发时，他的那些宾客都被授予能力相当的职权，只有周丘没有被任用。为什么周丘被遗忘在角落里了呢？原来他品行不好，逃亡到吴国后，吴王只见他卖过酒。吴王认为他别无长物，瞧不起他，所以不打算任用他。周丘却主动请求见吴王，他说："我因为没有才能，没能在军队中任职，但我也有其他本事，只不过大王没有发现。我不敢要求统领军队，只求能够得到一个汉朝的权杖符节，我必然会给大王一个惊喜。"吴王一听这个要求也不算过分，就给了他一个，周丘带着符节连夜驱车进入他的老家下邳（pī）城。

当时下邳人已听说吴王造反，县令积极备战，全城戒严。周丘要这汉朝的符节，应该是冒充汉朝的使者进了城，又用这符节把县令召到了县城宾馆。县令刚进大门，周丘就让随从罗织罪名斩了他，接着召集与自己的兄弟们交好的达官贵人，吓唬他们说："吴国的叛军就要到了，他们将会在一顿饭的时间里杀光下邳人，那时后悔也无用了。假若能早些投降，各位的家室都可以保全，有才能的人还可以被封侯。"这些人出去后奔走相告，弄得人心惶惶，最后大家就都投降了。周丘一夜暴富，得了三万人，于是向吴王报捷，同时继续北上扩展队伍，到达城阳时已有十多万人，但吴王兵败的消息也传来，他估计自己和手下这些人难成大事，就准备把队伍拉回下邳。在半道上，他因背上毒疮迸裂而死，和范增的死法一样，都是火气太大闹的，队伍也随之而散。

吴楚联军刚开始时锐不可当，打了一些胜仗，直打到梁国（位置大概在今河南东、山东西一带，当时昌邑在梁国境内，是今天山东巨野一带）。梁王刘武害怕，派出六员大将迎战，折了二将，残兵败将赶忙逃回梁国，梁军成了缩头乌龟，在韩安国（成语"死灰复燃"就发生在他的身上）的策划下，勉强抵抗住吴军的猛烈攻势。梁王多次向周亚夫求救，都被拒绝。他是景帝的亲弟弟，面子已经够大的了，谁知不好使。他没办法了，便派出使者到皇帝那里反映周亚夫只知保存实力，见死不救，请求皇帝下诏书命令他救梁。可周亚夫又以"将在外君命有所不受"、自己要根据客观现实便宜行事为借口，拒不发兵。周亚夫善于带兵，只从打胜仗的角度制定战略战术，连皇帝的面子都驳了。这么做事始终不太好，因为毕竟他与梁王是同一阵线上的人。他既不解释清楚，也没有一星半点哪怕是象征性的援助。他这么做只让人看到他的私心，所以留下了后遗症。

也有一种可能，就是景帝与周亚夫达成默契，同意周亚夫的战略，下诏只是走形式。这时景帝因为梁王谋求继承人的事，对他很恼火，关于这一点，《史记》中倒没有说。李广当时支援梁国，作战英勇，后来梁王出于仰慕，授予他将军印。景帝怨恨李广私自接受梁王的册封，事后封赏就没有李广的份儿，李广因此失去了最佳的封侯机会，才导致"李广难封"。此事见《史记·李将军列传》。由此可见景帝与梁王的尖锐矛盾。因此笔者推测，周亚夫其实是在贯彻得到汉景帝同意的战略思路，替汉景帝背负了恶名。

梁王没办法，只能自救，他派韩安国和张羽带兵抵抗吴军，张羽勇猛，韩安国持重，这才抵制住吴军的攻势。吴军想要西进，可是梁国军心已稳，坚守住了城池。吴军就转攻周亚夫，想从那里打开缺口。吴军挑战，可周亚夫坚守不出。吴军粮草已断，士兵饥饿，屡次挑战，想速战速决，在夜里奔袭周亚夫军营的东南角，可是周亚夫却命令在西北角集结重兵。果然这里才是吴军真正的攻击目标，结果被早有准备的汉军迎头痛击（这是《三十六计》中"声东击西"的典型案例，表现了军事上的虚虚实实、兵不厌诈，若是从哲学角度来解释，大多要归结于现象与本质的关系上，但能反映本质的是真相，而不要被假象所迷惑，"声东"是虚张声势，是假象，"击西"才是真正的目的，这条计策在日常生活中也经常被别有用心的人使用）。于是吴军大败，士兵要么饿死，要么被杀，要么叛逃溃散，吴王也带着几千壮士溜之大吉，跑到东越国去了，在那里召集残兵，还想东山再起。景帝派人用重金收买东越王，东越王骗吴王出来检阅军队，趁机刺杀了他，带着他的头，乘快车向景帝报告。吴王的儿子刘子华、刘子驹跑到了闽越，吴军树倒猢狲散，彻底败亡了。楚王刘戊也兵败自杀。

第八章　胜则王侯败者寇　西汉格局大洗牌

　　吴王败亡以后，景帝下了一个讨罪诏书，大意是说："为善者，天报之以福；为恶者，天报之以殃。"也就是说，善有善报，恶有恶报，不是不报，时候未到。这就给那些参加反叛的诸侯王的命运定下了基调，然后开始列举他们的罪行，说他们大逆不道、烧杀抢掠、挖人坟墓，暴虐异常。最令人发指的是烧毁刘氏宗庙，掠夺祖庙神器。景帝下令汉军要勇敢冲杀，爵禄在三百石（相当于朝廷各曹署掾史、郎中一级。掾，yuàn）以上的反贼杀无赦，胆敢诽谤诏书和违抗诏命的，都要腰斩处死。

　　胶西王刘卬、胶东王刘雄渠、菑川王刘贤三股势力一直攻打不肯加入反叛联盟的齐王刘将闾（这四个人都是汉高祖刘邦长子刘肥的儿子，也就是汉景帝的堂兄弟），可围攻了三个月，仍然不能得尺寸之功，后来听说吴王已败，汉军朝夕即至，这三股势力就都退回到了自己的领地。最先受吴王鼓动的胶西王刘卬光着膀子赤着脚，坐在草席上向自己的母亲谢罪。他也知道自己当初头脑过热闯下了大祸，让自己的母亲整天提心吊胆，但自己的母亲原谅了他又有什么用呢？他的太子刘德说："汉兵远道而来，我看他们已疲惫不堪了，有望偷袭成功。希望大王召集残部再组织一次进攻。如果失败，我们再逃到海上去也不算晚啊！"胶西王说："我们军心涣散，斗志已失，不可能起什么作用了，必定徒劳无功，再增罪孽。"他没有听从。

　　这时汉朝的将军弓高侯韩颓当（他的父亲就是汉初异姓王韩王信，他的孽孙叫韩嫣，是汉武帝的玩伴，事迹见《史记·佞幸列传》。颓，tuí）给胶西王送来一封信，信中写道："我奉诏来讨伐不义之人，若是投降就赦免他的罪过，恢复原有的爵邑；若是继续负隅（yú）顽抗，必定要杀无赦。何去何从，唯君裁定。"胶西王光着膀子到汉朝军营叩头请罪，他请求说："我刘卬乱了法度，惊骇百姓，冒犯天威，才使将军劳师远征，请求把我碎尸万段。"韩将军问他："大王如今自取其祸，深受战争所累，请您说说发兵的原因。"胶西王边跪着前行边叩头，说："当初，晁错是'当权派'，擅作威福，变更高帝的法令，侵夺诸侯的土地，我们认为这不合道义，害怕他败坏法度，扰乱天下，于是七国发兵，想要诛杀晁错。如今听说晁错已死，我们就罢兵而回。"韩将军说："你们是强词夺理，大王若真认为晁错不对，为什么不先报告皇上？是非曲直自有皇上裁夺。你们在没有诏书、虎符的情况下，擅自发兵攻打拥护中央的齐王刘将闾，这与讨伐晁错根本是风马牛不相及。由此看来，你们的意图并不在晁错身上，您还有什么话说？"他拿出诏书宣读，读完了，说："多行不义必自毙。大王您自己考虑吧。"胶西王说："我们确实死有余辜。"于是拔剑自杀，他的母亲和儿子也同赴黄泉。胶东王刘雄渠、菑川王刘贤、济南王刘辟光也无一幸免。郦寄用了十个月的时间攻打赵国都城，赵王刘遂自杀，就这样，轰轰烈烈的"七国之乱"虎头蛇尾、草草收场了，汉朝取得了全面的胜利。

当初，吴王带头反叛，联合其他六国想以诛晁错为名，实现个人的野心。一方面师出无名，一方面实力悬殊，再加上双方军事统帅的个人素质的优劣，"七国之乱"仅仅持续了三个月就以失败而告终，只有赵国坚持了十个月。"七国之乱"的解决，基本上摧垮了诸侯王的力量和信心，他们再难以与中央抗衡了。这次军事斗争的胜利为汉武帝最终解决诸侯王尾大不掉的问题铺平了道路。

第九章　路大夫视死如归　鹬蚌争渔翁得利

七国刚刚起兵时，也争取了齐王刘将闾。齐王一开始有些犹疑，但后来还是决定站在中央这一边，坚守城池。于是，胶西、菑川、济南三国（也有版本直接称四国）就率领军队攻击齐王，形势非常危急。齐王派"路中大夫"去首都向汉景帝汇报情况，请求支援。中大夫是官职，中央层级上，中大夫是郎中令（光禄勋）的属官，掌管议论，参政议政，秩比二千石。汉武帝太初元年（公元前104年），改名为光禄大夫。"路中大夫"，史失其名，但是按照《路氏谱》中的记载，此位中大夫叫路卬。汉景帝给路卬的答复是："转告齐王，坚守城池，朝廷很快就要攻破吴、楚了。"

当路卬回到齐国时，叛军已把临淄城团团围住，外人无法进入城内，他也被叛军劫持。叛军将领对路卬说："你告诉城里的人说'朝廷的军队被打败了，齐国赶快投降'，就饶你无事，否则立刻杀了你。"路卬假装同意。来到临淄城下，他望着齐王大声说："朝廷发兵百万，已

127

经派太尉周亚夫击败吴、楚，现在正带兵前来救援齐国。大王一定要坚守城池，千万别降。"叛军将领大怒，这条硬汉当场被杀。

在齐国遭围攻危在旦夕之时，齐王暗中正在与叛军讲和，只是停战协议还没有商量妥当。听到路卬从朝廷带来的好消息，齐王非常高兴。他的大臣都劝他不要投降，这更坚定了他的信心。没过多久，汉将栾布、平阳侯曹奇（曹参之孙）带兵来到齐国，打败了围城的叛军，解放了齐国。

然而事后，栾布等听说齐王与叛军有过秘密接触，便想移兵攻打齐国。齐王害怕，就喝毒药自杀了。汉景帝知道后，认为齐王开始时是与叛军积极对抗的，后来四面被围困，在形势危急的情况下被迫与叛军谋和，这并不是他的罪过。于是立齐王的太子刘寿为齐王，让他来继续齐国的祭祀，这就是齐懿王。

而胶东、胶西、济南、菑川四王都被诛灭，封地收归朝廷。

通过这个案例可以看出，梁王刘武、齐王刘将闾的顽强抵抗，拖住了七国的主力，给汉军带来了非常大的战略主动权。而七国的兵力分散，不能形成合力，也未必有统一的指挥，很容易被汉军各个击破。七王中，除了吴王刘濞参加过讨伐英布的战斗之外，其他人可能都没有作战经验，本身也不是打出来的王爵，而是依靠血缘被分封的王爵，不一定有真本事。这也是七国失败的重要原因。

济北王刘志因为在家搞装修时受到部下胁迫，所以他没能真正参加反军。景帝没有杀他，把他迁为菑川王。景帝想立刘濞的侄子接任吴王，立楚王刘交的儿子接任自杀的楚王刘戊，他妈窦太后说："吴王是一个老人，本应该安分守己，做好诸侯的表率，可如今却成为反面教材，带头造反，祸乱天下。为何让他的族人继任吴王呢？"景帝就打消了这个念头，让自己的儿子汝南王刘非统辖吴国的旧地，做江都王，而刘礼被任命为楚王。

司马迁评论道：吴王能够被封王位，是由于他的父亲刘仲被降低爵位，这有一定的偶然性；他在任上能轻徭薄赋，收买民心，是因为他拥有铜矿海盐的便利，并非真正的仁民爱物；叛乱的渊源，要追溯到他的儿子被景帝打死时，因博戏起争执引发的人命官司竟然成了他反叛的根源，终于国亡身死，这是因小失大；想要借助东越等外族的力量图谋刘氏宗室，最后自取灭亡，这是认事不明。这让人深感痛惜啊！晁错为国家深谋远虑，灾难反而降临自身；袁盎善于通权达变，可也是先宠后辱，难以善始善终哪！"毋亲夷狄，以疏其属"，这是说人一定要分清好坏、分清远近，不要亲近外族而疏远至亲骨肉，这好像是说吴王吧？"毋为权首，反受其咎"，这是说枪打出头鸟，出头的椽（chuán）子先烂，不要乱出风头。替人做主出谋划策，反而是自身遭受祸害，这难道是说袁盎、晁错吗？

吴王的谋反应该是一个冤案，确实没有什么确凿的证据。当然，他可能有反心，但很多事情只要没做出来就不能妄加指责和诬陷，否则，世界将永无宁日。自己的儿子生生被人打死，自己却敢怒不敢言，吴王肯定窝火。至于说铸钱煮盐，收买民心，这些事情也不能作为谋反的证据。其实晁错这只出头鸟当得最不值，最后是鹬蚌（yù bàng）相争，渔翁得利。鹬蚌是谁呢？晁错、吴王等人。渔翁是谁呢？汉景帝，只有他是最大的庄家和赢家，其他的都是棋子罢了。

陆贾列传

溺冠骑项不知儒，马上功成习未除。
新语见称应有意，当时人未说诗书。

（元）徐钧《陆贾》

坑焚渗漏笑强秦，刘氏功凭马上臣。
掾吏武夫两行队，中间迁腐一词人。

（清）田雯《读陆贾传》

第一章　南越王厚待陆贾　汉高祖盛赞新书

在《史记》原文中陆贾与郦食其合传，因为二人都以辩才著称。由于陆贾的事迹时间跨度比较大，所以笔者把他分出来。陆贾以宾客的身份跟随汉高祖刘邦平定天下，是刘邦的政治喉舌、新闻发言人，陪侍在刘邦的左右，并且和郦食其一样经常出使诸侯。

我们学习历史的都知道，秦始皇曾经向南进兵，因为那时长江以南还被称为蛮夷之地，一直另立政权，不服中原管辖。秦始皇设置了桂林郡和南海郡，桂林郡是政治中心，其治所在今广西桂平西南，而南海郡的治所在番禺。在秦国的大型基础设施建设中，有四条主干路，分别是秦直道、秦驰道、西南栈道和杨越新道。其中杨越新道是秦王朝控制中国南部、直达南海的交通干道。秦二世时，南海郡尉任嚣（在此读"áo"）对他辖区内的龙川县令赵佗说："闻陈胜作乱，豪杰叛秦，吾欲起兵，阻绝新道，番禺（pān yú）负险，可以为国（《水经·浪水注》）。"任嚣听说陈胜起义之后，自己也想割据一方，他认为"番禺负险，可以为

133

国"。番禺，南海郡的治所，在今广东广州，秦设置，秦末汉初为南越国都。想要达到这个目标，需要"阻绝新道"，这就是杨越新道。

任嚣死后，赵佗成了南海郡的军事首脑。后来他发兵攻击桂林郡和象郡，拥有三郡土地，自称南越武王，"赵佗"也改为"尉他"。汉高祖刘邦平定天下以后，一方面政权未稳，内部资源尚需整合；另一方面尉他确实平定了南越，于是刘邦就派陆贾出使，要封尉他为南越王。

陆贾到了南越，他这个上国使者并没有受到隆重接待，反而备受冷遇。尉他一副蛮夷打扮，并且傲慢无礼，"箕踞（jī jù）而坐"。那时没有交椅，两人见面以后要跪坐才显得尊重对方，若是把脚伸出去，像个簸（bò）箕，是极其失礼的。就因为这事，刘邦差点被张敖的丞相贯高刺死，这在前文说过。如今陆贾也遇到了这种情况，他怎么办？他手无缚鸡之力，不能效法蔺相如的怒发冲冠、视死如归，但使臣代表着国家的尊严，陆贾也是柔中寓刚，绵里藏针，他说："您是中原人，祖先的坟墓就在沛县丰邑，这是不可更改的事实，可您现在却违反天性，抛弃了中原礼仪，想以此来掩盖出身，取悦于南越人民，想以区区之越与汉朝天子抗衡，这是螳臂当车、痴心妄想，您马上就要大祸临头了。我为什么这么说？当初秦朝失去民心，诸侯豪杰纷纷起兵，只有汉王抢先攻进函谷关，占据咸阳，推翻了秦朝的残暴统治，厥功至伟，首屈一指。然而项羽背信弃义，剥夺了汉王应得的称王关中的权利，自立为西楚霸王，依靠武力，分割天下。那时可以说项羽如日中天，强盛至极，天下难与其争锋，但是汉王敢于捋（luō）虎须，拼得一身剐也要把项羽拉下马。他从巴蜀起兵，控制诸侯，屡败屡战，不屈不挠，最后终于灭掉项羽，扬名天下。五年之间能够以弱胜强，平定海内，这并非单纯人力所为，而是上天的青睐和意旨。天子（指汉高祖刘邦）听说您自称南越武王，又隔山观虎斗，不帮助天下人诛讨暴逆，龙颜大怒，想要趁势移兵攻打南越，可他又宽仁爱民，可怜天下百姓多年劳苦，刚刚生活安定，所以不愿再起刀兵，这才派我来封您为王，互通盟好，您应该怎么做呢？应该出城迎接我，北面称臣，把汉朝传递过来的善意珍之重之。可是您却亵渎（xiè dú）汉朝使者，夜郎自大，想以刚刚建立、羽翼未丰的南越与朝廷决一雌雄，这无异于以卵击石，自取灭亡。若是天子听说您如此不识时务，必然要挖了您的祖坟，夷灭您的宗族，派一上将带兵十万与您一较短长。我想，只要大兵压境，南越人必然会看出实力对比悬殊，那时他们若想杀您降汉，恐怕是轻而易举的，也是毋庸置疑的。所以我劝您做识时务的俊杰，不要和天子抗衡。我们大汉朝不承诺放弃武力，只是不愿意用武力解决问题。但是您一定要知道，不愿做的事并不代表不能做。希望您能三思。"

尉他一听这话，马上跪坐，一个劲儿地向陆贾道歉，说："先生不要怪我有眼不识泰山，因为在蛮夷之地待久了，入乡随俗，以致怠慢了先生，切勿责怪。"接着问道："您看我和韩信、萧何、曹参等相比，谁更贤能呢？"陆贾道："好像您略胜一筹。"尉他又问："那和皇帝相比呢？"陆贾道："皇帝从沛县起兵，讨伐暴秦，诛灭强楚，为天下兴利除害，拯万民于水火之中，承继三皇五帝之功业，统治中原，人口众多，地方万里，占据天下肥美土地，地大物博，政令统一，这是自盘古开天辟地以来从未有过的大事业，而您统辖的百姓不过数十万，且都是未开化的蛮夷，土地贫瘠，地方狭小，和汉朝一个郡差不多，您怎么能和汉朝天子相比呢？"尉他大笑道："我没有在中原起兵，丧失地利，所以才在此地称王，否则，我也能建不世功勋。"他是心服嘴不软，为自己打个圆场罢了，但不管怎么说，他对陆贾还是相当满意的，挽留陆贾在南越待了好几个月，日日笙歌。他说："我和南越人没有什么共同语言，如今先生的到来大慰平生。先生博学多才，眼光独到，让在下受益匪浅。"赏赐陆贾的金银珠宝价值千金，其他的赠品也琳琅（lín láng）满目、价值不菲。陆贾选了黄道吉日，正式宣读朝廷诏书，任命他为南越王，后来与他惜惜相别，返回向刘邦复命。刘邦大喜，拜陆贾为太中大夫，使其成为智囊团成员，主抓意识形态，议论朝政得失。

陆贾经常推荐《诗经》《尚书》一类的儒家经典著作，刘邦厌烦透顶，骂道："我是靠武力取得天下的，哪有时间读那劳什子《诗经》《尚书》。"陆贾说："从马背上得到天下，难道只靠武力就能治理好天下吗（原文：居马上得之，宁可以马上治之乎）？像商汤诛灭夏桀（jié），周武王推翻商纣（zhòu）王，虽然开始时要暴力革命，但是只要取得天下就要刚柔并济，文武结合，这才是长久之术。若是一味依靠武力，必然会重蹈失败覆辙，迅速土崩瓦解；若是不知变通，必然会坐以待毙。秦朝依法治国，强调有法可依，有法必依，执法必严，违法必究，并且从中央到地方一以贯之，这本来是很好的，可惜只有法制没有道德教化，结果亡了国。若是秦在统一天下以后，推行德政，辅以仁义，法律与道德并行不悖（bèi），双管齐下，请问陛下还能得到天下吗？"刘邦听后很不高兴，可是脸上又显露出惭愧的神色，无疑，陆贾的话戳到了他的痛处，他在心里已经肯定了陆贾的主张。他对陆贾说："那你就把秦朝失去天下的原因和我为什么能成功的道理写出来，让我看看，并且把历朝历代的成败得失列举出来，作为当今行事的借鉴。"陆贾于是写了十二篇文章，从战略高度论述国家存亡之道，每奏一篇，刘邦都赞不绝口。这本书叫《新语》。

第二章　人豁达生性潇洒　将相和陆贾引线

汉惠帝时，吕后独揽大权，想封吕氏族人为王，只是怕别人议论，还没有宣之于众。尽管如此，大臣都已心知肚明，陆贾也知道自己不能劝阻，就称病引退。他认为好畤县（汉置县，在今陕西乾县东。畤，zhì）的田地肥沃，可以置办家业。他有五个儿子，他把出使南越时得到的赏赐变卖成一千金，每个儿子二百金，让他们各自做些生计。陆贾优哉游哉，常常带着十多个能歌善舞、会弹琴鼓瑟的侍从，到儿子家串门。他对儿子们说："我和你们约定好，当我出游经过你们任何一家时，要设宴款待我，尽量让我高兴，十天之后另换一家。我死在谁家，谁就得到我的宝剑、车马和随从人员。一年之中我也会到其他地方寻师访友、来往做客，所以到你们每个人家里不过两三次。经常见面就会产生视觉疲劳，我也不会过多地麻烦你们的（成语"数见不鲜"的出处，数，shuò，指多次，犹如"常来之客不杀鸡"）。"陆贾倒是知道距离产生美的道理，这也是人情世态。

　　后来吕后分封吕氏族人为王，吕氏家族权倾朝野，危害刘氏天下。右丞相陈平对此非常忧虑，可难以抗争，又怕吕氏没病找病，株连自己。他经常闲居深思，分析时局。有一次陆贾去看望他，径直入内就座，而陈平正在思前想后，根本没注意到有外人进来。陆贾笑问："想什么这般入神呢？"陈平这时才清醒过来，连忙道歉。他回问一句："先生能猜出我的心思吗？"陆贾道："您位居丞相，享有三万户食邑的爵位，作为人臣，这已是极致，您应该不会有其他什么个人欲望了。如果还有忧虑，恐怕是忧虑吕氏和少主之事罢了。"陈平说："先生目光如炬，洞悉人心，果然如您所想，我现在该怎么办呢？"陆贾道："天下安，注意相；天下危，注意将。'将相和'则能团结整个士大夫阶层。如果说士大夫亲附，那么，即使天下有变，大权也不会七零八落。有将与相在后方协调，肯定能保持足够的实力。若是从国家利益考虑，安危祸福就掌握在您和太尉两人的手中。我常想与太尉周勃说这个事儿，可是我们俩在一起经常开玩笑，我担心他不重视我的话。您为何不主动示好，交结太尉，加强团结？"

　　陆贾又为陈平谋划了几个对付吕氏的原则性的策略，陈平采纳了他的意见，拿出五百金向太尉周勃献礼，并且隆重地举行了一次歌舞酒会招待他，祝他健康长寿。周勃大喜，也投桃报李，以同等的规格招待陈平，二人加强团结，在一定程度上瓦解了吕氏的阴谋。陈平把奴婢百人、车马五十辆、钱五百万送给陆贾作为差旅费和公关费，陆贾凭借这笔资金在汉朝公卿大臣中游说来往，名气大盛。可以说陆贾的"将相和"战略非常高明。那时周勃没有智谋，陈平则把心思都用在如何自保上了，陆贾深谋远虑，相时而动，能看到问题的关键点，不像其他所谓辩士，只靠耍嘴皮子过生活，要么说些大而无当、不着边际的无聊话，要么讲些迂阔无知、不得要领的肤浅语，这种人只能坏事。

在诛灭吕氏集团和册立汉文帝的政治斗争中，陆贾也颇为用力。在吕后当执时，被陆贾摆平的那个南越王尉他又蠢蠢欲动，发生叛乱，攻占汉朝郡县。吕后派兵征讨，兵士因水土不服感染瘟疫，就退了回来。尉他就自称南越武帝，和汉朝分庭抗礼，也不来朝见了。汉文帝即位以后，想派人出使南越，就让陈平举荐人选，陈平便提议由陆贾任太中大夫出使，让南越王除去天子的称号，还像其他诸侯一样供奉朝廷，结果陆贾完成了文帝的使命。最后陆贾寿终正寝。

第三章　办丧事食其出金　陷牢狱朱建献策

　　朱建曾经是淮南王英布的国相，因为获罪而被免职，后来重新服侍英布。英布谋反时，向朱建征询意见，朱建不同意起兵，可英布不听，后来兵败被杀。刘邦事后听说朱建没有参与谋反，还劝阻英布，因此，他不但没杀朱建，还封其为平原君。

　　朱建这个人说话雄辩滔滔，为人清廉正直、苛刻刚毅，定居长安，虽然和当朝权贵朝夕相处，可他既不苟合求同，又不阿谀奉承，也算是较有气节的人。辟阳侯审食其是吕后面前的大红人，很多人都巴结他。审食其想结交朱建，朱建认为他品行不端，不肯接见他。陆贾一直和朱建交好，朱建的母亲去世时，他前往吊唁（yàn）。当时朱建一贫如洗，连举办丧事的钱都没有，正在筹借丧葬用具。这些东西都要出去借，这对一个有一定社会地位的人来说确实难堪，陆贾让朱建不用愁，葬礼照常举行。

　　陆贾到辟阳侯审食其那里高兴地说："平原君的母亲死了。"审食其奇怪了，说："平原君的母亲死了，您怎么向我道喜？"陆贾说："前些时候您想结交平原君，他不和您结交是因为老母健在。若是和您有深交，必然同富贵、共患难，他怕牵连到母亲，所以谨守孝道不和您相交。如今他母亲已去世，如果您能够送给他丰厚的丧礼，并且协助他风光地举行葬礼，那么他肯定会为您卖命的。"审食其于是带着一百金参加葬礼，其他贵人、列侯因为审食其的缘故也都参加了，送的奠仪达五百金。

审食其得到吕后的宠幸，有人在汉惠帝面前说他的坏话，有可能涉及两性关系的话题。汉惠帝大怒，把审食其交给主审官吏，想要了他的命。吕后心中有愧，但又不方便说什么。大臣们大多痛恨审食其对吕后阿谀奉承，心中窃喜，希望杀了他。审食其急了，便派人传话给朱建，让他想办法，可他推辞说："如今您这事正处风口浪尖上，我不方便见您。"其实这是他放出的烟幕弹，表面上这么回答，麻痹别人，暗地里积极想办法。他求见汉惠帝的宠臣闳孺（rú），说道："您受到皇帝的宠爱，天下无人不知。如今辟阳侯审食其得到太后的宠幸，却被交给法官治罪。人人都说是您进的谗言，皇上才想杀死他。如果辟阳侯被杀，必然会惹恼吕太后，她将来也会找机会杀掉您，因为您现在已被认定为诛杀辟阳侯的首谋，想推都推不掉，这个冤大头您当定了。杀了辟阳侯对您毫无益处可言，恐怕从今往后您会步步遭遇杀机，这又何苦呢？您为何不向皇上苦苦求情放了辟阳侯？如果皇帝听从您的建议放过他，太后也会很高兴。两位主上都宠幸您，您就贵不可言了。"其实，是不是闳孺进的谗言谁也不知道，可朱建硬说是他，还列举了利弊关系。杀审食其对闳孺而言毫无益处，反而惹恼吕后，以后的日子可就难过了；若是救了他，则会得到吕后的宠信、审食其的感恩，确实是一本万利。闳孺非常恐慌，他现在不敢求有功，但求无过，就听从了朱建的计谋，向汉惠帝进言。果然审食其被释放了。审食其被囚禁时想见朱建，却遭到了拒绝，对此他很恼怒，深感世态炎凉，以为朱建背弃了他。当他成功获释后，他大为吃惊，对朱建明修栈道、暗度陈仓的手法佩服不已。

吕后去世以后，大臣们诛杀吕氏集团，审食其和吕氏关系如此密切，而终究没被杀害，都是因为陆贾和朱建的出谋划策。汉文帝时，他的兄弟、淮南王刘长杀死了审食其，表面原因是审食其依靠吕氏，但实际上刘长与审食其之间还有一段公案。原来刘长的母亲是赵王张敖的美姬，这张敖是汉高祖刘邦的女婿，后来这个美姬就被刘邦笑纳了。美姬怀刘长的时候，因为刘邦对张敖不尊重，赵国丞相贯高就想杀掉刘邦。事情败露以后，张敖被囚禁，美姬也被牵连。美姬的弟弟就请求审食其帮一把，求吕后向高祖说情，可吕后早就对这些年轻貌美的小妞夺宠心怀不满，就没有应允，审食其也没有再进言。美姬生下刘长后，愤而自杀。二十年后，刘长进长安朝见天子，就到了审食其家，亲手杀了他（详见《袁盎列传》）。

文帝这时听说审食其的门客朱建曾替他出谋划策，就派警察去逮捕朱建，准备治罪。听说警察来门口了，朱建就要自杀，儿子和随从们说："事情还没有头绪，怎能早早地自杀呢？"朱建说："我一死，灾祸也就到此为止，不会牵连到你们的头上。"于是就自杀了。汉文帝听说后慨叹不已，说："我根本没想杀他。"便召见他的儿子，任命其为中大夫。后来中大夫出使匈奴，因为单（chán）于无礼，他便骂单于，最后死在了匈奴。

张冯列传

帝舜登天四海臣，可怜生杀不由身。
持平第一张廷尉，更听君王误杀人。

（宋）陈普《张释之三首（其一）》

自古英雄遇者稀，为郎未是不逢时。
江湖亦有如公者，两鬓苍苍理钓丝。

（宋）周密《冯唐墓》

第一章　防秦弊谏阻皇帝　执法平弹劾太子

廷尉张释之又叫张秀，他和哥哥张仲住在一起。张释之是因为家有五百万钱而被选为汉文帝的骑郎的，一连十年都没得到升迁，也没什么名声。他慨叹道："我做了这么多年的侍从，只是浪费我哥哥的金钱罢了，心中不安。"于是就想辞职不干。而袁盎却了解张释之的能力，认为他这么走太可惜了，于是帮助他当上了"皇帝办公室"的文员，负责文书的收发，这样他就有机会向汉文帝进言、参与国政了。汉文帝说："不要高谈阔论，多谈一些马上可以操作的事情（成语"卑之无甚高论"之源，原意是抑制自己，不要高谈阔论，后来指见解一般，没什么高明的看法）。"张释之就把秦之所以失天下、汉之所以得天下的原因简洁明了、切中要害地剖析一番，文帝称善，于是让张释之当了"办公室主任"。

关于张释之的职位，如果做一些考证，他实际上是由骑郎、谒（yè）者、谒者仆射（yè）、公车令、中大夫、中郎将一路上升，最后到了职业生涯的顶点廷尉，然后又出任淮南国丞相。

骑郎、谒者、谒者仆射都是郎中令的属官。

第一层级为郎中令，是"九卿"之一，汉武帝太初元年（公元前104年），更名为光禄勋。郎中令是秦的官职，汉承秦制，为侍从卫士首领，负责宫中的安保工作，防守门户，保卫皇帝的安全，类似于警卫部队的首领，实际上也是宫中的主管，并兼任皇帝的顾问参议。

◎张释之履职情况与其他职位说明

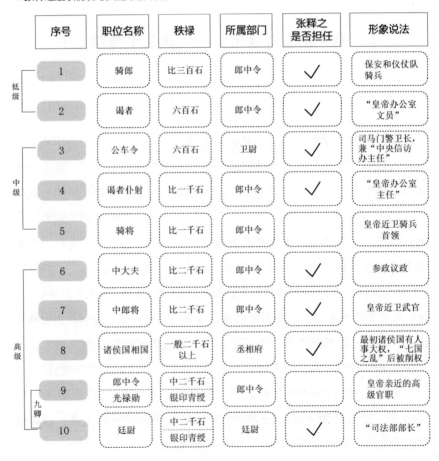

序号	职位名称	秩禄	所属部门	张释之是否担任	形象说法
低级 1	骑郎	比三百石	郎中令	✓	保安和仪仗队骑兵
低级 2	谒者	六百石	郎中令	✓	"皇帝办公室文员"
中级 3	公车令	六百石	卫尉	✓	司马门警卫长，兼"中央信访办主任"
中级 4	谒者仆射	比一千石	郎中令	✓	"皇帝办公室主任"
中级 5	骑将	比一千石	郎中令		皇帝近卫骑兵首领
高级 6	中大夫	比二千石	郎中令	✓	参政议政
高级 7	中郎将	比二千石	郎中令	✓	皇帝近卫武官
高级 8	诸侯国相国	一般二千石以上	丞相府	✓	最初诸侯国有人事大权，"七国之乱"后被削权
高级 九卿 9	郎中令 光禄勋	中二千石 银印青绶	郎中令		皇帝亲近的高级官职
高级 九卿 10	廷尉	中二千石 银印青绶	廷尉	✓	"司法部部长"

第二层级为谒者仆射，主管谒者。第三层级为谒者，掌管宾赞受事，即负责为天子传达、通报。

而他一开始担任的骑郎，是担任骑兵的郎中，也隶属郎中令（光禄勋），由骑将统领。骑郎平时承担皇帝的安保工作，出行时担任仪仗队的车骑侍从。

骑将，武官名，泛指骑兵将领，也称骑郎将、郎中骑将。西汉后，此职归于郎中令（光禄勋）之下，为其属官，秩比千石，主管骑郎，掌管宿卫。

此后，张释之担任过公车令、中大夫、中郎将。

公车令，公车司马令的简称，秦汉时卫尉的属官，负责警卫官殿之司马门及夜间宫中巡逻，并集奏臣民上书和领朝廷征召事，秩六百石。后文会提到，未来的汉景帝、当时的太子刘启和弟弟刘武到了司马门没有下车，张释之不但对他们加以拦阻，而且向汉文帝上书弹劾他们"不恭敬"的罪过，经济处罚是罚金四两（应为黄金）。这让汉文帝刮目相看，却让汉景帝怀恨在心。汉景帝继位之后，对张释之做了一定的清算，虽然不严重。张释之从"九卿"之一的廷尉改任淮南王相，就是一种降职。由此可见，汉景帝的格局确实不大。

中大夫，汉承秦制，为郎中令属官，掌议论，无定员，秩比二千石。汉武帝太初元年（公元前 104 年），改名为光禄大夫。陆贾曾担任中大夫。

中郎将，汉承秦制，为郎中令属官。西汉时皇帝卫侍分属五官、左、右三署，各署设置中郎将统领，因此有五官中郎将（主五官郎）、左中郎将（主左署郎）、右中郎将（主右署郎）的区分，秩皆比二千石，仅次于将军。曹丕曾经担任过五官中郎将。

后来，张释之从中郎将的职位升至廷尉。廷尉，汉承秦制，"九卿"之一，与郎中令一样，银印青绶，秩中（中为"满"）二千石，主管刑狱，为主管司法的最高长官。

从爵位和薪水角度再看一下张释之的职业升迁之路：骑郎（秩比三百石）、谒者（秩六百石）、谒者仆射（秩比千石）、公车令（秩六百石）、中大夫（秩比二千石）、中郎将（秩比二千石）、廷尉（秩中二千石）、淮南国相（一般二千石。中二千石月得谷180斛，二千石月120斛）。

张释之在骑郎的位置一干就是十年，他有一种青春饭将要吃到尽头的感觉，前途无望，因此萌生退意。但是当时担任中郎将的袁盎知道他贤能，如果他主动退出仕途，就太可惜了，于是袁盎推荐他担任了谒者。担任谒者，不仅爵位和薪水提高了，而且更能接近皇帝，升职的空间更大。

有一次，文帝到皇家园林上林苑巡视，张释之陪同。文帝问上林苑主管关于各种禽兽的情况，连续问了十多个问题，主管回答不上来，急得左顾右盼。这时旁边有一个小官吏站了出来，对答如流。他名义上是为主管挡驾，其实是想显示才能。文帝说："官吏不就该这样吗？主管不当其位。"他命令张释之写诏书任命那个小官吏为上林苑主管，张释之没有立即写诏书，而是问道："您认为绛侯周勃是什么样的人（关于周勃，前文有叙述，他是跟随汉高祖刘邦打天下，最终诛灭吕氏宗族，拥立文帝登位的功臣，他的儿子周亚夫在"七国之乱"时率兵平定了叛乱。周勃厚重少文）？"文帝说："他是有能力的厚道人。"张释之又问："您认为张相如是什么样的人？"张相如也是跟随高祖平定天下的功臣。文帝说："他也是有德有才的实在人。"张释之说："这俩人都是忠厚长者，腹有良谋，可惜不善言辞，但能安邦定国，他们怎能效法这个小官吏，靠着伶牙俐齿来取得富贵呢？秦朝时重视善于舞文弄墨、能言善辩的官吏，于是百官纷纷以苛刻严责为本事，可惜最后只剩下华而不实的官样文书，玩弄文字游戏，没有出自真心的恳切之言，这种'浮夸风'蔓延开来，导致天下土崩瓦解。如今您因为这个小官吏能言善辩就破格提拔，可惜的是鹦鹉能言，不离飞禽，我怕天下官吏受此影响，不务实际，只图口舌之利，上行下效，这种坏风气的传播就快了。您作为皇帝，在做决定前是最需要慎重的。"文帝称善，于是就取消了任命。文帝回去时，把张释之叫到他的专车上，以示恩宠，也为了方便讲话。车走得很慢，文帝再次询问秦朝的弊端，张释之以实言相告。回到宫中，文帝任命他为"公车令"，这是司马门警卫长兼"中央信访办主任"的职位。

后来，未来的汉景帝刘启与胞弟刘武坐车入宫，到了皇宫外门——司马门前不下车，张释之追上，把他们拦阻下来，并上书弹劾文帝的这两个儿子不敬。这事让文帝的母亲薄太后知道了，就责问文帝，文帝谢罪说："我教子无方，以后会严加管教。"薄太后亲自下诏赦免两个孙子的罪过，两个人才得以进入。文帝因此认为张释之是个奇才，敢于依法顶撞太子，于是把他升为中大夫，这是主管议论品评的事务官。

第二章　定是非法重公平　缺度量伺机报复

后来，张释之升至中郎将，做了侍卫武官，随同文帝去视察他的陵墓的修建情况。文帝的陵墓就是今陕西西安的霸陵，那时流行在活着时为自己修造坟墓。当时一同跟随的还有文帝的爱姬慎夫人，他俩一起向北望，文帝指着一条路说："这新丰道就是通往邯郸的。"慎夫人是邯郸人，汉文帝为代王时，也要路经邯郸，这条路可能是主干道。他北望邯郸，不禁回想起当年风华正茂、意气风发的情景，可如今物是人非，不知不觉已双鬓斑白。因为是在自己以后长眠的地方遐想，文帝心中不免产生了人生无常的感慨（笔者根据上下文推测的文帝心理）。他让慎夫人鼓瑟，而自己和着乐声唱歌，意境凄惨悲凉。他回头对群臣说："我死之后就用北山石做外棺，再用麻絮等物填充缝隙，用漆涂好表面，又有谁能打得开呢？我那时可以安稳地长眠地下了。"大臣们都称善。张释之进言说："如果里面有能引起人贪欲的东西，即使您把整座山当作棺材，您还是不踏实，总怕不结实。如果没有丰厚的陪葬品，即使没有坚石做棺材，您也会了无牵挂的。"文帝称善，于是把张释之升为廷尉。

　　有一次，文帝的车仗路过一座桥，有一人从桥下走出，致使马受惊，文帝就命人把那人抓捕起来，让张释之定罪。张释之审判，那人说："我是一个乡下人，刚到长安就遭遇清道戒严。我在桥下躲了很长时间，以为车驾已过，就出来了，刚好碰上皇帝车马，吓得立刻就跑，结果惊扰了车驾。"张释之仔细盘问，知道确实如此，于是把判决结果给文帝看，认为他无心冲撞车驾，只应处以罚金算了。文帝怒道："此人惊吓了我的马，多亏这马性子柔和，若换了别的马，不是要摔伤我吗？而廷尉竟然只判他交点罚金。"张释之说："法律是天子与天下人都应遵守的，这人所犯的错，按法律规定只能如此处罚。若因为您是皇帝的缘故就要重罚，这样的法律很难让百姓信服。若您当时立即诛杀了他，我也没办法。既然把他交给廷尉定夺，我只能依法办事，因为廷尉应该是公平的象征。如果连我都执法不公，怎么让天下人确立是非标准呢？希望您再好好考虑一下这事。"过了很久，文帝说："您的话是正确的。"

　　后来，有人偷盗高祖庙里的玉环，这人被抓到后，文帝很恼怒，让张释之审判，张释之按照刑法判定此人当街斩首。文帝怒道："这人大逆不道，竟然连高皇帝庙里的祭器都偷！我把他交给您，是为了灭他的三族，而您只依法律条文审判，这样的判决结果，无法体现我对先祖的敬意。"张释之摘掉帽子，磕头请罪说："按照法律规定最重也就是这样了。况且斩首与灭族同是死罪，但要依据程度的轻重判罚。按照这件事的性质，只要斩首就能起到震慑作用了。有人偷一件祭器就灭族，若有愚民偷盗高祖的坟墓，犯这种大罪您又该如何审判呢？"过了很久，文帝找他母亲薄太后商量，认为张释之做事公道。周亚夫对张释之也非常

151

敬重，和他成为密友。张释之由此广受天下赞誉。

后来文帝去世，儿子景帝登位，张释之担心景帝记恨当太子时因违反礼法遭受弹劾之事（被阻司马门），就称病在家。他想辞职，又担心自己成为平民百姓后招来大的刑责；想进宫谢罪，又不知怎么说，也不知说出来结果怎样。后来他采用王生的计谋，负荆请罪，景帝没有怪罪。王生是个隐士，精通《道德经》。有一次他被召进朝廷商议治国之道，所有的大臣都列席。当时臣子进入正殿都必须脱掉鞋子，只穿袜子，这是礼法，只有像萧何那样被恩赐可以"剑履上殿"的大功臣除外。王生是个老人，行动不便，他回头对张释之说："我的袜子带儿松了，给我系好。"张释之赶忙上前跪下给他系好袜带。后来，有人问王生："您为何非要在朝廷上侮辱张廷尉，让他跪下给您系袜带呢？"王生说："我年老而卑贱，自认为对张廷尉没什么帮助。他是天下名臣，我在大庭广众之中折辱他，想以此推重他。"其他大臣听说后，都认为王生贤能，也敬重张释之的海量。

张释之侍奉景帝一年多，景帝终究还是记恨以前的过节，把他打发到淮南王刘安那里当丞相去了，这是司马迁对景帝心胸狭窄的鞭挞。过了很久，张释之去世，其子张挚（zhì）成为大臣，后来被免职。张挚因为不会讨统治者欢心，直到死也没有为官。

第三章　驳文帝掷地有声　救魏尚冯唐论将

冯唐的祖父是赵地人，他的父亲后来迁居代地。冯唐以孝顺著称，在汉文帝时代担任郎中令的下属。

有一次，文帝问冯唐："你是何时任职的？老家在哪里？"冯唐据实相告，文帝说："你老家在代地，很好。当年我做代王时，为我主管饮食的高祛（qū）多次在我面前说到过李齐贤能，你知道李齐这个人吗？"冯唐回答："他比不上原赵国名将廉颇和李牧。"文帝问："凭什么这么讲？"冯唐说："我的祖父在赵国（战国时代的赵国）时，也是军官，和李牧要好，而我父亲和李齐有深交，因此知道他们的为人。"文帝听冯唐讲述廉颇、李牧的为人后，非常向往，拍着大腿说："哎呀！可惜！我唯独得不到廉颇、李牧这样的将领，否则我怎么会忧虑匈奴呢？"冯唐诚惶诚恐地说："您即使得到廉颇、李牧，也未必能重用。"文帝大怒，起身离开，后来他把冯唐找来责备道："你怎么非得在众人面前折辱我呢？难道不能在私下里和我说吗？"冯唐谢罪说："我为人粗鄙，不知忌讳。"

那个时候，汉朝经常受匈奴袭扰，文帝深表忧虑，他又把冯唐叫来问道："你怎么知道我不能任用廉颇、李牧那样的将领呢？"冯唐说："我听说古时王者在派遣大将时，亲自为他推车以示尊崇，并说：'出兵以后，不必顾虑重重，后方的事由我负责，军中之事全凭将军做主，便宜行事。'将军在外有赏罚大权，回来以后再奏明君王，这可不是瞎说的呀！我祖父说李牧在赵国为将，防守边境，把军队收入都用来奖赏士兵，一切赏罚由他做主，赵王不干预，让他全权负责，责令他不管用何种手段必须成功。因此，李牧能够尽情发挥自己的聪明才智。他经过十余年苦心经营，积蓄实力，训练士卒，展开骄敌之计，在对方松懈、自己实力增强后，突然展开进攻，击杀十余万匈奴精锐。李牧抵御强秦，抗击韩、魏，赵国几乎成为霸主，秦人无可奈何。后来赵国末代王赵王迁继位，他的母亲是个倡优，此人只知信任奸贼郭开（也是谗害廉颇的那个人），最后诛杀李牧，让颜聚取代，结果颜聚一败涂地，赵也为秦所灭。我听说魏尚现在在边疆防守匈奴，他把军队收入都用来犒（kào）赏士兵，甚至把自己的工资也拿出来，五天一杀牛，用来奖赏士卒，全体将士团结一心，匈奴不敢侵犯他。有一次匈奴犯境，魏尚率军出击，给敌人以重创。但是他的士兵大多是平民百姓，平时耕田，战时拿起武器守卫家园。这些人不知军中条例，只知勇猛杀敌，只因为上报军功时有点不相符，那些墨守成规的官吏就要苛责他们。他们没得到应有的奖赏，却要遭受不恰当的严惩。我这人愚蠢，认为您制定的法太明，奖太轻，罚太重。魏尚上报的首级数目与实际只相差六个（我们时常并称"秦汉"，不光因为两朝在时空上紧密相连，还因为秦朝的许多开创性的制度影响了中国历史，尤其是汉朝。秦朝既提供范本又提供教训，汉朝的军功授爵制度是延续秦朝的，秦朝的前身秦国的名将白起一生杀人近百万，都源于这种奖励制度。后来李广虽然战功赫赫，可是斩获颇少，他一直未被封侯。设计再严密的制度都会有不合理性），这只能算小失误，世界上的事哪能全都丝丝入扣、完全吻合呢？他并非要冒领功劳啊。可是按照法律条文，魏尚被问罪，被削去爵位，被罚一年劳役，他的大功劳被视而不见。这不是按法办事，而是不分主次，难免让人寒心。我因此说，您得到了廉颇、李牧那样的名将，也未必能真正任用。我斗胆触犯忌讳，真是死罪。"

汉文帝大悦，派冯唐拿着自己的节杖赦免魏尚，官复原职，又把冯唐任命为高级武官。历史典故"冯唐论将"其实是管理学案例，汉文帝犯的毛病其实也是许多管理者犯的错误，罚太重，赏太轻。有些公司的管理制度中竟然只有罚，没有奖，有奖也都是似是而非、含混不清、无法操作的花架子，而罚则都有章可循。

七年之后，汉景帝继位，冯唐被任命为楚国丞相，后来又被免职。汉武帝继位时，向全国发出寻求贤良方正之士的求贤令，有人推荐冯唐，可冯唐此时已九十多岁了，不能当官了。这是典故"冯唐易老，李广难封"的前半部分来历，是对贤士不被重用的感叹（"李广难封"见后文）。于是武帝把冯唐的儿子冯遂提拔为自己的侍从。冯遂又叫冯王孙，也是奇士，和司马迁关系很好，司马迁所写的李牧的事迹，大多是从冯王孙那里得来的，所以来源可靠。详情请参看本系列丛书之《长平之战》。司马迁在创作时非常注重察纳雅言、调查研究，相对于他所处的时代来说，汉初百年的"近代史"内容，他是经过大量采访和研究后才开始创作的。

司马迁评论道：张释之在看人时注重本质，看轻浮夸虚伪之人，并且能坚持原则，不屈从皇上的心意。冯唐讨论任用将帅之事，可真是一针见血，太有味道了！俗话说："不知其子视其父，不知其人视其友。"
这真是至理名言。这两个人评论"长者""将帅"时，以迂为直，旁征
博引，触类旁通，让人豁然开朗。张释之为了说明能言善辩的人未必是
有才能的人，引用了周勃的例子；冯唐为了说明对将军魏尚的不公正待
遇，引用了李牧的例子。在看事情、观察人和说话方式上要从多角度考
虑，这二人的讲话方式可真是高妙绝伦！这二人所说的话非常重要，可
以记录在朝堂上。《尚书》上说：不偏私不结党，王道可以畅通无阻；
不结党不偏私，王道可以坦坦荡荡。这两个人就是能推行王道的人吧。

张丞相传

秦皇志满频失策，无视群贤成汉臣。

若得一个擎天柱，嬴姓依旧得留根。

嗣敏戏作咏史诗《汉时群贤皆秦民·有感》

殿上戏，丞相嗔，丞相勿嗔吾弄臣。

臣可弄，不可狎，节使不来臣已杀。

君王有道臣职逴，细柳营中亲按辔。

（明）李东阳《殿上戏》

第一章　周苛亡周昌补位　周昌离赵尧顶缺

张丞相张苍是阳武县人，喜欢读书，尤其精通法律和历法。在秦朝时，做过御史，掌管各地送上来的公文，后来犯了罪，就逃走了。没过多久，天下大乱，陈胜吴广起义，刘邦也应时而起。他在扩充势力时路过阳武，张苍跟了他。后来张苍因受到他人的牵连应当斩首，他脱掉衣服躺在刑台上，王陵（后来成为丞相）看到他身材修长，皮肤白皙，相貌堂堂，认为这样的美男子死了可惜，而且看他外表应该是个有本事的，就把情况向刘邦反映了，张苍得到赦免。后来张苍多次立战功。他和韩信合作过，也做过刘邦女婿赵王张敖的丞相，后来被封为北平侯，有一千二百户的食邑。

张苍曾经担任过计相。想要了解这个职位，必须先理解"上计"。笔者在本系列丛书之《秦史之谜》中曾经详细探讨过秦国和秦朝在管理上的严密之处、精细之处和失误之处，秦国最终能够兼并六国，其实是一种管理能力上的胜利。从商鞅变法开始，秦国就开始比较严格地执行上计制度。这是对秦国进行数据化管理的重要制度。

上计，是战国、秦、汉时代朝廷年终考核地方官员政绩的制度。战国时，地方官在年终时将赋税收入写于木券，呈送给国君考核。汉时做了一些完善，先由县令（万户以上）、县长（万户以下）将该县的人口、垦田、钱款、粮食数量、盗贼情况、狱讼等事项编为账册，呈送给郡国，再由郡守或者诸侯国国相进行汇编、统计，报送给中央的相府。相府里有计相，负责对地方呈报的账册、数据和资料进行审计。国君对这项审计工作也非常关心。

计相，秦汉时主管上计、计籍之官，也称"主计"，隶属于相府。计籍，也称计簿，是郡国一级（类似于当今省级）汇集了整个地区县市的情况之后，向中央上报。每年都要有这个审计程序，每三年再进行一次综合评审。

这样来看，隶属于丞相府的计相，如果是技术岗位的，应该类似于总会计师、总审计师；如果是行政岗位的，应该类似于国家审计局局长、统计局局长。

这就是张苍的基本业务和岗位职责。

当时萧何为相国，知道张苍精通律历，心思缜（zhěn）密，在秦朝时有相关工作经验，对天下的户籍账簿十分熟悉，因此，把他调到丞相府，担任重要的副手，主管审计、统计工作。

英布反叛被平定之后，汉高祖刘邦改封儿子刘长为淮南王，张苍也曾担任淮南国国相。后来，他又被调到中央，担任御史大夫，负责监察百官。

周昌（这篇文章是合传，人物是穿插写的）是张苍之前的御史大夫，正是因为他出现职位调动，张苍才有顶缺的机会。周昌有一个堂兄叫周苛，他们与高祖刘邦是老乡，都是沛县人，兄弟俩一起跟随刘邦打天下。当刘邦成为汉王时，周苛成为御史大夫，周昌也成为中尉。后来刘邦与项羽争夺天下，双方在荥阳展开激烈的拉锯战，军情吃紧，刘邦就逃跑了，让周苛守荥阳。项羽攻破荥阳，周苛被捉，项羽劝降，周苛骂道："我看你还是早点投降算了，你根本不是汉王刘邦的对手。"项羽一怒之下烹杀了周苛。周苛死了，弟弟周昌顶替他成为御史大夫，在楚汉战争中立有功劳。

周昌为人刚强有力，敢于直言不讳，即使像萧何、曹参这样的大人物都敬他三分。周昌曾经在刘邦休息时进宫奏事，刘邦正搂着宠姬戚夫人谈笑，周昌一见马上回身就走。刘邦可能喝了点酒，竟然开周昌的玩笑，也可能是想逗美人开心。刘邦追上了周昌，骑在他的脖子上，问道："我是什么样的君主？"周昌仰头看着刘邦说："您是像夏桀、商纣那样残暴不仁的君王。"刘邦大笑，不但不怪罪他，反而敬畏他。

前面我们讲过一段公案，吕后生的儿子刘盈懦弱，而受宠的戚夫人生的刘如意在性格、外表上和刘邦相像，刘邦经常夸奖刘如意"深肖朕躬"。主要也是戚夫人的作用，刘邦起了废刘盈立刘如意为太子的想法。大臣们知道后都来劝谏，可刘邦主意已定，不听从。周昌在朝廷辩论这个问题时态度强硬，刘邦问他理由，周昌口吃，又在盛怒之下，他结结巴巴地说："我口不能言，但我期期（有个成语叫"期期艾艾"，"期期"与"艾艾"都是形容口吃的样子，这个成语就是根据周昌和三国的邓艾的轶事引申出来的）知道这么做不行，您虽然想废太子，可我期期不奉命。"刘邦欣然而笑。当时吕后正在外偷听，周昌退出后，她拦住周昌，跪下道谢说："若不是有您，太子恐怕被废了。"再以后，吕后又采纳张良的计策，请出了刘邦一直寻找不到的"商山四皓（hào）"辅佐太子，刘邦一看太子羽翼已成，而且大臣一致反对，只好打消了废太子的念头。

刘邦打消了废弃太子的想法，可他还有一块心病，那就是自己死后怎么保全刘如意。刘如意十岁时，被封为赵王。当时有一个叫赵尧的年轻人为刘邦掌管玉玺，有人对周昌说："赵尧年纪虽轻，可是个难得的奇才，他将接替您的职位。"周昌不以为然地笑道："赵尧乳臭未干，只是一个文员，哪能当御史大夫。"没过多久，刘邦担心刘如意和戚夫人的命运，心中不乐，慷慨悲歌，群臣都揣摩不出刘邦因何发愁。赵尧上前说："您之所以忧虑，是不是因为赵王年幼而戚夫人与吕后又结成仇怨，您担心您去世以后赵王难以保全？"刘邦说："确实如此，我不知怎么办好。"赵尧说："您只要为赵王设置一个吕后、太子及大臣都敬畏的强势丞相即可。"刘邦低头一想说："确实是个好主意，我以前也有这个想法，你看谁合适呢？"赵尧说："御史大夫周昌为人坚忍、质朴、正直，而且吕后、太子和群臣都敬畏他，非周昌不可。"刘邦说："好，就是他。"于是把周昌叫来，说："我有件为难的事要麻烦你，你做赵王的丞相吧。"周昌哭道："我一直是跟随您的，您怎么不让我善始善终而把我外放呢？"刘邦说："我也知道这属于给你降职，对不起你，然而我担心赵王，私下考虑除了你没有谁能保全他。你就当替我分忧吧。"于是把周昌任命为赵国丞相。

后来周昌回中央汇报工作时，指出陈豨谋反，又牵连出韩信，这样前后就连贯了，情节发展的前因后果也明了了。周昌走后，刘邦摆弄着御史大夫的印信，说："谁可以担任御史大夫呢？"他盯着赵尧说："我看只有你合适。"就任命赵尧为御史大夫。赵尧以前也有军功，当御史大夫后又随刘邦出外平叛，回来后被封侯爵，有人预测赵尧可能替代周昌的话实现了。

高祖刘邦去世后，吕后当政，她终于可以发泄心中的怒火了。她向自己的情敌戚夫人挥舞屠刀，把她砍去手脚，剃光头发，挖出眼睛，弄成了"人彘"。而此前戚夫人一直把希望寄托在儿子刘如意身上，吕后怕赵王刘如意长大后威胁到自己或家人的安全，就派使者去赵地命赵王进京。周昌怕赵王遇害，对使者说赵王正染病，无法成行，使者连去三次都没有召回赵王。吕后深表忧虑，就把周昌叫了回来。她骂周昌道："你难道不知道我怨恨戚夫人吗？现在你竟然抗命，不让赵王来长安，你怎么这么大胆？"吕后把周昌调离后，再征召赵王，赵王果然来了，结果被吕后毒死。周昌也称病退休，三年以后死去。吕后没有杀周昌，可能还是感念他当初力保自己儿子的恩情。有人说刘邦当时错了，任命周昌辅佐赵王是不对的，而应该让赵王娶吕氏家族的女儿，再让戚夫人曲意逢迎吕后。但根据对吕后为人的分析，这一招也未必奏效。戚夫人当初差一点顶替了她的位置，吕后为人刚毅，她很难咽下这口气，而且戚夫人也未必能有那样的头脑，她满脑子都是怎样讨刘邦欢心。这个方法可能一时奏效，但未必能持续多久。

第二章　御史职可见兴替　张丞相创制律历

周昌死后第五年，吕后听说御史大夫赵尧在汉高祖刘邦在位时为赵王刘如意谋划，就整治赵尧，还剥夺了其爵号。她任命任敖为御史大夫。这任敖也是高祖的同乡，他以前是狱吏。有一次高祖犯罪后逃亡，官府就把吕后抓起来了。监狱里有人对吕后动手动脚，任敖一向与高祖要好，盛怒之下击伤了那个看管吕后的狱吏。后来他跟随高祖平定天下，立有功劳，被任命为御史大夫。三年后他被免职，由第二任丞相曹参的儿子曹窋（zhú）接任。吕后死后，大臣们在周勃、陈平的策动下诛灭吕氏宗族，后来曹窋被免职，张苍被任命为御史大夫。笔者推断，司马迁在这里记录御史大夫这一职位的人员的变迁情况其实是想说明汉初政治斗争的激烈。御史大夫的任命与罢免恰恰凸显了从高祖建政到文帝册立二十九年间各派势力的争斗。

张苍和周勃等人拥立刘恒为汉文帝。四年以后，张苍升为丞相。从汉朝建立到汉文帝继位这二十多年的时间里，天下刚平定，出任要职的都是与高祖一起打天下的军人，他们对国家体制的建立不是十分在行，而张苍博览群书，无所不通，对律历尤精，这在当时属高级专业人才。张苍成为律历制度的开创者，比如说二十四节气就属历法，张苍做的大概就是这一类工作。

张苍十分感念王陵，因为王陵曾救过他的命。王陵在吕后执政时代曾做过丞相，当吕后想为吕氏封王时，曾征询王陵的意见，他用高祖说的话"非刘氏不得为王，非有功不得为侯"加以反驳。吕后问陈平、周勃二人时，他俩则说可以。所以，吕后用明升暗降的手法免除了王陵丞相一职。张苍虽然显贵，但是对待王陵就像对待父亲一样。王陵死后，张苍也做了丞相，每到休假时，他先去拜访王陵夫人，尽完孝道之后才回自己的家。张苍做了十多年丞相，这时有个鲁地人公孙臣对张苍在律历领域的权威地位发出挑战。张苍认为汉朝是水德，公孙臣则认为是土德，一定会有黄龙显现。当此人上书申明观点时，被张苍驳斥了，可后来真有黄龙出现，文帝就把公孙臣封为博士，张苍自此走下坡路。张苍曾经保举一个人，这人贪赃枉法，以权谋私，文帝拿这事责备张苍，张苍就告病退休了。他做了十五年的丞相。后来他的孙子张类犯了不恭敬的罪名，张家的封爵被取消了。

当初，张苍的父亲身材矮小，可张苍却身材高大，被封为侯爵，也做过丞相，这就很奇特了。张苍的儿子身材修长，到了孙子辈又是五短身材，而且因为犯法失去了爵位。难道身高的变化预示张氏的盛衰？张苍被免去丞相职务后，在家静养，老得牙齿都掉光了。张苍活了一百多岁。

第三章　申屠嘉刚毅有余　丞相位难见萧曹

　　申屠嘉丞相是梁地人，梁地也称魏地。刚开始他是一个身体强壮、能拉硬弓的军人，跟随汉高祖刘邦与项羽争夺天下，被提升为校级将官（都尉）。在吕后当政时，他做郡守。汉文帝继位后，为了收拢人心，对跟随高祖打天下的二十四名功臣又加封赏，申屠嘉名列其中，有封邑五百户。张苍从御史大夫提升为丞相，申屠嘉顶了御史大夫的缺儿。张苍被免除丞相职位后，文帝想让自己的小舅子窦广国为丞相，但仔细考虑后又放弃了这一想法。文帝说："虽然广国有才，但因为和我有特殊关系，我怕天下人认为我用人唯亲。"这时，跟随高祖打天下的老臣大多死了，剩下的又不能胜任，于是文帝就把御史大夫申屠嘉升为丞相，保持原先故安侯的封号。

　　申屠嘉为人廉洁正直，从来不因私事在家接待访客。在文帝时代，有一个叫邓通的人很受宠幸，得到的赏钱成千上万，文帝经常到邓通家喝酒，可见其受宠到何等程度。有一次，申屠嘉上朝奏事，邓通也在文帝身边，礼节怠慢。申屠嘉讲完正事后，说："您宠幸臣子，让他富贵，这无可厚非，但是，对于大是大非的问题，还是应该严肃些。"文帝说："您不用说了，我私下里批评他。"申屠嘉回到丞相府，就召唤邓通来见。邓通十分惊慌，知道申屠嘉想整治自己，赶忙去找文帝想办法。文帝说："你尽管去，一会儿我派人去给你解围。"邓通到了丞相府，摘掉帽子，光着脚丫，叩头求饶，这在那个时代是非常郑重的道歉方式。申屠嘉坐在座位上，也不还礼，冷若冰霜。他说："这份天下是高皇帝打下来的，他制定的朝廷礼仪必须遵守。你邓通不过是个小臣，竟敢在朝廷上傲慢无礼，这是大不敬的死罪。左右把他推出去斩首。"邓通叩头，磕得满脸是血。文帝估计申屠嘉把邓通整治得够惨的了，心中的气也应该出了，就派使者去讲情。使者向丞相道歉说："他只是皇帝的弄臣，您就放过他吧。"邓通回到文帝身边，哭着说："丞相差一点杀了我。"申屠嘉也未必真要杀他，但必须打击他的嚣张气焰，否则这种小人会得寸进尺。邓通后来死在汉景帝手中。邓通奉承文帝到了无以复加的程度，有一次文帝得了毒疮，邓通亲自为其吮（shǔn）脓。文帝让当时身为太子的刘启吮吸，刘启做得不情愿，由此刘启怨恨邓通，继位后就杀了邓通。

　　申屠嘉最佩服的人是袁盎。袁盎在做吴王刘濞的丞相时，有一次回家探亲，在路上遇到了丞相申屠嘉。两人身份有差距，袁盎下车行礼，可申屠嘉只在车上还礼，袁盎感觉受到了侮辱，就去拜见申屠嘉，劝他要广开言路，努力提高自己的业务水平。这是因为，汉文帝谦虚学习，日益聪明，而他作为丞相，如果故步自封，与皇帝的差距越来越大，就会遭受灾祸。一番话说得申屠嘉连连点头，赶忙向袁盎道歉，并把他视为贵客。

　　申屠嘉做了五年丞相，文帝就死了，汉景帝继位。大家知道，景帝的智囊——晁错在景帝还是太子时就受到宠幸，如今景帝当皇上了，晁错马上得到重用。汉景帝二年（公元前155年），晁错当上了内史［秦汉时京畿地方由内史治理，于是以内史的官名命名行政区名，不称郡。秦开始设置。咸阳就属于秦的京畿地区，即首都地区。在西汉，依然采用这种行政建制，只是多次调整。汉高祖初年，分为渭南、河上、中地郡，后在汉高祖九年或十年，恢复内史建制。约在汉景帝二年，又分为左内史、右内史。武帝太初元年（公元前104年），改左内史为左冯翊，改右内史为京兆尹，与右扶风合称"三辅"。继续深究，还有很多细节。简单地说，内史可被理解为今日首都的市长，后虽几经分权，但只是把权力过大的市长分为两个、三个而已，起到分权和制衡的作用］，其受宠程度可想而知。

　　晁错对景帝有极大的影响，他变更了许多法律条令，而且在削藩之前先罗织罪名侵夺诸侯权益，靠着受宠都不把丞相申屠嘉放在眼里，申屠嘉的意见不被采用，由此申屠嘉怨恨晁错。晁错的内史府正门是朝东的，上班时很不方便，得绕大圈子，晁错就私自朝南打通一道门。这道门是把太上皇庙的外墙凿开后修建的（高祖刘邦尊其父太公为太上皇，是对生者所上的尊号；秦始皇以秦庄襄公为太上皇，是对死者的追加尊号。太上皇是对皇帝生父的专称。汉代所称太上皇，一般专指高祖刘邦之父刘太公），最轻是杀头。申屠嘉知道这事后就想抓住这个把柄杀了晁错，于是他向景帝上奏章请示。奏章尚未被批示，晁错的内线就通知晁错，晁错也后怕了，连夜进宫见景帝，向景帝报告此事，并请求景帝饶恕。第二天，申屠嘉在朝廷上再次请求诛杀晁错，景帝说："晁错凿开的不是真正的庙墙，而是为了保护太上皇庙额外修建的外墙，是我同意他这么做的，所以晁错无罪。"罢朝后，申屠嘉对自己的"秘书长"说："我真后悔没有先斩后奏，结果被晁错玩弄了。"回到家后，申屠嘉气得吐血而死。他不但怨晁错，也怨景帝过于袒护。这要是发生在别人身上，十颗脑袋恐怕也不够砍，但因为是受宠的晁错干的，就法外开恩，这是很不公平的。但晁错未必是最后的胜利者。申屠嘉是当时公认的正人君子，晁错因此得罪了一大批同情申屠嘉的人士，最后晁错成为孤家寡人也并非没有道理。

申屠嘉的爵位传到第四代被废除了。自申屠嘉死后，陶青、刘舍相继在景帝时代任丞相，在汉武帝前期有许昌、薛泽、庄青翟（dí）、赵周等人为丞相，他们都是因为祖上有功才得以担任丞相的，一个个战战兢兢，不求有功但求无过，没有创造性思维，也没有做出让人称道的事业来，只是滥竽充数罢了。司马迁对这种好好先生是持批判态度的。

司马迁评论道：张苍熟读经典，精通历法，是汉代名相，可是他不采用贾谊、公孙臣等人改弦更张的意见，一味沿袭秦朝旧制，因循守旧。这是为什么呢？周昌是质朴刚直、顽固不化的人，任敖是因为对吕后有恩才受重用，申屠嘉倒是刚毅、有节操，但是没有远见卓识，他们和萧何、曹参、陈平等人相比，恐怕还有一段距离。

季栾列传

一诺千金汉重臣，平生恩力报何曾。
朱家不德人传美，殊愧张苍父事陵。

(元) 徐钧《季布》

鸿门舞剑甘为虏，广武杯羹脱若翁。
为楚不忠如定罪，未应项伯后丁公。

(元) 蒋民瞻《丁公》

第一章　释季布高祖持重　息怒气吕后克己

　　季布是楚国人，按现在的说法应该算长江流域的南方人。他讲义气，有侠骨英风，在楚地很有名。季布曾是项羽手下的大将，多次让刘邦困窘。项羽被灭后，刘邦悬赏千金抓捕季布，有敢藏匿的，罪诛三族。季布躲在了周氏家里，周氏说："刘邦为抓您下了大力气，现在恐怕要搜捕到我家了。您若是能听从我的安排，我就说出真实想法；您若不听从，我愿先自杀。"季布同意按周氏说的办。于是周氏让季布剃光了头，颈上套着铁箍，穿着粗布衣裳，打扮成奴隶模样，藏在丧车里，以掩人耳目。周氏带数十家童，来到鲁地朱家（此人是《史记·游侠列传》中的人物，就叫朱家，有姓但没有名字），把季布卖给了他家。朱家知道是季布，就把他买了下来，让他到田间劳动，并告诫自己的儿子："有什么事儿听这个家奴的，吃饭必须和他同吃。"周氏和朱氏应该是好朋友，而且周氏知道朱氏有办法安置季布。

　　朱氏果然有门路，他坐车来到洛阳见汝阴侯夏侯婴。夏侯婴是刘邦的老兄弟，当年刘邦在彭城惨败以后，想回家接老婆孩子，可与吕后及刘太公走散了，只把自己的一对儿女找到了，儿子就是后来的汉惠帝。项羽的追兵追得太急，刘邦为了减轻负担，把自己的儿女推了下去，一连三次，而夏侯婴连捡三次。他是刘邦的司机，说："你嫌慢我赶快点就是了，怎么能把孩子舍弃呢？"这个人在吕后那里也很有话语权，因为他救了她的亲骨肉。曹操本来姓夏侯氏，后来他的父亲认当时的宦官曹腾为义父，他才改姓曹氏，像夏侯惇、夏侯渊等人都是曹氏亲族，不知与夏侯婴有没有关系。这个夏侯婴也是发现韩信才能的第一人，韩信犯法差点被杀，是夏侯婴把韩信从刀下赦免的。

夏侯婴留朱氏在家喝了几天酒，这两个人的关系应该不错，朱氏趁机问："季布有什么大罪，皇上抓捕得这么急迫？"夏侯婴说："季布是项羽的属下，多次逼得皇上进入绝境，皇上因此怨恨他，必欲除之而后快。"朱氏说："您看季布是什么样的人？"夏侯婴说："贤者。"朱氏说："当时各为其主，季布为项羽尽职尽责正是他的本分。难道要把项羽旧部全都杀尽吗？如今皇上刚得天下，独独因个人私怨去拘捕人，这不是向天下人显示自己器量狭小吗？而且以季布的贤能，若是汉朝追捕过急，他就是投奔北方匈奴或南方越国，也会受到礼遇的。这不是为他人贡献人才吗？而且季布的遭遇也会让和他一样身份的项羽旧部恐慌，他们要么谋反，要么逃走。因为自己的忌刻而为敌国输送人才，这恐怕不是好办法。您为何不在机会成熟时跟皇上说说这道理呢？"夏侯婴马上明白，这朱氏本来就是大侠，与季布惺惺相惜，他肯定把季布藏匿了。在这种紧要关头，朱氏还敢这么做，夏侯婴不禁被他的义气所折服，也认同他的思路，就许诺下来。夏侯婴在闲暇时，把朱氏话中的道理讲给刘邦听，刘邦深表同意，就赦免了季布。当时，人们都称赞季布能屈能伸，能刚能柔，朱氏也因此名扬天下。季布向刘邦谢罪，被任命为郎中，这是皇帝的侍从人员。

高祖去世后，汉惠帝继位，吕后当政，季布成为中郎将。匈奴单于有一次给吕后写信，出言不逊，吕后大怒，召集众将商议，她的妹夫樊哙说："我愿带兵十万，横扫匈奴。"众将因为想顺从吕后的意思，就赞同樊哙的提议。季布说："樊哙应该被斩！当年高皇帝谋臣如云，武将如雨，带兵四十万尚遭'白登之围'，如今樊哙的才能与高皇帝相比如隔天渊，他竟然夸下海口，敢说带区区十万兵横扫匈奴，这不是撒谎吗？如今天下多年争战，战争创伤还未治愈，樊哙当面奉承，轻易言兵，想动摇国家根本，该斩！"当时殿上的人都为季布捏了一把汗。吕后仔细考虑了一下，宣布退朝，最终没有再提向匈奴用兵的事。这时打肯定不是时候，连年争战，满目疮痍（yí），经济也未复苏，攻打匈奴只能在"文景之治"后的汉武帝时代。战争是以经济实力为后盾的，发展才是硬道理，当时之汉朝若轻易发动战争，绝非明智做法。

第二章　不愿得黄金百斤　只需得季布一诺

汉文帝时，季布在外做郡守，有人在文帝面前夸赞季布贤能，文帝召他回长安想要授予他御史大夫要职。可又有人进言说他勇敢是勇敢，但酗酒放纵，文帝就犹豫了。季布在长安的府邸（dǐ）里待了一个月，文帝才召见他，抚慰一番就打发他回去。季布进言说："我没什么功劳，却得到您的恩宠，得以做到郡守。您无缘无故地把我召回，肯定是有人在您面前言过其实地夸赞我了；我回来后，您又没有什么任命，就这么让我回去，恐怕是有人无中生有地诋毁我了。您因为某个人的赞誉就想任用我，又因为某个人的诋毁打发我，用人如同儿戏，我怕天下有识之士听说后会窥见您的深浅（"夫陛下以一人之誉而召臣，一人之毁而去臣，臣恐天下有识闻之有以窥陛下也"）！做决定前不是要深思熟虑吗？观察人不是要多角度考察吗？"文帝默然，脸现惭愧之色，良久才说："您所在的河东郡是天下战略要地，我召见您是为了嘱咐一下。"季布辞别回去了。这是许多团队管理者常犯的毛病，轻易地做决定，又随意地更改，事前总是缺少详细的考察分析，很容易让人左右，长此以往，又是"狼来了"的闹剧，权威荡然无存。文帝这时耳根太软，任人摆布，季布说得对。

季布有个老乡叫曹丘，是有名的辩士，多次与权贵进行权钱交易，一方面用金钱巴结权贵为自己扬名，一方面利用打通的关系谋求实利，和赵同、窦长君（**汉文帝老婆窦皇后的长兄**）等人关系很好。季布听说后，给窦长君写信劝谏道："我听说曹丘不是一个忠厚长者，您还是不要和他交往。"后来曹丘多次请窦长君为自己写一封介绍信，他想拜见季布。窦长君说："季将军不喜欢您，您就别去自讨没趣了。"曹丘坚决请求，窦长君只好给季布写了一封信，说曹丘要去拜访他。季布大怒，心想：我正想找你，你还敢上我这儿，明显是来挑战嘛。他气冲冲地等曹丘。曹丘到后，向季布施礼说："我们楚地流传一句谚语：'不愿得黄金百斤，只愿得季布一诺（**"得黄金百，不如得季布一诺"**）。'您能得到这样的赞扬，和我四处宣扬您的名声是分不开的，难道这事不重要吗？您是楚地人，我也是楚地人，我们俩以前从未谋面，可就因为是同乡我才赞誉您，但是您为什么要拒我于千里之外呢？"季布大悦，一看这人贪点钱财不假，做人倒是有可称道的地方，就把他奉为贵宾，招待了好几个月，临走时又送上重礼。季布之所以名声日益显赫，和曹丘的宣扬是分不开的，两人不打不相识。

季布的弟弟季心，英勇盖世，待人恭谨，行侠仗义，方圆数千里的士人都争着为他效命。他曾经杀人后逃亡，藏匿在袁盎家里，待袁盎如兄长，待灌夫、籍福等人如小弟。他曾经是酷吏郅（Zhì）都的中司马，郅都都不敢不加礼，很多年轻人时常以季心的名义做事。当时，季心凭勇气，季布凭信义，名声显扬。

第三章　想求赏丁公倒死　不怕罚栾布得活

　　季布的舅舅叫丁公，是项羽手下的将领。刘邦被封为汉王时，心有不甘，趁项羽出兵在外时，率兵偷袭了项羽的老家彭城，也就是现在的徐州，项羽赶忙回军救援，打得刘邦落花流水（就是这次"彭城之败"途中，夏侯婴三次救了汉惠帝）。刘邦刚退出彭城西门，丁公在后面追上刘邦，两军短兵相接。刘邦被逼得走上绝路，回头对丁公说："您是豪杰我是好汉，您怎么苦苦相逼呢？"于是丁公引兵回去，刘邦才喘过气来逃走。项羽死后，丁公拜见刘邦请功。刘邦命人把他推出斩首，说："丁公作为项羽的臣子不忠不孝，使项羽失天下的，就是丁公这一类人。"斩杀之后，刘邦说："我这么做是为了让后代做臣子的不要效法丁公的不忠。"刘邦做事出人意料。

　　栾布是梁地人。在秦末汉初，有三个"布"比较有名：英布、季布、栾布，又有三个异姓诸侯王是刘邦得以成功的关键：韩信、英布和彭越。其中彭越在没发迹时，与栾布有深交。栾布穷困，流落到齐地给人做酒保。几年以后，彭越做了江洋大盗，而栾布被人卖到了燕地给人当奴仆，后来他替自己的主人杀了仇家，逃亡在外。陈胜吴广起义后，有个叫臧荼（tú。臧荼的孙女叫臧儿，是汉景帝的丈母娘，也就是汉武帝的外婆）的人做了燕王，他认为栾布有义气，也勇敢，就任命他为都尉。刘邦建立汉朝以后，臧荼谋反，刘邦平定叛乱，俘虏了栾布。这时彭越已是梁王了，他向刘邦求情，用钱把栾布赎回，让他当了梁国大夫。

前面说过，刘邦虽然当了皇帝，可他时刻感到有压力，就怕再有人与他争权。他最忌惮的是韩信、英布和彭越，这三人都是能征善战的猛将。刘邦先是以"莫须有"的罪名诛杀了韩信，然后把彭越召到洛阳。彭越自认为没有反心，仔细权衡之后还是去了，一到就被刘邦剥夺一切，发配蜀地。在去蜀地的途中他遇到了吕后，他向吕后宣称无罪，请求她跟老公美言几句，把他打发回老家算了。吕后当场答应得很好，把他又带回洛阳。她对刘邦说："彭越是壮士，若留着他，是留着祸患，不如斩草除根。"于是以谋反罪诬陷彭越，并诛灭了彭越的宗族。

诛杀彭越时，栾布正出使在外，等他回来时，彭越的头已被挂在洛阳城门下示众。刘邦下令说："有敢祭拜的，就抓捕他。"栾布哭倒在彭越的首级下，一边祭祀一边汇报这次出使的任务。官吏抓捕了他，把他解送到刘邦面前。刘邦骂道："你也参与彭越的谋反了吗？我命令谁也不准哭祭他，可你充耳不闻，照做不误，明摆着与彭越一条心。来人，烹杀了他。"士兵抓起栾布向油锅走去，他回头说："我说完再死行吗？"刘邦说："你想说什么？"栾布说："当年您辱于彭城，败于荥阳，困于成皋（gāo），多次出现险情，可项羽总是不敢全力以赴攻击您。这是因为彭越在他的后方袭扰，截断他的粮道，使他首尾不能相顾。当时彭越与汉结盟则楚破，与楚联合则汉亡。而且垓（gāi）下一役，若没有彭越出兵，也无法实现十面埋伏，胜负未知。后来天下已定，彭越得以裂土封王，他心满意足，只想把爵位世代传承下去，怎敢谋反呢？您向他征兵时，正赶上他有病没能亲自带兵，您就怀疑他谋反，根本查无实据，就杀了他。功臣们人人自危，恐怕这不是国家之福。如今彭越已亡，我生不如死，请求烹杀我。"刘邦心里有愧，这番话道出了实情，还怎能再杀栾布？于是赦免了他，任命他为都尉。

汉文帝时，栾布做了将军。栾布常说："穷困的时候不能忍辱负重，不是英雄；富贵的时候不能扬眉吐气，不是豪杰。"于是，对自己有恩的他涌泉相报，与自己有仇的他睚眦（yá zì）必报。汉景帝朝发生"七国之乱"时，他凭军功被封为俞侯。在燕地、齐地，有人为他设立了祠堂，称之为"栾公社"。他死了以后，儿子栾贲继位，后来因触犯法令被取消爵号。

司马迁评论道：项羽看重勇气，所以季布能凭勇略扬名，战功卓著，可以称得上壮士了！然而项羽失败后季布遭受通缉，他宁可当人奴仆也不肯死，看起来他的品格好像很低下。其实不然，他肯定是非常自负，相信自己的才能还没有发挥出来，因此身受侮辱也不觉羞耻。他还是念念不忘要充分发挥才干哪！最后他终于成为一代名将。贤能的人的确视死如归，但绝非看轻生命。有时是"士可杀不可辱"，有时也要"忍辱负重，以图东山再起"，用更为壮烈的行为证明自己死得其所，重于泰山。怎么死，什么时候死，是要有选择的。奴婢、侍妾、卑贱之人只因一点小节就自杀，这不是真正的勇敢，他们是"哀莫大于心死"，没有希望、没有能力实施自己的计划罢了。他们的死是一种逃避。真正积极入世的大豪杰是要壮烈而生、奋斗到死的，千万不要看轻了生命。栾布为彭越而哭，敢于从容赴死，是因为他对死亡有正确的态度，不会苟且偷生。即使古代先贤、舍生取义的好汉，也未必能胜过他。

其实这就是司马迁对死亡的态度，这是为他自己立传。他也遭受过巨大的侮辱和耻辱，但他不想默默无闻地死去。他要完成《史记》，让自己永垂不朽。

窦田列传

魏其虽失势，侯印尚累然。立散千金赐，宁悭数顷田。

当时籍福解，远胜灌夫怜。尚识沾沾意，田郎跪起年。

（明）王世贞《读魏其侯传》

贵甚宫中势，轩然帝右趋。所贪惟狗马，宁是学盘盂。

骄取武库地，气凌辕下驹。淮南他日语，悔不共严诛。

（宋）宋祁《武安侯》

第一章　窦太后塞翁失马　魏其侯因言遭祸

这篇文章有两位主人公，魏其侯窦婴是汉景帝母亲窦太后的侄儿，武安侯田蚡（fén）是汉景帝老婆王皇后的同母异父的兄弟，把这两个人放在一起，主要是因为二人都是外戚，而外戚间以及外戚与刘氏皇权之间的互相倾轧（yà）排挤、争权夺利非常激烈，由此可见一斑。《史记》原文标题是《魏其武安侯列传》。

窦婴的爵号是魏其侯，窦婴的姑姑是汉文帝夫人、汉景帝母亲窦太后，他的父亲与窦太后是堂兄妹。窦太后原本是吕后的官女，吕后因为吕家宗族掌权，排挤了刘氏宗族，内心不安，千方百计地讨刘家人欢心。当时汉文帝还没有继位，在代地当代王。吕后把自己的官女挑模样好的分赐给刘氏诸侯王，窦太后的老家在赵国，她就想回老家一带，央求主管分配任务的宦官把自己的名字列在遣往赵国的名册中，可宦官将这事忘了，把她列入派往代国的名册中，等窦太后知道时已经晚了，因为宦官已把名册上报给吕后，并签字盖章了，没法更改，于是窦太后哭哭啼啼地上路了。

其实她这次是走运了，因为赵国作为诸侯国由历任赵王执政，一连三个赵王都被吕后杀死，他们分别是刘如意、刘恢和刘友。其中刘如意的死是因为其母亲戚夫人与吕后争宠，弄得高祖差一点把吕后的儿子汉惠帝废掉。高祖去世之后，吕后把戚夫人残害成"人彘"，又毒死了刘如意。刘恢和刘友是因为不喜欢吕氏宗族的女儿，被告了恶状，才被残害的。所以，窦太后没有嫁给赵王是她的福气。窦太后到了代王刘恒那里，得到宠爱，生下两男一女，长男是后来的汉景帝刘启，次男是梁王刘武，女儿为长（zhǎng）公主刘嫖。当时窦太后还不是正室，刘恒有皇后，可皇后病死了。当刘恒成为汉文帝时，皇后生的四个儿子相继去世，当大臣们请求册立太子时，刘启最长，于是刘启被立为太子，他母亲也顺理成章地成了皇后。汉景帝继位时，其母亲成为窦太后，窦婴就是她的堂侄儿。窦太后是汉初杰出的女政治家，左右了汉初的政策走向。

窦婴非常喜欢结交朋友，有很广的人脉。在汉文帝时代，窦婴做过吴王刘濞的丞相，吴王刘濞是高祖的侄儿，是"七国之乱"的倡导者，后来窦婴因为有病被免职。到汉景帝时代，窦婴担任詹（zhān）事，主管后宫、太子宫中的事务，这也是一种家里人担任的职务。窦太后有二子一女，长子为汉景帝，次子为梁王刘武，刘武深得窦太后的喜爱。偏爱幼子可能是天下父母的通病，管你是平民百姓还是政治家。

梁王有一次从封地回来向兄长汉景帝问安，两个人抛开各自的官方身份，只以亲兄弟的身份随便地喝酒。当时汉景帝还没正式册立太子，当酒喝得高兴时，汉景帝说："我去世以后把皇位传给弟弟。"这可能是酒喝多了说漏了嘴，可窦太后十分高兴，这样正合她的心愿。这话一出口后，窦婴就上前说："这个天下是由高祖打下来的，父子相传是祖宗家法，您怎么能擅自传给梁王呢？这事您也不能任性。"这句话给汉景帝解了围，或是提醒汉景帝话不能乱说，话一出口覆水难收。窦太后很生气，恨这个娘家侄儿，就开始找窦婴的麻烦，而窦婴也嫌官职太低，就推托有病，辞官不做了。太后索性把窦婴自如进出内宫的通行证也没收了。也有人说是把窦婴从窦氏家族除名了，不让他参加春秋两季朝见天子的盛典。不管是哪种说法，窦婴都被排斥出局了。

第二章　不爱财大将风范　耍小性沾沾自喜

汉景帝三年，汉朝发生了一起关系朝廷生死存亡的大事件——"七国之乱"。晁错是汉景帝在太子时代的老师，号称"智囊"，此人精通儒、法两门学问，是"跨学科专家"，但奉行的是法家思想。景帝继位以后，晁错被封为御史大夫，主管监察百官。晁错极力赞成、怂恿汉景帝削藩，也就是说，分封的诸侯势力太大了，不利于中央统治。大家知道，周朝灭亡是因为分封诸侯，最后势力坐大不服天朝管。当时人认为，秦朝之所以灭亡，是因为实行郡县制，没有分封宗族子弟，导致在农民起义时没有真心为中央出力的人。因此汉高祖刘邦就采取中庸之道，实行"双轨制"，既有郡县制又有分封制，希望用这种办法让汉王朝长治久安。郡县制非常利于中央集权，而分封制又能为刘姓保留一部分实力，若有外人反叛，看在同祖同宗的分上也能尽力维护中央。可事与愿违，这种政策实行几十年以后，分封的诸侯王血缘观念越来越淡薄，反而对扩充自身实力很感兴趣，各自形成独立王国，对中央阳奉阴违。其实在汉文帝时期，这一问题就已显露，只是文帝没有采取预防措施。到汉景帝时代，这个问题越来越不可回避。在这种大背景下，晁错提出削藩政策。

削藩是对的，可晁错提建议急，实施得也急。在中央还没有做好充分准备时，就采取这种策略，肯定要出问题。汉景帝与晁错没料到七国反得这么快、这么猛，猝不及防。当时七国打出一个极有策略性的口号"诛晁错，清君侧"，就是说他们不是反叛，而是皇帝身边出了奸臣，挑拨离间刘氏宗亲骨肉的关系，如今他们要替中央诛杀奸贼，就这样晁错成了替罪羊（此事详见《袁盎列传》和《刘濞列传》）。可杀了晁错，七国也没有撤兵，汉景帝这时才知道他们醉翁之意不在酒，自己枉杀晁错了，于是决定全力平叛。他把刘氏宗亲与窦氏家族的人认真地过了一遍筛子，认为窦婴最贤能，就召见并要起用他。窦婴坚辞，说自己有病难以胜任。

听说此事，窦太后也感觉难为情，当初因为窦婴直言劝谏而被排挤在外，如今国家有难又想用他。汉景帝最后说："天下大乱，你难道就眼睁睁地看着不管吗？"于是任命他为大将军，这是仅次于丞相的要职，赏黄金千斤。窦婴又举荐闲居在家的袁盎、栾布等名将贤士。他把景帝赐予的赏金放在走廊上，有军官经过，就让他们揣度自己所需任意取用，没有拿回家一点。这确实有大将军的风范——不爱财。窦婴带兵驻守荥阳，扼守住叛军偷袭长安的要道，周亚夫则率军在一线与敌军作战。破了七国叛军，班师回朝后，窦婴被封为魏其侯，他家门庭若市，很多人前来投奔做门客。每当汉景帝主持朝政，没有谁能与窦婴和周亚夫分庭抗礼。这时是窦婴人生最辉煌的岁月。

平叛"七国之乱"的第二年，汉景帝册立栗姬所生的儿子刘荣为太子，任命窦婴为太子老师，可三年以后太子被废。为什么呢？这个栗姬天性好妒，挺小心眼的。汉景帝的亲姐姐、长公主刘嫖工于心计，她为了巩固自己的地位，经常选一些漂亮女人给汉景帝。栗姬儿子刘荣被册立为太子时，刘嫖就想和她拉关系，把自己的女儿阿娇嫁给刘荣。栗姬看不惯她那占尽天下便宜的样子，把这门亲事推掉了，这就让刘嫖怀恨在心。当时还有一个王夫人，她生的一个儿子叫刘彻，就是后来的汉武帝，刘嫖又向王夫人提出嫁女要求，王夫人欣然答应，刘彻和阿娇的佳话就是"金屋藏娇"。平时王夫人也很大度，挺有人缘。刘嫖与王夫人联合谗害栗姬，说她为了夺宠，搞些邪门歪道，并辱骂其他妃子云云。阿娇与刘荣和刘彻都是姑舅亲，亲上加亲在当时是件美事，可栗姬因为小性儿树立了一个强劲的敌人。刘嫖是汉景帝的亲姐姐，影响力肯定很大，这样长时间的诋毁，导致汉景帝对栗姬有了看法。当然，很多话也未必真是无中生有，栗姬要不是一错再错，谗言也未必起作用。

有一次，汉景帝病得挺严重，就向栗姬嘱咐后事，意思是自己若有不测，让她照顾一下除刘荣以外的其他皇子。这是一种信任，可栗姬死活不吐口，后来一张口又出言不逊，汉景帝这下可生气了。他心想，我若死了，你可能把我其他儿子都杀了。以前有人说你心胸狭窄我还不信，这次可是真情流露。于是景帝基本上对她失去了信心。一个皇后，她不是一个普通的女人，需要有母仪天下的胸怀，她不能只从女人的情感考虑问题。只能说，栗姬的所作所为，离一个合格的皇后确实还有很大的距离。刘嫖整天夸赞王夫人的儿子刘彻有美德、有能力，汉景帝细心观察后也这么认为，但汉景帝还没有下决心改易太子。

王夫人知道景帝对栗姬怒气未消，就趁机点一把火，暗中唆使大臣请求立栗姬为皇后。有一次礼官提出"子以母贵，母以子贵"的理论，请求封栗姬为皇后。景帝认为这是栗姬背后收买人心的结果，一怒之下杀死了礼官，废掉太子刘荣，改立王夫人的儿子刘彻为太子，栗姬因此哀怨而死。在要废掉太子刘荣时，窦婴作为太子老师多次据理力争，可景帝主意已决，根本听不进窦婴的话。这件事对窦婴打击很大，他借口有病到乡下隐居了几个月。门客都劝他不要和皇帝使气，可窦婴挺犟，就是不回城。有一个叫高遂的劝道："能让您得到富贵的是皇上，能使您得到亲信的是窦太后。如今您作为太子的老师，太子被废不能以死劝谏，却推托有病隐居乡下，搂着美女过清闲日子，不去朝廷任职，把这两件事放在一起考虑，摆明了是对皇上有意见，这么做不是在宣扬皇上的错处吗？如果皇上与窦太后因此嫉恨您，想整治您，那么您的妻子、家族都危险了。"窦婴深表同意，就又正常上班了。作为国家公职人员，三番两次地称病闹意见，确实显得轻率。

当时有一个叫刘舍的被免除了丞相职位，他被免的原因比较荒唐，只是发生了一次日全食。当时人们认为这是老天向天子示警，通常皇帝就免除重要官员来挡灾。窦太后多次提到窦婴可以胜任丞相之位，汉景帝说："您难道认为我舍不得丞相印，不想任用窦婴吗？他沾沾自喜（成语"沾沾自喜"之源），器量狭小，办事轻率，不够稳重，难以担当丞相重任。"最终还是没有任用窦婴，而是任命卫绾为丞相。窦婴考虑问题不够周全，率性而为，作为政治人物，这是一大缺点。

第三章　靠裙带田蚡上位　儒法道三说争锋

花开两朵，各表一枝。再介绍一下田蚡。

武安侯田蚡，是刘彻之母王夫人的同母异父兄弟，也就是汉武帝的舅舅，他应该在为刘彻争夺太子位的过程中出过大力。王夫人的母亲叫臧儿，她先嫁给王仲生下王信、王夫人和王儿姁，王仲死后改嫁给田氏，生下田蚡、田胜。当初王夫人已经嫁给了金王孙为妻，可有人给臧儿占卜说，她的两个女儿都会成为贵人，她就把王夫人夺了回来，连同小女儿王儿姁一并送到了当时还是太子的汉景帝那里。王夫人得到宠幸，后来生下三女一男，男孩为刘彻。王夫人妹妹也生有四个男孩。当刘彻被封为太子时，王氏外戚势力开始抬头。在窦婴成为大将军、如日中天时，田蚡还不得志。那时刘彻还不是太子，田蚡只是汉景帝的一个随从。他极力巴结窦婴，经常去窦家陪酒张罗，在窦婴面前像子孙一样恭敬。到了汉景帝后期，田蚡开始得势，位列大臣，因为这时刘彻成为太子，田蚡的姐姐王夫人也成为王皇后了。一人得道，鸡犬升天，这是封建裙带关系的必然结果。

田蚡这人善于察言观色，口才很好，学过《槃盂》等经典著作。《槃盂》也叫《盘盂》，收录了刻在盘、盂等器皿上的铭文。据说这本书由黄帝的史官孔甲所著，用现在的话说，这本书汇编了各类名言警句，能给人提供警诫，属于座右铭类的书籍。王皇后认为田蚡有才，挺倚重他。汉景帝死后，汉武帝继位，当时他才十六岁，王太后摄政，怕人心不稳，就施行了一些镇压与安抚政策来收拢人心，许多主意都是田蚡同其门客策划的。田蚡后来被封为武安侯，田胜被封为周阳侯，都因为他们是王太后的兄弟。

田蚡想要当丞相，就开始沽名钓誉，对宾客谦虚有礼，并且推荐那些闲居在家的社会名流做官，想以此压倒窦婴。汉武帝正式执政的第一年，丞相卫绾因病被免职，汉武帝让大家推荐丞相和太尉人选，籍福劝田蚡说："魏其侯窦婴一直显贵，深得人心。如今您刚刚兴起，在各方面都比不上窦婴，即使皇上任命您为丞相，也应该让给窦婴。他若为丞相，您必是太尉，太尉与丞相同样尊贵，而您又有让贤的美名，不是很好吗？"田蚡于是通过王太后向汉武帝递话，窦婴成为丞相，田蚡当上太尉。籍福在向窦婴祝贺时趁机警告说："您天性喜欢善人，又疾恶如仇，如今好人称誉推荐，您才当上丞相。可是您太刚直，得罪了不少小人，小人又多，他们肯定会谗毁您的。您若能善待好人又能与恶人巧妙周旋，相信可保长久；如若不能，可能会因遭受诽谤而丢官。"窦婴没放在心上。

窦婴与田蚡都推崇儒家学说。他们推举赵绾与王臧做了大臣，这两个人都是大儒鲁申公的弟子。窦婴想推动儒家思想成为官方正统，重新制定礼仪。当时有许多人娶汉室公主为妻，这些人赖在长安不走，贪恋长安的繁华，不愿回各自的封地，窦婴命令他们返回封地，引起很多人的不满。此外，窦婴检举、弹劾（hé）窦氏宗族中违法乱纪的人，取消了他们的一些特权。这些措施得罪了一些既得利益者，这些人到窦太后那里告状。大家注意，虽然汉武帝继位了，但是窦太后对政局还是有极强的操控力，她是汉武帝的奶奶，历经三朝，大风大浪经历得多了。窦太后本身信奉道家学说，这是汉初五十年占统治地位的思想，它力求休养生息，以天下无事为福。这种思想是适合当时的客观现实的，在有利于统治阶级的同时，客观上为普通百姓做了好事。

那时的道家思想可不像后来那样成为寻仙访道、炼丹制药的圭臬（guī niè），当然，那时的道家也不全是老子的真实思想。为了巩固统治，肯定要进行变通，最正确的应该是"外道内法"。后来汉武帝的儒家也是"外儒内法"（《汉书·元帝纪》写道，汉元帝还是太子时，曾经对自己的父亲、汉武帝的曾孙汉宣帝从容地说："陛下持刑太深，宜用儒生。"宣帝作色说："汉家自有制度，本以霸王道杂之，奈何纯任德教，用周政乎？且俗儒不达时宜，好是古非今，使人眩于名实，不知所守，何足委任！"汉宣帝直言不讳地指出"汉家自有制度，本以霸王道杂之"，这一个"杂"字，道出了问题关键之所在。汉朝及以后的王朝统治者，在宣传上、学理上批判秦朝，但又知道秦朝的办法管用、有用、实用，可以说汉朝是"外表柔化了的秦朝"。也就是说，西汉王朝，从汉高帝到汉宣帝，即使汉初"无为而治"的道家思想，也不是纯粹王道。汉武帝时，虽然"独尊儒术"甚嚣尘上，但核心都是"法家霸术"。不过汉朝确实从秦朝的灭亡中吸取了惨痛的教训，他们不是纯用霸道，而是二者杂用之，不过有所偏重，从而呈现出差别罢了。汉武帝的"外儒内法"就是说，自己统治的手段是法家，但是在制定法律时，总是要披上儒家的外衣，这样在统治时就得心应手了，因为"名不正则言不顺，言不顺则事不成"，如果说法正大光明，就能达到最佳的统治效果。就拿文、景、武、宣四代来说吧，一般都认为"文景之治"时行王道，武、宣行霸道，其实这是从局部及表面来看，汉宣帝的这句话才是汉朝乃至中国两千年帝制下最根本的统治手段。汉黯就说汉武帝"内多欲而外施仁义"，可谓入木三分。汉武帝时代，丞相公孙弘及酷吏张汤之所以得到宠幸，很大的原因是他们摸准了汉武帝的脉，把汉武帝的决定，哪怕是错误的，哪怕是好大喜功的，都能用一种冠冕堂皇的话讲出来），法家是霸术。

中华大地经过了几百年的争斗拼杀，百姓确实厌战，讨厌统治者因为个人的穷奢极欲劳烦天下，可以说汉朝初期的"无为而治"是顺应天理人心的，得到了老百姓的拥护，也确实收到了显著效果。儒家的学说有的非常迂阔，但它强调"仁者无敌""以民为本"，这具有永恒的意义。强调礼法尊卑，这非常适合中央集权；强调"忠、孝、节、义"，也适合在太平时期统治万民。若是全世界人都能从心里信奉儒家学说，无疑会达到"大同社会"。只是以目前的客观环境来看，要想推行仁义，恐怕要以实力为后盾，不能靠单纯的道德说教，这不管用。当时也应该是这样，随着汉朝国力的强盛，大一统的观念开始深入人心。这篇传记不但描写外戚之间、外戚与皇权之间的争斗，也反映了执政理念、治国思想之争。

窦太后是道家学说的坚定支持者，又因为汉朝以"孝道"治理天下，母亲说话很有力度，所以在汉景帝时期，上至天子下至后宫、窦氏族人，都在学习道家学说，以便取悦窦太后。到了汉武帝时期，窦太后看窦婴、田蚡、赵绾、王臧等人大力宣扬儒家，贬低道家，心里就不痛快，这时又有人来说坏话，她更加不高兴。汉武帝建元二年（公元前 139 年），赵绾向武帝建议不要让窦太后、王太后裁断政事——这窦太后在那时相当有势力，王太后（*武帝之母*）也无法与之相提并论——这下老太太可真火了，把丞相窦婴、太尉田蚡、御史大夫赵绾这当朝最显赫的"三公"以及王臧全部罢免，进而又处死赵绾、王臧，任命许昌为丞相，庄青翟为御史大夫。这两个人平时应该是低声下气的，也应该是道家学说的信奉者。窦婴与田蚡都在家闲居，一场轰轰烈烈的政治革新被扼杀了。这是汉武帝第一次用儒家学说向文景年间占领统治地位的道家学说宣战，而且从汉武帝的性格来看，他也不会希望朝政让人把持，这也是一场权力斗争。

第四章　武安侯小人得志　魏其侯门可罗雀

　　田蚡虽然没有职事，可因为王太后的缘故，仍然得到宠幸，多次进言都被采纳，因此，那些势利小人都离开窦婴改投田蚡，换东家了。田蚡的势力仍在增长，也越来越骄横。汉武帝继位六年之后，窦太后去世，许昌、庄青翟因办丧事有过失被免官（这只是借口罢了）。田蚡被任命为丞相，韩安国被任命为御史大夫，这时，士人都来捧田蚡的场，而窦婴则"门前冷落车马稀"了。

　　韩安国学习《韩非子》及其他杂家学说，为人多大略，智谋足以迎合世俗。他虽然是一个精明的官僚，本身也比较贪财，但是不能不说他还是有忠厚之处的。他推荐的壶遂、臧固、郅他等人，不但都是廉洁的士人，而且才能都要高过自己，能有这种精神境界不简单，因此天下的士人都推崇他，即使汉武帝，也称之为"国器"，认为他是治国的大才。他本来是汉景帝亲弟弟梁王刘武的手下，在"七国之乱"中，梁国受到叛军的猛烈攻击，在周亚夫拒不发兵的情况下，险象环生。正是因

窦田列传

◎汉武帝时丞相情况简介（按时间排序）

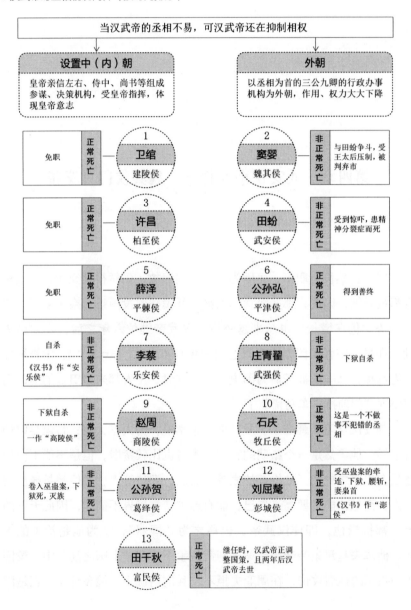

当汉武帝的丞相不易，可汉武帝还在抑制相权

设置中（内）朝
皇帝亲信左右、侍中、尚书等组成参谋、决策机构，受皇帝指挥，体现皇帝意志

外朝
以丞相为首的三公九卿的行政办事机构为外朝，作用、权力大大下降

| 1 卫绾 建陵侯 | 免职 / 正常死亡 |

| 2 窦婴 魏其侯 | 非正常死亡 | 与田蚡争斗，受王太后压制，被判弃市 |

| 3 许昌 柏至侯 | 免职 / 正常死亡 |

| 4 田蚡 武安侯 | 非正常死亡 | 受到惊吓，患精神分裂症而死 |

| 5 薛泽 平棘侯 | 免职 / 正常死亡 |

| 6 公孙弘 平津侯 | 正常死亡 | 得到善终 |

| 7 李蔡 乐安侯 | 自杀 / 非正常死亡 《汉书》作"安乐侯" |

| 8 庄青翟 武强侯 | 非正常死亡 | 下狱自杀 |

| 9 赵周 商陵侯 | 下狱自杀 / 非正常死亡 一作"高陵侯" |

| 10 石庆 牧丘侯 | 正常死亡 | 这是一个不做事不犯错的丞相 |

| 11 公孙贺 葛绎侯 | 卷入巫蛊案，下狱死，灭族 / 非正常死亡 |

| 12 刘屈氂 彭城侯 | 非正常死亡 | 受巫蛊案的牵连，下狱，腰斩，妻枭首 《汉书》作"澎侯" |

| 13 田千秋 富民侯 | 正常死亡 | 继任时，汉武帝正调整国策，且两年后汉武帝去世 |

198

为韩安国的持重，积极防御，才抵挡住了攻击，他因此名声大震。梁王因为恃宠而骄，在封地内出入都用天子的仪仗，遭到汉景帝的忌恨。其母窦太后知道景帝心中不快，也感觉梁王行事草率，就不接受梁王的问安。后来韩安国出使，通过梁王与汉景帝的亲姐姐长公主刘嫖，见到窦太后，替梁王道歉，化解了危机。梁王听信公孙诡、羊胜的鼓动，谋求太子之位，也妄图增加封地。他为了铲除异己，派刺客谋杀反对册立自己为太子的重臣，袁盎就是在这种背景下被杀的。后来中央追查到梁王头上，他还想包庇公孙诡、羊胜，韩安国听说后，劝梁王舍车保帅，否则梁王是"泥菩萨过河，自身难保"。最后梁王只好杀死二人，化解了危机，韩安国因此更被看重。

有一次，韩安国因罪被投入监狱，监狱长田甲侮辱他，他说："死灰难道不能复燃吗？"田甲说："火着起来我就撒泡尿浇灭它。"没过多久，韩安国又被朝廷重用。田甲听说后，逃跑了。韩安国说："田甲要是不回来做官，我就灭你的族。"田甲回来负荆请罪，韩安国说："你现在可以撒尿了！像你这样的人，怎么值得我惩治呢？"最终还是善待了他。这件事处理得很好，体现了他的宽宏大度。这样的小人只要让他知道教训就行了，没必要斩尽杀绝，污了自己的手。

后来，在汉武帝攻击匈奴的战斗中，韩安国被任命为将军。他不同意一味靠武力解决边患，认为利用"和亲"等怀柔政策的同时，保持武力威慑最好，不能像汉文帝、汉景帝那样，只是消极防守，委曲求全。汉武帝对匈奴一共发起十余次大规模的战争，最后弄得国疲民弱，这也不是好办法。人为什么总是不能把握好这个"度"呢？韩安国是个有战略眼光的人。

田蚡矮小丑陋，其貌不扬，因为生来富贵，养成了骄傲蛮横的性格。田蚡认为，那些刘姓诸侯王年龄都偏大，他们自恃是刘氏子弟，有些来头，总是一副高高在上的样子。而汉武帝年纪偏轻，自己又是靠裙带关系才当上丞相的，若是不用自己显贵的威势打掉那些人的气焰，可能无法让他们屈服。当时田蚡可真是意气风发，上奏的事情大多得到批准，推荐的人可以从平民百姓一下子当上秩二千石的高官，连皇帝的权力都被侵夺了。汉武帝问："你提拔完官员了吗？我也想任命官吏了。"这是明显的不满。田蚡曾经请求把"国家兵器制造厂"的一块土地划给他扩建住宅，汉武帝气得要命，说："你怎么不把武库一并划走呢？"田蚡这时才有所收敛。

为什么汉武帝说了这个话，田蚡才有所收敛呢？武库，包括前文提到的"国家兵器制造厂"，都属于"政治中心的中心"。为什么这样讲？所谓的"国家兵器制造厂"，应该指考工室。中国手工业史上的一部经典之作叫《考工记》，里面比较详细地记录了中国古代传统手工制造技艺，而青铜器的制造是书里的核心内容。秦汉时，"九卿"之一中有少府一职，秦末名将章邯就担任过少府一职。少府，官署名，也是官名，源出于周官太府，始置于战国，秦汉沿置，银印青绶，秩中两千石，掌管山海池泽之税，以供宫廷之用，属于皇帝的私府长官。当然，少府的职责包含许多方面，它有独立的行政管理系统，有众多属官。少府官署称少府寺，设于京师。考古工作者在汉未央宫前殿遗址西北八百八十米处发现一建筑遗址，出土数以万计的骨签和其他遗物。研究者认为，此处可能是西汉少府寺所在地，或为少府属下管辖各地工官的官署。少府下设许多科室，少府丞类似于总经理，还有尚书令（处理文件）、符节令（掌管印信）、太医令（保健医生）、太官令（后厨主管）、导官令（主管择米）、乐府令（主管音乐官署）、黄门令（宦官主管）等，机构设置得非常完善，其中也包括考工室令。汉武帝太初元年（公元前 104 年），考工室更名为考工，考工室令更名为考工令。考工室主要制作以兵器为主的器械，兼制作青铜器、漆器以及丝织品。

武库则是西汉贮（zhù）藏武器的仓库，由萧何主持修建。考古资料记载，武库呈长方形，东西向长度为 320 米，南北向长度为 800 米，总面积为 256000 平方米。按照一个标准足球场的面积 7140 平方米来计算，武库相当于 36 个标准足球场。武库内有隔墙，分成东、西两院，东院 4 个仓库，西院 3 个仓库，库房里紧密排列着放置各种兵器的木架。可惜的是，武库最后毁于王莽时期的战火。那么武库在什么位置呢？在汉都长安城未央宫与长乐宫之间（另说为未央宫的一部分），位于今陕西西安西北。

未央宫，萧何主持修建，在汉高祖五年（公元前 202 年）时，在秦国兴乐宫的基础上加以改建，汉高祖七年完工。建成之后，高祖认为过于雄伟，曾经责备萧何铺张浪费。长乐宫在未央宫之东，因此也称东宫。汉初时，皇帝在这里办公。汉惠帝时，皇帝办公室迁移到了未央宫，长乐宫改为太后的居住地。

处在未央宫与长乐宫中间的武库，是绝对的中心地带。虽然笔者不知道汉武帝时考工室的位置，但应该离武库不远，因为考工室是制造武器的工厂，武库是贮藏武器的仓库，从物流成本来计算，二者不应该距离太远。考工室隶属于少府，少府是皇帝的私产，因此，田蚡"尝请考工地益宅"，汉武帝大怒。原来，田蚡想要考工室的地盘，说是要搞房地产开发，给自己建造私宅，汉武帝这时才说，你干脆把武库也拿去开发个人私宅算了。

这是想要讲清一个事情，需要拓展出去的细节，不容易。通过这个细节也可看到，田蚡嚣（xiāo）张到了什么程度。

小人就是这样，稍微得意一点，尾巴就翘上天，找不着北了，现在，田蚡和汉武帝的矛盾也开始激化了。田蚡和自己的兄长吃饭时，自以为是丞相，地位高，坐在尊位（田蚡东向坐，坐在西边，是"鸿门宴"上项羽的位置。其同母异父兄王信南向坐，坐在北边，是"鸿门宴"上范增的位置）上毫不谦让。他日益骄横，修建的高屋大宅在长安首屈一指，抢夺肥沃的田园土地，派往各地购买当地特产的仆人络绎不绝，后房的女人数以百计，奇珍异品不可胜数，甚至在许多方面触犯了皇帝的专有权。这种人很难长久。

以汉武帝的为人，肯定不会满意他奶奶窦太后干涉朝政，也肯定会把窦婴划归窦氏家族，尽管窦婴在很多情况下以公事为重，并不袒护窦家人。会不会还有一个原因，就是窦婴曾是废太子刘荣的老师，在汉景帝决定废掉刘荣时窦婴曾拼命维护？如果窦婴的话被采用了，汉武帝恐怕也难有今天。他会不会认为窦婴对自己的继位耿耿于怀？反正是窦太后死后，窦婴更加被疏远，唯独灌夫将军一人依旧如故，窦婴整天闷闷不乐，只和灌夫交好。

第五章　失意人自尊脆弱　得志人跋扈飞扬

　　灌夫是何许人也？他原来姓张，从他父亲开始改了姓。他父亲叫张孟，是跟随汉高祖刘邦打天下的开国名将灌婴的门客，因为得到宠幸，才改叫灌孟。灌孟得到灌婴的推荐，当上了秩二千石的高官。七国反叛时，灌婴的儿子灌何做了将军，随周亚夫出征。他把灌孟提拔成校尉，随军到前线。灌孟年老体衰，本来不想去了，可灌何执意要他去，他因此郁郁不得意，常常主动冲锋陷阵，不想活了，最后死在阵前。这时他儿子灌夫也带了千余儿郎来到前线。按照军法规定，若父子二人共同从军，有一人战死，另一人可以扶灵回家。灌夫不走，他慷慨激昂地说："我要斩取吴王刘濞或者叛军将领的头，为父报仇。"于是灌夫披甲执戟，奋然上马，召集平时和他要好并自愿出征的几十人要去冲击敌阵，可出了营门，那些人就变卦了，只有两个人继续跟随。灌夫又带上自己的十几个家奴冲入吴军，一直冲到其指挥中枢。因为有重兵防守，他无法前进，就转回汉营。他只带一人回来，其余全部战死，自己也身受十余处重创，幸亏有良药才保住性命。病势稍稍好转，他又请战说："我已知道叛军营中虚实，让我再去一次。"灌何被他的勇气所感动，怕失去了他，就和太尉周亚夫讲，周亚夫坚决劝阻了他。平定叛乱以后，灌夫以此名扬天下。

灌何向汉景帝推荐灌夫，景帝任命他为中郎将，几个月以后，他就因为犯法被免职。他定居长安，长安的权贵名流没有不称赞他的。后来他被派往代国做代王的丞相。汉景帝死后，汉武帝继位，武帝认为淮阳郡四通八达，是一个重要的交通枢纽，应该有猛将镇守，于是任命灌夫为淮阳郡守。汉武帝建元元年（公元前 140 年），灌夫又被升为为皇帝掌管车马的太仆，这是当时九大"部长"之一。第二年，灌夫与窦太后的兄弟窦甫喝酒，醉酒后打了窦甫。汉武帝怕窦太后诛杀灌夫，出于保护他的目的，就把他派往远处为官。几年以后，灌夫又因为犯法被免职，就住在京城长安。

灌夫为人刚强爽快，借酒使气，不喜欢违背本意当面奉承权贵。对有势力的权臣贵戚，他不但不礼遇，反而想办法打击他们的嚣张气焰；对比自己地位低下的士人，越是贫贱越敬重，平等相待。这有点像关羽的秉性，在稠人广众之中，大力赞扬资历、地位低于自己的人，给他们出头露脸的机会，因此士人都称扬他。灌夫是一个欺强不凌弱的人，他不喜欢文学，听不了文绉绉（zhōu）的话，能急人所难，好打抱不平，一诺千金，答应了的事肯定办到。与他来往密切的，大多是豪杰恶霸。灌夫家财万贯，每天招待的人有几十上百，为人四海，可是这样也有一大弊端，就是其宾客、宗族倚仗他的势力在颍川（颍川是灌夫家族的势力范围，在今河南境内）横行无忌，侵占的田地山林不计其数，严重干扰了百姓的正常生活，成为当地的治安隐患。当地人不堪其扰，作歌道：

"颍水清，灌氏宁；颍水浊，灌氏族。""族"是"灭族"之意，体现了颍川百姓对他的不满。灌夫虽然富有，可失了权势，那些正在得势的宾客越来越少登门。窦婴失势后，想倚重灌夫去打击那些在自己得势时趋之若鹜（wù）、失势时掉头不顾的宾客，而灌夫也认为自己虽富不贵，想要靠窦婴皇亲国戚的身份去结交名高权重、与自己脾气相投的人来抬高名望，两人互相倚重，形同父子，彼此投机，相见恨晚。

　　有一回，灌夫丧服在身，去拜访丞相田蚡，田蚡说："我想与您一起去拜访魏其侯，可是您在服丧期间无法出访。"灌夫说："您若想惠顾魏其侯，我肯定跟随，怎能以丧服在身来推脱？我去告知他，让他备办酒席，明天您早点来。"田蚡答应了。灌夫到窦婴那里把田蚡要造访的事说了，这时窦婴失势，当朝丞相能来是莫大荣幸，他与夫人赶忙备办酒席，又把庭院打扫干净，整治这些忙到了天亮，又赶忙让家人到门口迎接，可到了中午，田蚡也没来。窦婴说："难道丞相忘了约会吗？"灌夫很不高兴，说："我不顾丧服在身前来赴约，他也应该来的，我去看看。"于是灌夫驾车去见田蚡，其实田蚡根本没有去的意思，昨天只是说说而已。灌夫到他家时，田蚡仍在睡觉，灌夫强压怒火，说道："丞相昨天答应去魏其侯家，他们夫妻二人忙了整整一夜，就为了置办宴席，至今未曾进食。"田蚡愕然，忙道歉说："我昨天喝醉了，一下子忘了和您说过的话。"于是起身梳洗，慢腾腾地上路了。灌夫更加恼怒，他在酒酣之时，起身舞剑助兴，用话敲打田蚡。窦婴赶忙把灌夫送回家，对田蚡说他这人就这样，喝完酒就失态，别放在心上。田蚡饮到半夜，虽然表面上其乐融融，可双方已经埋下了仇恨的种子。

第六章　索良田矛盾激化　闹婚宴灌夫骂座

田蚡曾派籍福向窦婴要一块田地，窦婴怒道："我虽说是'落魄的凤凰不如鸡'，可丞相就能仗势欺人吗？"他不同意。这不是一块田地的事，而是涉及尊严的事。灌夫知道后，大骂籍福。籍福虽然游走于权贵之间讨生活，倒也是一个息事宁人的，他怕两人产生矛盾，于是编好话欺骗田蚡："我看窦婴年老体衰，快要死了，没好意思张口。我们再等等吧。"可田蚡后来还是知道了真相，也怒道："窦婴的儿子曾经杀人，是我田蚡救出来的，我对他窦婴也算仁至义尽了，他怎能爱惜几亩薄田呢？"由此，他更加怨恨窦婴与灌夫，双方的矛盾明朗化了。

后来，田蚡向汉武帝进言说，灌夫一家在颍川横行霸道，百姓苦不堪言，请查办他。汉武帝说："这是丞相职责所在，用不着请示。"灌夫也不甘示弱，他收集了许多田蚡贪污受贿，与淮南王勾结的秘事，双方针锋相对。后来，双方门客怕事情闹大，两败俱伤，于是居中调停，双方才各让一步，暂时化解仇怨。这第一次交锋，双方打了个平手。

在这之后，田蚡娶刘氏宗族女儿为夫人，他姐姐王太后亲自下诏，让当朝权贵都去祝贺，力争让婚礼风光。窦婴在赴宴时拐到灌夫家，要和他一起去，灌夫推辞说："我多次因为酒后无忌得罪了田丞相，最近我们又发生了那件事，我还是不去为好。"窦婴说："你们的事已和解了。"硬是把他拉去了。酒喝得差不多了，田蚡亲自敬酒，被敬者都离开座席以示尊敬，这是当时的礼节——避席。过了一会儿，窦婴也起身敬酒，但只有一些老朋友离席谦让，其他人只是直腰欠身，并没有离开座席。

灌夫看在眼里怒在心头，他也挨个敬酒，到田蚡时，田蚡跪在席位上说："我酒量有限，不能喝了。"灌夫恼怒，认为不给面子，嘲弄道："您是贵人，肯定海量，您干了这杯吧。"可田蚡说什么也不肯。灌夫又来到灌贤桌前敬酒，灌贤当时正与武帝时名将程不识耳语，而且他又不起身"避席"，灌夫憋的满肚子火终于发泄了。他骂灌贤（灌贤是灌婴的孙子，灌夫父亲灌孟就是灌婴的门客并被赐姓"灌"的，两人也算同族了，可能按辈分或年龄来说，灌夫要大一些，所以灌贤应该对他尊重些）："你平日里把程不识贬损得一文不值，偏偏在长者敬酒时，你要学习女儿家咬耳朵，嘀嘀咕咕的，什么意思？"田蚡道："程不识与'飞将军'李广是同僚，您当众辱骂程不识，难道就不照顾一下李广的面子吗？"可见当时李广非常受人尊敬。

可灌夫不吃这一套，他说："我今天宁可一死，还管什么程不识、李广呢？"其他宾客见势不妙，纷纷以上厕所为借口离开。这属于灌夫搅局，在婚礼上确实不该。窦婴怕这样搞下去难以收场，赶忙把灌夫拖了出去，可田蚡真怒了，他说："灌夫如此放肆，都是因为我太纵容他了。"他命令卫士抓住灌夫。籍福赶忙起身打圆场，按住灌夫的脖子让他给田蚡道歉。许多人喝完酒什么都能做，就是不能谢罪，灌夫就是不服软。田蚡命人把灌夫捆起来押到招待所，并把长史——类似于自己的办公室主任叫来，吩咐说："我今天邀请贵戚宗室，是奉了王太后的诏令。"于是把灌夫的罪名定为"大不敬"，这属于轻视皇上和太后，罪够大的了。接着，又开始翻灌夫的旧账，把他的亲属都缉拿归案，全都判了死刑（成语"灌夫骂座"之源）。

窦婴十分惭愧，如果不是自己强行把他带来，也不会闹成这样。他花了大量的钱去打通关节，可是没有用。田蚡的手下都充当田蚡的耳目，纷纷抓捕灌氏族人，族人能跑的都跑了，而灌夫又被拘禁，这样就没人能告发灌夫收集的田蚡所做的恶事了。这一事件的发生，窦婴也有责任，他没有做到"知彼"，他应该知道灌夫"因酒使性"，而田蚡"尖酸忌刻"，这两种人的恩怨哪能轻易了结呢？带灌夫参加酒宴实属大错。但正是因为有这种本性，逃过初一也难逃十五。每个人要为自身的弱点负责。

窦婴为解救灌夫不顾一切地奔走，夫人劝道："灌夫得罪了田蚡，和太后家族对着干，能救出他吗？您这么奔走不会引火上身吗？"窦婴说："这个侯爵是我流血流汗挣得的，大不了再失去它，也不打紧，我终究不能眼看着灌夫去死。"于是他背着家里人向汉武帝上书解释这件事。他说灌夫只是酒后无德，可罪不至死。汉武帝也深表同情，把窦婴召进宫中赏赐酒食，然后说："我们到太后那里把这事辩解清楚。"于是他们到东宫讨论"灌夫事件"。

第七章　为灌夫宫廷辩论　想抽身为时已晚

窦婴等人到了王太后宫中，窦婴极力称赞灌夫的长处，说这次事件是他酒醉后无法控制情绪引起的，虽然有错，但属无心之失，可是丞相田蚡因为别的事诬陷灌夫。田蚡则把灌夫的短处有的没的说了一大箩筐，主要是说灌夫横行乡里，大逆不道云云。窦婴看风向往田蚡那面转，自己的势力确实弱，就揭发田蚡贪赃枉法的阴事。田蚡说："我田蚡确实有过错，但我喜欢的不过是声色犬马，过错是贪图享乐，所幸天下太平无事。我不像窦婴与灌夫二人日夜召集天下豪杰壮士商议国家大事，腹诽心谤（成语"腹诽心谤"之源，指嘴上不说，心里不满），不是仰观天文就是俯察地理，派人窥视朝廷，希望天下有变，他们好做成大事。我真不知道他们到底想干什么。"田蚡这么说就是血口喷人了，他把两人喜欢结交宾客说成密谋造反。不过招聚门客确实还有战国四公子的遗风，不符合汉武帝追求大一统的政治理念。

汉武帝问群臣："这两人谁说得对？"御史大夫韩安国说："窦婴说

209

灌夫的父亲为国战死，灌夫本人也曾率人与叛军恶战，身遭数十创，勇冠三军，这种壮士并无大恶，说他密谋造反好像站不住脚。好酒使性这是错，但不应该用别的事来诛杀他，窦婴的话对。丞相田蚡说灌夫结交奸猾之徒，侵占百姓权益，家财万贯，横行乡里，又触犯权贵，欺凌宗室，这是所谓'尾大不掉，末大必折'，这样对国家未必是福，丞相的话也对。至于是非曲直，还是由皇上判断为好。"这个老滑头两头不得罪，但实际上是为田蚡说话。当时最敢说话的主爵都尉汲黯肯定窦婴，长安行政长官郑当时也肯定窦婴，可又不敢坚持意见，其他人都是沉默的羔羊。

汉武帝怒骂郑当时说："你平时私下里常常评论窦婴与田蚡的功过是非，可如今当着满朝文武的面，就吞吞吐吐，不敢坚持己见了。我早晚把你们这些畏首畏尾的人一并杀掉。"汉武帝先是不满奶奶窦太后干政，现在她死了，他又不满母亲王太后及舅舅田蚡一伙人把持朝政，这次本来是想借着这件事打击一下母族的嚣张气焰，可是大臣都心存顾忌，不敢畅所欲言，他才发怒。

汉武帝罢朝后进内宫去见母亲王太后，侍奉她进食，她也早派人去打听外殿辩论的情况，心中有数了。当汉武帝把情况说明后，她放下饭碗不吃了，气鼓鼓地说："如今我还活着就有人欺凌我弟弟田蚡，若我不在了，我们娘家人都要任人宰割了。你难道是没有感情的石头吗？对自己舅舅遭人诽谤就无动于衷吗？你在世时，大臣们就如此骄横放纵，假使你不在了，这些人还不反天了吗？"汉武帝道歉说："窦婴与丞相都属外戚，所以让他俩当庭辩论，否则，只用一个法官就可判决这事了。"后来又有人进言袒护田蚡。

田蚡出去后，让韩安国坐他的车。田蚡怒道："我与您共同对付的是一个退休在家的糟老头子，您怎么首鼠两端（成语"首鼠两端"之源，指迟疑不决或动摇不定），不敢坚持原则呢？"韩安国也哑口无言，好一阵儿才说："您怎么不知自爱？窦婴诋毁您时，您应该立即解下丞相印信，做出辞官不做的样子，说：'我因为是皇上的亲信才忝（tiǎn）居丞相一职，本来就不胜任，窦婴说得是。'若是这样，皇上必定会认为您谦让，他肯定不会废弃您，这样我也好进言。而窦婴在这种情况下肯定羞于见人，躲起来自杀。可是窦婴诋毁您，您也反唇相讥，好像商人或女人吵架一样，这真失丞相的身份。您这么不识大体，让我怎么当场为您辩护呢？"田蚡谢罪说："当时情况紧急，没考虑那么多。"

因为大臣们都不敢得罪田蚡，汉武帝也屈服于王太后的压力，所以他只好派人责问窦婴，为什么他为灌夫辩护的话与事实不符。经查，灌夫确实做了很多违法乱纪的事，可是窦婴故意编织谎言欺骗皇上，于是窦婴也被关进了监狱里。汉景帝在世时曾给窦婴下遗诏说："你若是认为有什么事不合适，可以直接向皇上汇报。"等到窦婴被拘捕，灌夫一家也要被处死，而大臣们不敢仗义执言时，窦婴便让自己家人把汉景帝留下遗诏的事说了，请求再见汉武帝。汉武帝派人到档案馆查询，发现并没有留下窦婴所说的遗诏备份，只有窦婴的管家保存了一份，于是田蚡指使人弹劾窦婴矫诏，应当斩首。后来灌夫一家被处决，过了很久以后窦婴才知道，他非常恼怒，因此中风。他想绝食自杀，后来听说皇上无意诛杀自己，于是又开始吃饭。而田蚡散布谣言说窦婴对皇帝不满，汉武帝听到谣言后，就下令把窦婴处斩了。这一年是汉武帝元光四年，即公元前131年。

没过多久，田蚡也病了，大呼"我有罪，我服罪"，于是家人找跳大神的来看，巫师说窦婴与灌夫死得冤，前来索命。后来田蚡不治身亡，其子田恬继承侯位。汉武帝元朔三年（公元前 126 年），田恬进朝时衣冠不整，被取消了爵位。非常微妙的是，此年王太后去世。应该是她去世后，汉武帝才对田恬下手。

后来，淮南王刘安（刘安组织宾客编写了一部《淮南子》。他是汉高祖刘邦的孙子，他的父亲刘长是汉文帝时期在被流放四川的途中去世的。据说刘安的宾客发明了豆腐）意图谋反，事情败露自杀而死。《史记》中说刘安有一次朝见汉武帝，作为太尉的田蚡倾力巴结，亲自到长安郊外迎候，又说："如今皇上没立太子，而您贤能，又是高祖的孙子，一旦皇帝去世，您是最有资格继位的。"淮南王大喜，送给田蚡大量金珠财宝。汉武帝只是因为母亲的原因才迁就田蚡，惩治窦婴也是违心的，后来听说他收受淮南王的贿赂，就说："假使田蚡还在，恐怕要被灭族了。"这恐怕未必是史实，因为汉武帝虽没立太子，但当时二三十岁正值壮年，晚立太子也没什么。不过，田蚡结交诸侯王的事应该是真的。司马迁极其鄙视田蚡的为人，这恐怕是借武帝之口表达自己的愤怒。

如果读者们看到下面这个故事，就会更进一步理解司马迁对田蚡的鄙夷、憎恶，甚至说，任何一个有点良心的人，都会对田蚡产生无法抑制的厌恶。

在中国历史上，黄河泛滥自古有之，在西汉时就如此。汉文帝前元十二年（公元前 168 年），黄河在酸枣县（今河南延津西南）决口，在东郡白马县（今河南滑县境内）的金堤也冲溃了。当时，东郡、魏郡、平原郡界内黄河两岸，都有石筑的大堤。这些大堤高者至四五丈，因修筑得很坚固，因此被称为金堤，也称千里堤。当时东郡大量征发百姓堵塞决口。到了汉武帝元光三年（公元前 132 年），黄河在瓠（hù）子（也称瓠子口，在今河南濮阳西南）决口，流向东南，注入巨野泽（又名大野泽，约在

今山东巨野北部）。接着，洪水注入淮河、泗水，黄泛区波及多个郡县，
给百姓带来极大的痛苦。

汉武帝派汲黯、郑当时征发民夫堵塞决堤，但刚刚堵塞住，随即又
被冲垮。这时，武安侯田蚡做丞相，他的食邑在鄃（shū）县。鄃县在黄
河以北，黄河决堤向东南泛滥，鄃县没有遭灾，他的食邑年年丰收。田
蚡对汉武帝说："江河决堤都是天意，不能轻易用人力强行堵塞，强行
堵塞未必符合天意（江河之决皆天事，未易以人力为强塞，塞之未必应
天）。"而方士、术士之流可能都被田蚡收买，也持这个论调。于是，汉
武帝相信了这些歪理邪说，很长时间不再从事堵塞决堤之事。

自从瓠子决口之后，又过了二十多年，农业因此连年歉收，梁、楚
之地尤其严重。梁、楚是西汉的封国，梁的治所在睢阳（今河南商丘
南），楚的治所在彭城（今江苏徐州）。元封元年（公元前 110 年），汉武帝
到泰山、梁父山举行祭祀天地的封禅大典。这次封禅的好处是，汉武帝
得以体察民情，"问百年民所疾苦"，了解了瓠子决口的真相。他在此后
创作的诗歌中有"不封禅兮安知外"之语，应该就指这件事。第二年，
即元封二年（公元前 109 年），天旱少雨，汉武帝到了瓠子决口之处，沉
白马、玉璧于河中祭祀河神，任命汲仁（汲黯之弟）、郭昌征发数万卒堵
塞瓠子决口，汉武帝命令群臣及侍从官员从将军以下都背草填塞决口。
当时，东郡人用草做燃料，因此柴草缺乏，于是把淇园（以产竹著名，在
今河南淇县附近）的竹子运来，做堵塞决口的竹楗（jiàn）。据《元和志》
记载，李冰曾做楗尾堰，以防江决，大致方法是，破竹为笼，圆径三
尺，长十丈，装以石头，一层层垒起来以堵水，此为"下竹为楗"之
法。又据《汉书·沟洫志》，汉成帝建始四年（公元前 29 年），黄河决
口，王延世塞以竹落，长四丈，大九围，盛以小石，用两只船夹载而沉

入水中，即为下竹楗。在汉武帝时代，似乎应该是采用李冰的做法。总之，终于堵住了瓠子决口，梁、楚之地又得到安宁，没有了水灾。汉武帝又命人在上面建造了一座宫室，叫作宣房宫。

这些事都记载在《史记·河渠书》中，司马迁也是历史的见证人，他也随天子背草堵塞过决口，因此，他对田蚡之害更有切肤之痛。

尽管窦婴、田蚡都是外戚，可窦婴身上有士文化之风骨，有大将风度，有超越物质追求的胸襟，而田蚡就是一个自私自利的物欲化动物，贪财、好色、爱饮，任何一个时代，如果有这样的丞相，都是这个时代的巨大悲哀。

第八章　诸侯王几乎玉碎　外戚家难得瓦全

这就是窦婴与田蚡之间的恩怨，但是他们还只是前台人物，真正的斗争其实更加复杂。即使在歌舞升平的"文景之治"时期，统治阶级内部也是你死我活。在这里，笔者有必要把汉初的政治斗争再梳理一遍。汉高祖刘邦建汉之后，吸取秦朝灭亡的教训，实行郡县制与分封制并行的体制，以防备天下人的叛乱，同时对异姓诸侯王实施严酷打击，先后杀掉韩信、彭越、英布，俘虏燕王臧荼（其孙女臧儿的女儿是王太后，臧儿也就是汉武帝的姥姥），逼得韩王信（战国七雄之韩国贵族后裔，后来被汉朝军队杀死。其曾孙是韩嫣，汉武帝的宠臣）、燕王卢绾［与刘邦是发小，两人同年同月同日生，一起读书，亲密无间。臧荼被俘后，卢绾被任命为燕王，守卫在东北部边疆。前文提到过，韩信被杀就是因为想与陈豨里应外合造反。陈豨是代国、赵国的边防军司令，在赵地、代地谋反，刘邦亲自带兵击溃其主力，但是并没有彻底消灭，就转身回到南方平定英布叛乱，留下樊哙继续歼灭叛军。卢绾也派兵攻打陈豨，陈豨无奈之下，向匈奴求救。匈奴盘踞在汉王朝疆域以北，平时就虎视眈眈，经常掠夺汉朝百姓。当陈豨的使者王黄到达匈奴时，卢绾也派心腹张胜到了匈奴，对匈奴说陈豨已败，想制止匈奴发兵。这时臧茶的儿子臧衍也在匈奴，他对张胜说："您之所以得到卢绾的器重，就是因为熟悉匈奴的情况；燕国之所以受到刘邦的重视，长久存在，就是因为国家多难，诸侯反叛，刘邦应接不暇。如果说非得消灭陈豨，那么下一个被消灭的目标恐怕就是燕国了，您也难逃被俘虏的命运。您为何不叫卢绾暂缓进攻，留有余地呢？"他的意思是让燕国不要赶尽杀绝，让陈豨长期流亡，或者与匈奴联合，长期保持对汉朝的威胁，以此保存燕国。张胜认为有道理，就擅作主张，要求匈奴帮助陈豨攻打燕国。卢绾听说后，怀疑张胜和匈奴勾结，就向刘邦上书，请求诛杀张胜。当张胜回到燕国，把自己的想法说明后，卢绾也认为有道理，就放了张胜的家属，让张胜一家与匈奴保持接触，同时派心腹范齐与陈豨联系，让他保存实力，也好把这场战争打下去。说实话，卢绾这种想法自私自利，他被刘邦大杀功臣的行为弄得风声鹤唳，想靠这种方式给自己留一手。后来，陈豨被樊哙击毙。陈豨的部将投降后，就把卢绾和陈豨勾结的事讲了出来，刘邦听后，就派使者传话让卢绾到中央，卢绾有心病，哪敢去，就推病。刘邦又派审食其、赵尧亲自去请，卢绾私下说："被封的异姓诸侯王中只有我和长沙王吴芮（英布的老丈人，后来英布兵败之后，逃到长沙，被吴芮之子吴臣诓骗杀害）还在。去年，诛杀韩信、彭越，都是吕后的计谋。现在皇上病了，把国政委托给吕后，吕后是个妇道人家，只想诛杀诸侯王和功臣。"于是，他还是称病。世界上没有不透风的墙，卢绾的从人大多逃逸，卢绾的话就传到了审食其的耳朵里。审食其回到中央后，就把听到的话告诉刘邦，刘邦异常恼怒。后来又听说张胜逃到匈奴，刘邦说："卢绾真反了。"就命令樊哙攻击燕国。卢绾真没有反心，可是现在百口莫辩，他带着自己的家属、宫人和几千骑兵，驻扎在长城一线，想等刘邦病愈，自己进宫谢罪。结果刘邦去世了，卢绾知道一切解释都没用了，只好逃到匈奴。在匈奴他受到欺凌掠夺，时常想念汉朝，最后郁郁而终〕逃亡匈奴。当刘邦做完这些事后，心里才踏实一点。他最后留下了"非刘氏不得为王，非有功不得为侯"的政治遗嘱，也留下了"安得猛士兮守四方"的千古遗憾。

刘邦去世前几年，宠爱戚夫人生的刘如意，认为吕后生的刘盈子不类父，可惜刘盈羽翼已成，加上吕后、张良、"商山四皓"的积极谋划，刘邦也无可奈何。吕后上台后，把戚夫人残害成"人彘"，随后杀死三个赵王：刘如意、刘恢、刘友（都是刘邦之子），汉惠帝的大哥刘肥也差点被毒杀，最后奉献若干城池，才逃过一劫。汉惠帝在位七年后死去，吕后执政，想要分封吕氏为王。当时文官以陈平为首，武官以周勃为首，他们或者出于明哲保身，或者出于见风使舵，或者出于深谋远虑，反正是看着吕后大封自己的家族。但这明显违背了刘邦的"非刘氏不得为王"的遗嘱，再加上吕后为人刚毅，杀了刘氏许多人，刘氏家族怀恨在心，伺机反扑。吕后死后，刘氏宗族和大臣联手消灭吕氏宗族。为了彻底消除吕氏的影响，陈平和周勃等大臣杀死了汉惠帝的儿子，拥立了刘邦的儿子代王刘恒为汉文帝。

汉文帝是黄老思想的信奉者与实践者，他在位时国家基本无事，经济复苏，但是在平静的湖面下隐藏了重大的政治漩涡，原因就是中央集权与诸侯势力之间过大的矛盾。刘邦当时打了如意算盘，认为外人靠不住，如果都是刘氏当诸侯王，预留王牌，国家必定固若金汤。谁知几代之后，刘氏之间的骨肉亲情早就淡了，大家更关心的是自身利益。在汉文帝时期，贾谊就上书削藩，可是汉文帝以天下无事为福，采取怀柔政策，进行道德感化。汉景帝时期，忠心为国同时犯有"革命急性病"的晁错对客观环境估计不足，把削藩当作国家的当务之急，引起了"七国之乱"。晁错用自己的鲜血来成就自己的理想。他被杀害后，七国并没有停止军事行动。在窦婴、周亚夫的主持下，汉军平定了叛乱，度过了汉初重大的政治危机。

汉景帝时代，很有悬念的是"立嗣"问题。大家知道，窦太后是汉初杰出的女政治家，她在汉文帝朝当了二十三年的皇后，在儿子汉景帝朝当了十六年的皇太后，在孙子汉武帝朝当了六年的太皇太后，是影响汉朝政治走向的人物。窦太后有三个孩子，女儿是长公主刘嫖（*武帝的姑姑，也是丈母娘，"金屋藏娇"主人公阿娇的妈妈*），两个儿子是汉景帝和梁王刘武（*"梁园虽好，不是久恋之家"这一典故中梁国的产权人*）。她十分喜欢小儿子梁王，想让汉景帝立弟弟梁王为继承人，但是这个想法遭到大臣的反对，因为这不符合礼法。汉景帝也是千不肯万不愿，但是汉朝强调以"孝道"治天下，母亲的话很有分量，他表面上虚与委蛇，实际上非常忌恨梁王。后来，汉景帝立了栗姬生的刘荣为太子，可是栗姬不懂策略，授人以柄，被刘嫖与王皇后联合打败，汉武帝刘彻继位。

刘彻登基时只有十六岁，但已表现出过人的才智。他想"尊儒"，但是汉初一直奉行"道家学说"。当时汉朝受到匈奴攻击，一味委曲求全，他想"大有为"，但是这时窦太后还有极强的掌控力。她是一个道家思想的实践者，不太喜欢儒家那一套，因此汉武帝与窦太后的矛盾凸显。后来，有人提出不要让窦太后干政，结果他们低估了老太太的能量，窦太后反扑，把"三公"——丞相窦婴、太尉田蚡、御史大夫赵绾全部罢免（*这三人是儒家信奉者*），最后还杀了赵绾和王臧。汉武帝第一次尊儒失败。窦太后的巨大影响力也让汉武帝之母王太后十分忌恨，本来应该是自己的天下，可是因为老婆婆在头上，自己还得当低眉顺眼的小媳妇。窦太后在汉武帝继位六年之后去世，王太后的势力正式抬头。

　　王太后先是罢免了窦太后任用的丞相许昌、御史大夫庄青翟，然后又把目标对准了窦家最有影响力的窦婴。虽然窦婴以公事为重，并不是唯窦太后之命是从，可他是窦太后的侄子，又当过大将军和丞相。擒贼先擒王嘛。所以说，窦婴与田蚡的矛盾不是表面所显示的那样，其实是几个势力集团的博弈。此时，汉武帝与母亲王太后的矛盾也摆到了台面上。

　　司马迁评论道：窦婴与田蚡都是因为裙带关系才得以任用，灌夫因为勇敢得以名显天下。窦婴是在"七国之乱"时凭借军功得到封赏的，而田蚡未有丝毫建树，只是靠着姐姐王太后才飞黄腾达的。当时窦太后已死，王太后势力大涨，可是窦婴不知时变，灌夫不知如何待人接物，只知好勇斗狠，逞强好胜，酒后无德，两人互相倚重，酿成大祸。田蚡自恃显贵，玩弄权术，陷害两位贤者，小肚鸡肠，只因一点小事就要让人家破人亡，呜呼哀哉！灌夫因为迁怒于人，横行乡里，后来被田蚡抓住把柄置于死地，呜呼哀哉！灌夫不能控制好自己的情绪，既害了自己，又连累了窦婴，难道灾祸的产生不是都有其原因的吗？

汲郑列传

汲黯刚纯社稷臣，张汤巧诋更平津。
贤人所贵忠邪异，惜对君王论未伸。

（宋）刘挚《汲黯》

是非曲直论亲疏，长乐宫里汉律虚。
不作安国两头鼠，就为当时辕下驹。

嗣敏戏作咏史诗《郑当时》

第一章　社稷臣不惧生死　话干脆直言不讳

　　本篇是汉朝两个敢于直言劝谏的大臣汲黯与郑当时的合传。汲黯字长孺，濮阳人。从汲黯上推七代，代代都是卿相的高位。因为父亲有功劳，汲黯在汉景帝时代当太子刘彻（后来的汉武帝）的侍从人员，辅佐太子。他为人严肃，不苟言笑，别人都敬畏他。汉武帝继位以后，汲黯成为主管收发、传达公文命令的谒者，也属侍从人员。当时有一个东越国（在今浙江省境内），是越王勾践的后裔，它名义上服从汉朝。在"七国之乱"时，东越国曾响应吴王刘濞谋反，后来刘濞失败，就逃到了东越国。东越王为了将功折罪，袭杀了刘濞，这样，汉朝中央就没有攻击他。汉武帝时期，东越国发生内乱，武帝派汲黯去视察，可他走到会稽郡界就回去了，说："越人互相攻击，不足为怪，那儿的习俗就这样，不值得麻烦我们朝廷派使者去处理。"

　　河内郡发生了重大的火灾，有千余家受灾，武帝派汲黯去巡察，汲黯回来汇报说："平民百姓家里失火，房屋相连才引起火势蔓延，不值得忧虑。但路过洛阳一带时我发现，百姓贫苦，偏偏今年又遭灾，雪上加霜，有一万户左右受灾，甚至出现父子相食的惨剧。我拿着您赐予我的皇帝权杖命令官府开仓赈（zhèn）济百姓，我现在归还符节，也愿承担假传圣旨的罪责。"武帝认为他心怀百姓，没有追究，任命他为荥阳（此地是楚汉战争主战场）县令。汲黯认为当县令是耻辱，就假托有病回乡隐居，武帝听说他感到不平，就提升他为中央掌管议论、品评人事的中大夫。因为他说话不讲情面，武帝受不了，就把他派往东海郡当郡守。

汲黯信奉道家学说，主张清静无为，他选择能贯彻自己思想的部下，把政事都委托给他们。汲黯处理政事总是抓主要矛盾，不苛求小节。他身体不好，经常躲在卧室里，但因为用人得当而且执政理念对头，各机构运转正常。一年以后，东海郡太平安定，百姓安居乐业，他被人称赞。武帝听说他的政绩后，把他提升为类似于人事部部长的主爵都尉［原名主爵中尉。汉景帝中元六年（公元前 144 年），改称现名。汉武帝太初元年（公元前 104 年），更名为右扶风，治内史右地，成为"三辅"行政长官之一。简单地说，首都地区由一个市长分为三个市长，右扶风是其一。此时，其业务与主爵都尉原来的主要业务完全不同，此前主管列侯封爵之事］，是当时的部长级官员。汲黯处理政务尽量简约，从不好大喜功，爱抓主要问题，不拘泥于繁文缛节。

汲黯为人倔强，不讲求繁文缛节，敢于当面对质，提出反对意见，不能容忍别人的过失。和自己兴趣相投的他就以礼相待，"道不同不相为谋"的则拒之千里，因此不能团结大多数，有一点孤芳自赏的意味。但是汲黯好学，有侠气，注重节操，有修养。他喜好直谏，因为坚持原则多次让武帝难堪。他非常仰慕袁盎、傅柏这些直谏敢言、有侠骨英风的人物，和灌夫、郑当时等人要好。由于他说话直来直去，官运也是一波三折。

当时，汉武帝的舅舅田蚡当丞相，权势熏天，即使"部长"级的人物去拜访他，他也不以为意，爱答不理的，然而汲黯去拜访他时，从来不行跪拜礼，只是拱手行礼，他也不敢怎样。汉武帝召集一些当世大儒讨论时事，他说："我想提倡儒家'王道'思想，效法尧、舜、禹，如何……"他刚想往下说，汲黯打断说："您内心欲望强烈，表面上又想推行仁义道德（内多欲而外施仁义），怎么能达到'王道'的境界呢？"武帝默然，气得脸色大变，起身离开。他对左右说："汲黯真是太愚直了。"群臣都替汲黯担心，也有数落他的，他说："天子设置公卿大臣辅佐他，难道大臣们的职责只是看皇上的脸色行事，人云亦云，陷皇上于不义境地吗？既然我在这个位置，难道我会因为怕得罪皇上，就听任那些不切实际的想法把皇上引入歧途吗？我不能只关心个人的荣辱得失。"他的那句"内多欲而外施仁义"一针见血，点明了汉武帝以儒学为装饰、实际上推行"霸道"的意图。

第二章　抓重点不拘细节　公孙弘借刀杀人

汲黯多病。汉制，职官病满三月当免官，汉武帝多次特批延长假期，最终汲黯还是未能痊愈。大臣庄助为他请假，武帝问："汲黯究竟是什么样的人？"庄助说："汲黯做官，不一定能比别人优秀。但是，若让他辅佐年少君主，则发挥了他的长处。他有极强的原则性，召之不来，挥之不去，威武不能屈，是个大丈夫。"武帝说："确实如此。古代有与国家同生共死的'社稷臣'，至于汲黯，可与他们媲（pì）美了。"

大将军卫青侍候武帝时，武帝蹲在厕所里听他汇报工作；丞相公孙弘入宫求见武帝，武帝有时连帽子都不戴。可当汲黯来时，武帝总要穿戴整齐，否则不接见。有一次汲黯进宫奏事，武帝没戴帽子，就赶忙躲进帷帐中，派人批准了奏折。汲黯受到如此尊重。

张汤（此人是天生的断案高手，其父亲是长安县县丞，小时候，其父亲让他看好家，可是家里的肉被老鼠拖走，父亲恼怒，抽打他，他很委屈，就要擒拿罪魁祸首。他掘开鼠洞，抓住老鼠，拿回剩下的肉，然后模拟官府升堂并审判老鼠，有理有据，判了老鼠死刑，立即执行，其判词如同出自一个老狱吏之手，其父大惊，知他有此天分。父亲死后，张汤成为长安县官吏）是武帝时期有名的酷吏，因为善于变更法律条令被任命为廷尉，也就是相当于今天的司法部部长。汲黯多次在武帝面前向张汤质疑道："您作为国家重臣，上不能发扬先帝们所建立的宏图大业，下不能安国富民，推行教化，抑制天下人邪恶的念头，减免百姓牢狱之灾，两者都没做到，反而多次变更法令，严厉苛责天下百姓，以此为自己增加政绩，您这不是明显违背高皇帝约法三章、力求简约的法律理念吗？您这么做是自取灭亡。"

汲黯时常与张汤辩论。张汤辩论时引经据典，苛求小节，强调字眼，有时玩弄文字游戏，但总能强词夺理，汲黯则刚直峻厉、据理力争，但语言技巧上略逊一筹，总不能压倒张汤，气得他大骂："天下人都说善于玩弄字眼的刀笔吏不可以授以重任，果然如此。像张汤这种做法，只会让天下人畏惧拘谨，侧目而视了。"

汲黯做事讲求大体，不喜欢苛责细节，张汤则逢迎汉武帝的旨意，以严刑酷法督责百姓，这是两种执政理念。

当时，汉武帝积极攻打匈奴，对其他少数民族采取怀柔政策。汲黯认为，多一事不如少一事。他多次进言说与匈奴要以和为贵，实行和亲政策较好，不能轻易起兵。汉武帝则尊崇儒术，重用公孙弘。后来社会问题很多，下级官吏互相勾结，欺上瞒下，武帝开始申明法纪，张汤等人趁机进呈重特大或难以决断的案例请武帝裁决，来凸显社会矛盾的尖锐，以表明加强法治的重要性，博取宠幸。而汲黯贬斥儒学，多次当面指责公孙弘等人披着儒家的外衣来讨好皇上，而内心奸诈；张汤等人则专抠法律字眼，千方百计陷人死罪。这些人恨透了汲黯。即使武帝本人也不喜欢汲黯，想借故杀他。公孙弘对武帝说："右内史辖区（首都的一个辖区）内有许多贵族，很难治理，若不是重臣，恐怕难以胜任这个工作，请任命汲黯为右内史。"汲黯担任右内史几年，没出什么大乱子。这是公孙弘的借刀杀人之计，想借权贵之手诛杀汲黯，武帝也明白。汲黯与公孙弘、张汤等人的斗争其实是道家与外儒内法、酷吏制度的斗争，这是当时不同思想的激烈碰撞。

第三章　武帝朝后来居上　创奇迹汲黯寿终

大将军卫青的姐姐是皇后，因此卫青的地位日益尊贵，可汲黯见了卫青，只行平等礼节。有人劝汲黯说："大将军受到皇上的尊宠，群臣莫不恭敬，您应该行跪拜礼。"汲黯说："难道大将军受到了平礼相待，就显得不贵重吗？"卫青听说这话后认为汲黯贤能，有骨气，多次向他请教国家疑难问题的解决之道，对待他的礼数胜过所有人。淮南王刘安阴谋造反，忌惮汲黯，说："汲黯喜欢直谏，坚守节操，敢于为正义献身，很难迷惑他。至于说拉拢丞相公孙弘等人，则轻而易举。"这是从另外两个人的视角评价汲黯。

因为攻打匈奴出现较好的战绩，武帝更不听汲黯的话了。当初汲黯成为廷尉时，公孙弘、张汤等人还是小角色，后来公孙弘、张汤等人日益显贵，和汲黯平级，再后来公孙弘成为丞相，封为侯爵，张汤也做了丞相的副手御史大夫，而且汲黯以前的下属也都显贵，有的与他平级，有的职位高过他。汲黯性格暴躁，不能说一点怨气都没有。有一次他对武帝说："您用人就像堆积柴草一样，后来者居上（成语"后来居上"之源）。"武帝沉默不语。过了一会儿，汲黯退出。武帝说："一个人确实不能不学无术，听汲黯的话，他越发愚蠢直白了。"汲黯不喜欢儒学，武帝认为他学识日益浅薄。

没过多久，匈奴浑邪王 [《汉书》称"昆邪王"。又称"混邪王"。此前其主要势力范围在祁连山及河西走廊一带，常犯边境。元狩二年（公元前 121 年），霍去病以闪电战战术屡挫其军。伊稚斜单于怨他作战无能，欲兴师问罪，于是在元狩三年（公元前 120 年），他带兵数万降汉，汉封其为漯阴侯，同年浑邪王去世] 率领自己的部落归降汉朝，武帝要派两万辆马车去迎接。国家没这么多的马匹，就向百姓借马。有人怕"肉包子打狗——有去无回"，就把自己的马藏了起来，因此马匹的数量没有凑够。汉武帝发怒，想要杀长安县县令，认为他办事不力。汲黯说："我是右内史，长安县县令是我的下属，他无罪，要杀就杀我，这样老百姓就肯借马了。况且匈奴浑邪王是背叛单于来投降的，他们经过各地时都得到了很好的接待，这已经够了，我们怎能耗费这么大的人力、物力去侍奉这些投降的人呢？"汉武帝默然。笔者估计汉武帝是好大喜功，想用大排场来炫耀国力。

匈奴浑邪王带兵到了长安，许多商人私下和匈奴做生意，触犯了法律，有五百多人受株连被判死罪，汲黯趁机进言说："匈奴多次侵扰我国，无视'和亲政策'，您光靠武力征服，死伤不可胜数，消耗大量金钱。我愚蠢地认为，您得到匈奴后应该把他们作为奴婢赏赐给那些死于战事的人的家庭，得到的财物也应该赏给那些有功的人，让他们心理平衡。纵然不能这样做也没关系。可这次浑邪王率众来降，不应该动用国家储备资金奖赏他们，又让百姓服侍他们，这就像溺爱孩子一样，我以为不合适。百姓看到您对外恩宠、对内冷酷，会寒心的呀！这次许多老百姓是因为不知法律条文才与匈奴做生意，无意触犯法律。他们只知道不能在边境走私铁或兵器，不知在长安买卖同样违法。不知者无罪嘛！您纵然不能用缴获的财物酬谢天下，也不应该用苛刻的法令诛杀五百多人哪。这是所谓'庇护枝叶伤害根本'的做法，我认为不合适。"武帝默然，不许可，说："我很久没有听你说话了，谁知愈发胡言乱语。"几个月后，汲黯犯了点罪，正赶上大赦，不予追究，可被免职了，他因此隐居田园了。

过了几年，汉朝改铸五铢钱，民间有私下铸钱的，楚地尤其严重。铸钱是国家行为，要符合价值规律，否则就会造成钱币贬值、通货膨胀。武帝认为淮阳郡在楚地范围内，他任命汲黯为淮阳太守，抑制这类事件的发生。汲黯不想去，武帝多次下诏，汲黯没办法拒绝，只好奉命了。他哭着对武帝说："我认为自己快死了，再也见不到您了，没想到您还想起用我。我身体多病，恐怕不能胜任太守一职，我愿意做您的侍从，为您补救过失，这才是我的心愿。"武帝说："你看不起淮阳太守一职吗？我把你召调回来，只因淮阳的官吏与百姓有矛盾，想借重你的威名。你可以不做那些细枝末节的政事。"

临走前，汲黯拜见了掌管少数民族事务的大行（也叫大鸿胪）李息，说："我汲黯被派往外郡，不能参与朝廷议论了。我唯一不放心的是张汤，他的智谋足以拒绝别人的劝谏，他的狡诈足以掩盖自己的过失，专门说奉承话，而且听起来雄辩有力，不愿意主持正义，一味迎合皇上的心意。皇上对谁有善意，他就言过其实地夸赞。这种小人嘴脸当真让人厌恶至极。他没事找事，卖弄文法，内怀奸诈，迎合皇上，外挟重权，作威作福。您也是九卿之一，若不早早规劝皇上，恐怕有一天会跟着张汤被杀。"可李息畏惧张汤,终于还是不敢说(后来张汤果然被治罪,武帝听说汲黯曾经对李息说过那番话,认为李息没骨气,不当其位,判他有罪)。到了淮阳,汲黯还是用老方法来治理,淮阳政治清明。汲黯在淮阳享受超过太守的工资待遇,七年以后去世。

因为汲黯的缘故,汉武帝把汲黯的弟弟汲仁提升到九卿级别,把汲黯的儿子汲偃(yǎn)提升为诸侯国丞相。汲黯姑姑的儿子(另说为其表姐之子)司马安年轻时同汲黯一样当过太子洗马,因为他善于玩弄法律条文,善于做官,有四次被提升为九卿级别,后来是在河南郡太守的位置上去世的,他的兄弟因为他的关系有十人当上了秩二千石级别的官。汲黯有个老乡叫段宏,和汉武帝的舅舅王信要好,得到王信的信任和推崇,也曾当过九卿。然而从濮(pú)阳出来的名人都畏惧汲黯,甘拜下风。

第四章　郑当时德高望重　读书人要识大体

郑当时，也叫郑庄，是淮阳郡陈县人。他的先父郑君曾经是项羽的部下，项羽死后投降了刘邦。刘邦对项羽的老部下下命令说，以后提到项羽时要直呼其名，不得称"项羽"，唯独郑君不奉诏。于是刘邦把那些直呼项籍的人都升迁了，而把郑君驱除。郑君在汉文帝时去世。

郑庄豪气干云，在梁国、楚国一带声名卓著。在汉景帝时，他是太子刘彻的侍从人员，与汲黯也算同行。休大礼拜的时候，他经常去拜访、慰问老朋友，夜以继日，争取每个人都拜访到，就怕有所疏漏。郑庄与汲黯一样信奉道家学说，他总是积极拜访一些得道老人，请教为人处世、安邦定国之道，唯恐错过机会见不到人。尽管他年少职卑，但他所交往的都是他祖父一辈的名士。汉武帝继位后，郑庄连续得到提升，最后成为右内史。这个官职汲黯也做过，相当于首都市长。在窦婴与田蚡因"灌夫骂座"事件而在朝廷辩论时，武帝想借公卿力量打击舅舅田蚡的嚣张气焰，郑庄虽然赞成窦婴，可没敢坚持，武帝大怒，把他贬官了，后来任命他为大司农，即类似于财政部部长。

郑庄身居高位，但对人有礼，谦恭待士。他告诫门下说："有宾客来访不论贵贱一定要请进客厅，不要让他们留在门口守候。"郑庄廉洁，没有额外收入，俸禄及所得赏赐都用来招待宾客。每次面见武帝，总是称道天下德高望重的人。他所推荐的士人和下属，若有真知灼（zhuó）见，他也虚心学习，不敢自认是谁的恩人就对人无礼。他从不直呼下属的名字，说话往往和声细语，生怕伤害了他们。听到谁有高见，总是赶忙向武帝汇报，想以此引起武帝的注意，不埋没人才。因此士人都很敬服郑庄。

然而郑庄经常附和武帝的意见，不敢明确表态。在他晚年，由于汉武帝征伐匈奴，安抚其他少数民族，因此花费较多，国库空虚。郑庄保举的人在搞粮草运输时动了手脚，亏空过多，对不上账，汲黯那个亲戚司马安揭发了此事，郑庄因此获罪，花钱免罪成为平民。后来，他临时担任长史，武帝认为他年纪过大，就调他到汝南郡当汝南太守。几年后，在官任上离世。

郑庄、汲黯都做过九卿级别的职务，注重内在修养，廉洁自律。当两人被免职时，家道中落，宾客也都离他们远去。两人都曾经厚待宾客，倾其所有，当他们去世后，已家无余财了。因为郑庄的缘故，郑庄的兄弟子孙中有六七人当上了高级官员（俸禄二千石）。

司马迁评论道：像汲黯、郑庄这样贤能的人，有权势时上门的宾客趋之若鹜，失势时宾客就掉头不顾，更何况平常人呢？世态炎凉，历来如此。汉时下邽（guī）的翟公曾经说，他当廷尉时宾客盈门，被免职时门可罗雀（此成语之源，说门前可以张网捕捉鸟雀，形容宾客稀少，门庭冷落），凄凉得让人心酸。后来他又被任用为廷尉，那些宾客又要来捧场，翟公在门前写了一行字："一死一生，乃知交情；一贫一富，乃知交态；一贵一贱，交情乃现。"人只有经历这种大起大落才能认清真正的朋友，汲黯、郑庄也是如此，可悲呀！

司马迁也是在抒发自己的情怀，他在遭受腐刑时没有一人敢为他仗义执言，他看透了人生！

有些贤达之人、饱学之士指出，汲黯这一类人太傻，不懂政治。其实这种观点是极其错误的。有几个政治人物是不懂政治的？确实有不懂政治的，但不是"汲黯们"，而是我们这些自以为无所不知、无所不晓的读书人。在汉武帝还是小孩子的时候，汲黯就是他的侍从人员，可以说他是汲黯看着长大的，他是什么样的人，汲黯应该比谁都清楚，可汲黯还是要那样说，他就是不想丧失自己的原则。

当然，过于理想化的政治人物确实有显得幼稚的行为，那是他们被自己的抱负左右了，他们根本就没考虑一己之得失。人间正道是沧桑，正是有"汲黯们"的"傻"，中华民族历经艰险终究傲然挺立。我们要保护好"汲黯们"。司马迁要是知道后人把汲黯理解成傻子，他一定会于九泉之下失声痛哭的。

弘偃列传

待士声名画饼虚，天资多忌与人疏。
未闻东阁升贤者，已见胶西置仲舒。

（宋）孔平仲《平津侯》

日暮途穷叹时艰，一文惊动古长安。
汉皇五鼎酬君处，三族于此化飞烟。

嗣敏戏作咏史诗《主父偃》

第一章　公孙弘枯木逢春　揣上意心机深沉

　　这是一篇平津侯公孙弘与主父偃的合传，《史记》中名叫《平津侯主父列传》。公孙弘做过丞相，是齐地菑川国薛县人，年轻时曾经当过薛县的狱吏，因为犯罪被免职。家中贫困，到渤海边上放猪，四十多岁时，才开始研习《春秋》等儒学经典。他对自己的继母十分恭敬孝顺。

　　汉武帝刚继位时，大力提倡儒学，实行"大有为政策"，排斥统治汉朝六十多年的"无为而治"的道家学说。他发布第一道求贤令，要在全国范围内选取贤良方正的儒生。当时公孙弘已六十多岁了，被征召为博士。武帝派他出使匈奴，他回来后汇报出使情况，武帝不十分满意，发怒训斥，认为他无能，他就借口有病辞职了。

　　几年以后，汉武帝又颁布求贤令，征集懂学问的儒生。当地人再次推举公孙弘，他推辞说："我曾经到过一次长安，也得到任命，可是因为才能有限被罢免，你们还是推选别人吧。"可当地人坚决推举他。他和一百多名从各地推举上来的儒生一起参加汉武帝组织的考试，题目大概是关于国家长治久安之道，让这些人各自陈述观点。试卷被递给武帝以后，武帝认为公孙弘的文章观点新颖、雄辩有力，关键是符合他当时的思路，于是提拔公孙弘为第一。公孙弘被召见，武帝看他相貌堂堂，就任命他为博士。当时汉武帝正努力经营西南夷，打通了通向西南夷的道路，在当地设立郡县，当地百姓感到不便，抵制中央政策。武帝派公孙弘去视察，他回来后汇报情况，说收服那一带对国家没用处，可武帝不听。

公孙弘博学多才，见多识广，他认为君主的最大弱点是器量狭小，没有全局性战略思维，而臣子最大的弱点是奢侈浪费，没有锱铢（zī zhū）必较的严谨精神。公孙弘只盖平民使用的粗布被褥，吃饭也很节省。他的继母死后，为她服丧三年。每次朝廷开会，他总是把自己的几个观点和盘托出，然后让武帝自己选择。他不肯当面反驳武帝的观点，武帝认为他行为朴实，人品端正，而且善于辩论，精通法律法规和各项事务，又善于引用儒家经典，对他很满意。两年之中，他就被提升为左内史。

公孙弘在奏事时，即使意见不被采纳，也不会当场与武帝顶撞。他曾经与汲黯一起向武帝奏事，汲黯先将观点讲明，公孙弘随后进行阐述，说得武帝总是很高兴，经常采纳公孙弘的意见，他因此日益显贵。公孙弘曾经私下与公卿大臣们取得一致意见，可是去见武帝时却改变了已商量好的基调和论点，顺从武帝的意思，汲黯是个直性子的人，当场责备他："齐地人大多奸诈没有原则，果然如此。刚开始和我们都商量好了，如今完全违背当初宗旨，你不是忠臣。"武帝问公孙弘这怎么解释，他说："理解我的说我是忠臣，不理解我的说我不忠。这件事不是我能说了算的，每个人的观点各不相同。"武帝认为他说得对，人就是难以被他人理解嘛。每当有人诋毁他时，武帝反而更加厚待公孙弘。

汲黯说："公孙弘是御史大夫，俸禄很丰厚，然而盖布被，太矫（jiǎo）情，是沽名钓誉。"武帝让公孙弘解释，他说："我确实盖布被。九位'部长'中和我要好的莫过于汲黯了，他今天说出的正是我的毛病。我位列三公却用粗布被褥，确实有虚伪、钓取名誉的嫌疑。我听说齐桓公任用管仲得以称霸，可管仲在生活上的豪华奢侈程度甚至超过君王，这是超越礼制的行为。然而晏婴作为丞相，吃住简单，妻妾不穿丝织品，齐国也同样大治。晏婴是要做百姓的表率。不管臣子有什么样的生活方式，只要能辅佐国君成就功业就是好的。确实像汲黯说的那样，我虽然地位尊贵，但十分仰慕晏婴的为人，有可能是画虎不成反类犬，给汲大人以沽名钓誉的印象。这没什么，而且正是因为汲黯忠心，您才能听到这样的话。"武帝认为他谦让，更加厚待他，任命他为丞相，封为平津侯。公孙弘真善于辞令。

公孙弘为人外表宽宏大量，实际上城府极深、小肚鸡肠。他对那些曾经和他结怨的人，表面上友善，暗中常找机会报复。杀死主父偃，排挤董仲舒，想要借刀杀死汲黯，全是他暗中搞的鬼。董仲舒提出了"罢黜百家、独尊儒术"的主张，而主父偃是这篇合传的另外一个人物，是辅助武帝解决诸侯王威胁中央问题的人。公孙弘每日粗茶淡饭，不讲物质享受，他的工资都用来供养那些贫困的老朋友及门客，家中没什么富余，当时的士人认为他贤能。

后来淮南王刘安谋反的事情败露，武帝派人追查刘安及其党羽正紧急的时候，公孙弘病倒了。他认为自己没什么功劳却被封侯，并位列丞相，本来应该辅佐君主治理好国家，如今却出现诸侯谋反的事情，这是丞相的失职。他认为自己不应该搪塞责任，于是上书说："我听说天下的五种基本关系是君臣、父子、兄弟、夫妇和长幼，理顺这五种关系靠的是智慧、仁爱和勇敢这三种美德。因此孔子说，努力奉行正道接近于仁爱，喜欢不耻下问接近于智慧，知道羞耻荣辱接近于勇敢（力行近乎仁，好问近乎智，知耻近乎勇）。能够拥有这三种美德，则可以自胜，自胜而后方能治理他人，天下没有不能自胜反而胜人的事。这句话是千古不易之理了。如今陛下您推行孝道，效法先贤，实行改革，任人唯贤，量才录用。我资质愚鲁，也没有尺寸之功，您却力排众议，让我封侯拜相。我公孙弘一直惴惴不安，认为恩宠过度，无以为报，而且身体多病，在关键时刻一病不起，不能为您分忧，想起这件事让人汗颜，羞愧难当。我想归还侯印，辞去丞相一职，为贤者让路。"武帝不同意，让他不要多想，专心养病，并赏赐了很多物品。几个月以后，他的病势好转，又开始处理政事。后来，公孙弘八十岁时在丞相位上病终，儿子公孙度继承爵位，十多年以后因为犯法被免去侯爵封号。

第二章　生不能就五鼎食　死即要为五鼎烹

　　主父偃是山东齐地临淄人，刚开始时学习苏秦、张仪类的纵横术，晚年才开始研习儒家经典《周易》《春秋》和诸子百家学问。他和齐地的儒生切磋学问，受到排挤，在齐地没法立足。因家里贫困，也没有人肯借给他钱，他只好匆匆忙忙地上路，饥一顿饱一顿地在赵国、燕国一带游历，可还是遭受赵王、燕王及其宾客们的白眼，生活更加艰难。主父偃认为其他人不足以依附，就西行进入长安，投靠卫青。卫青多次向武帝推举，可都没有被重视。由于主父偃很贫困，捉襟见肘，在长安待久了又受人白眼，他只能向武帝上书，希望能得到赏识。和他一起上书的还有徐乐和严安。汉武帝召见这三人说："你们以前都躲哪儿去了？真是相见恨晚！"他任命三人为郎中，成为他的侍从人员，主父偃因此有机会上书评议朝政。他一年之中四次被升迁。

　　在汉朝历史上，前期的内部隐患是诸侯王势力过大，威胁中央，在汉景帝时发生了"七国之乱"，在汉武帝时发生了淮南王谋反，这也是

"七国之乱"的余音。汉武帝力图加强中央集权，这就必须解决诸侯国过大的问题，在这种背景下，主父偃上书说："古代的诸侯国方圆不过百里，没有能力对抗中央，强弱形势显而易见。如今的诸侯国方圆千里，城池相连，平时诸侯王骄奢淫逸、挥霍无度、藐视中央，一旦有人启动祸端，他们就会互相勾结，联合对抗朝廷。如果采取强制手段削夺他们的封地，很容易激起他们强烈的反抗，以前晁错就因操之过急而引发'七国之乱'。但是这个问题又必须彻底解决。我发现诸侯王大多有十多个儿子，可是在'嫡长子继承制'的规定下，只有正室夫人的儿子才能继承王位，其他儿子虽然也是亲生骨肉，但没有一点封地，这与您推行的以'仁孝'治天下的理念不符。您可颁发'推恩令'，让诸侯把土地分封给每一个子孙，这样每个子孙都高兴，对您感恩戴德，实际效果则是削弱诸侯的整体实力，不用强制命令就能达到统治目的。"

武帝听从了他的计策。这解决了大诸侯国与中央分庭抗礼的问题，排除了安全隐患。然而，自给自足的小农经济天然具有割据属性，这在传统社会里很难解决。

主父偃又向武帝上书说："您的墓地茂陵刚刚修建，可以把天下豪杰、富庶之家以及奸猾刁民都迁徙到茂陵，这样，长安得到巩固，不法之徒也可统一管理，地方上的治安隐患得以消除。这样，不用杀戮就可以排除祸患了。"武帝又同意了他的建议。侠客郭解就是在这次迁徙中因为树大招风被诛杀的。

在尊立卫青姐姐卫子夫为皇后及揭发诸侯王犯罪事实的过程中，主父偃起了重大作用。大臣们都怕遭到他的弹劾，争相贿赂他，累积有千金之多。有人劝他说："您这么做显得太骄横了。"主父偃说："自从我四处游学，至今有四十多年了，一直不得志，穷困潦倒，父母不把我当儿子看，兄弟也不收留我，到处受人排挤，我压抑得太久了。况且大丈夫要努力建功立业，生时若不能享受荣华富贵，死的时候也要轰轰烈烈（"生不五鼎食，死即五鼎烹耳"。"鼎"是贵族专用器具）。我时日无多，因此要倒行逆施，用最快的方法出出胸中这口恶气。"

主父偃极力怂恿武帝在黄河边上的朔（shuò）方建立郡治。他认为朔方土地肥沃，当年秦始皇就派蒙恬在朔方建城以打击匈奴，若是经营好朔方，可以把它当作桥头堡，解决在出击匈奴时要从后方调运粮草的问题，还可以扩展领土，这是灭掉匈奴的根本。武帝把这一提议放到公卿大臣中商议，大家全都反对。公孙弘说："秦始皇当年派了三十万人修筑，最后也没成功，只能半途而废，我汉朝再接着建朔方恐怕也是空费钱粮。"武帝派人问公孙弘十个问题，列出修建朔方城的十大便利，让他反驳，他回答不出。其实他是看武帝决心已定，无法更改，就没有再坚持。武帝采纳主父偃的意见，修建朔方郡。但公孙弘也开始忌恨主父偃了。

后来，主父偃向武帝揭发齐王淫乱骄奢、作威作福、鱼肉百姓的事，武帝就任命他为齐国丞相去辅佐齐王。主父偃衣锦还乡，回到齐国后把自己的兄弟和其他朋友都召来了，分赏他们五百金，并数落他们："起初，在我贫困无助时，兄弟们眼睁睁地看我缺衣少食，朋友们把我拒之门外；如今我做了齐国丞相，你们有的竟然迎出千里。如果说我还欠过你们人情的话，今天我也是十倍、百倍地回报你们了。现在我宣布，从此与诸位恩断义绝，你们也不要再登我主父偃的家门了。"他解决完私事后，开始调查齐王，先是用齐王与姐姐乱伦的事敲山震虎，齐王认为自己难逃死罪了，怕自己像燕王那样被处死，就自杀了。有关部门把这一情况上报给武帝。

前面说过，主父偃在齐地不被接纳，只好到燕国、赵国一带找机会，可还是没有遇到赏识他的人，所以他认为在诸侯王那里没机会，这时才到长安投靠卫青，最后得以显贵。在齐王死之前，燕王基本上也死在主父偃的手里。赵王怕他再把目光对准赵国，就想先发制人，揭发主父偃的阴事。但那时主父偃在武帝身边掌管各地奏章，赵王不敢上书，等到他被派往齐国当丞相离开长安时，赵王就派人告发主父偃在推行"推恩令"时收受诸侯王贿赂的行为，说主父偃帮许多没资格得封地的刘姓子弟做手脚，很多人因此冒名顶替得到封赏。此时正赶上齐王自杀的消息传到长安，武帝大怒，认为主父偃是假借自己的命令逼齐王自杀的，这样的话，会让刘氏宗亲认为自己薄情寡恩。于是，他把主父偃召回长安让法官处理。

主父偃承认自己贪污，但说自己实在没有威胁齐王逼他自杀。武帝爱惜他的才干不想处死他，只以贪污罪判处相应罪责就算了。当时公孙弘担任御史大夫，负责监察百官，他外宽内忌，托公报私，上书说："齐王自杀，因为没有继承人，齐国土地将被收归国有。在这一事件中，主父偃是首恶，您若不杀他，无法向天下人交代，人们必然会认为他是受了您的指使才敢这么做的。"于是灭了主父偃的宗族，说穿了就是要找一个替罪羊。

主父偃得到这么个结果，也多少是咎由自取。人被压抑久了难免有把持不住自己的时候，扬眉吐气，这一点大家都可以理解，但事情一旦过头恐怕就要乐极生悲了。司马迁对公孙弘落井下石的行为是深恶痛绝的。当主父偃富贵时，宾客成百上千，他被灭族后，连个收尸的人都没有，唯有平时和主父偃交情并不深的孔车把他安葬了。武帝听说后认为孔车是忠厚长者。

　　司马迁评论道：公孙弘虽然有才能，然而也是遇到了好时代，才能施展才华。汉朝建立八十年后才开始尊崇儒学，广招人才，公孙弘对策时成为第一名，是最先受益的人之一。主父偃显贵时，那些王公大臣都争相结交，赞不绝口，等到他身败名裂，这些人的态度顿时发生一百八十度大逆转，把他批评得一无是处。为什么转变得这么快、这么大呢？人性真是可悲呀！

游侠列传

十年磨一剑，霜刃未曾试。
今日把示君，谁有不平事？

（唐）贾岛《剑客》

侠客重功名，西北请专征。
惯战弓刀捷，酬知性命轻。
孟公好惊坐，郭解始横行。
将相李都尉，一夜出平城。

（明）唐寅《侠客》

第一章　仗义每多屠狗辈　霸道法家恨诗书

韩非说："儒家自诩博古通今，经常引经据典，厚古薄今，而游侠自恃武力过人，经常违犯法纪，打抱不平（儒以文乱法，而侠以武犯禁）。"他对这两种人都有异议，但是在汉代，儒家学者却大受称道。像公孙弘、张汤这些人，凭借权术取得卿相高位，辅佐当世君主，功名已载入史册，这里就不用说了，大家都看到了。然而，如果像孔子的弟子季次、原宪那样，只是平民百姓，爱好读书，坚守节操，不肯随波逐流、同流合污，也会被那个时代的人讥讽。可是这两人安于贫贱，有君子固穷的品格，即使在他们死后四百年的汉代，也得到了称赞。至于游侠，虽然他们的行为不被主流思潮所推崇，但是他们"言必信，行必果"，答应别人的事一定要办到，为了帮助别人解脱困境，不怕牺牲自己，除恶扬善，保护弱小，却从不夸耀才能，显示恩德，他们也有值得称道的地方吧。

况且任谁都有危急时刻。当年尧、舜、禹中的舜帝在贫贱时，多次遭受自己父亲和同父异母兄弟的迫害，有一次，他们让舜挖井，却在上面把土往下填埋，多亏舜早有防备，在井壁又凿了一个通道，才幸免于难。伊尹是商汤的贤臣，他辅佐商汤灭掉了夏朝，建立商朝，可他在不得志时，为了接近商汤，甘愿做一个切肉做菜的厨师，后来借着做饭菜的道理讽喻治国之道，才被重用。傅说（yuè）是商王武丁时代的名臣，他在发迹前是一个泥瓦工，充当苦役，后来才被发掘。姜子牙是西周的开国功臣，创立不世奇功，并且是姜氏齐国的创始人，可是他的命运一波三折。据说他直到七十多岁才遇到周文王，君臣如鱼得水，互相成就了大功业。管仲是"春秋五霸"姜氏齐国齐桓公的名相，他最初辅佐公子纠，可在争权时公子纠被齐桓公打败，公子纠自杀，管仲也成了阶下囚，被押送回齐国，之后才被拜为国相。百里奚是春秋时代秦穆公的重臣，辅佐穆公称霸西方，可是起初他命运多舛（chuǎn），沦落为给人放牛的奴隶，是秦穆公用五张公羊皮把他赎了回去并授以国政。孔子周游列国，推行自己的政治主张，尽管在行进途中多次遇险，忍饥挨饿，但他从未改变自己的志向，"知其不可而为之"，是坚定的理想主义者。司马迁认为，这些人都是被儒生们称为仁人志士的，他们尚且遭受种种困厄，更不用说包括自己在内的那些才能平庸又遭逢乱世的人了。遭遇的灾祸一言难尽哪！

俗话说："普通百姓不管什么仁义不仁义，谁对他们好，他们就称道谁。"伯夷和叔齐是商末孤竹国君的两个儿子，他们固守君臣父子之间的纲纪，不同意周武王讨伐商纣王，武王不听，建立了西周。这两人隐居在首阳山，发誓不吃西周的粮米，结果饿死在首阳山。但周武王推行仁政，老百姓都感念他，并没有因为伯夷和叔齐的死而贬低周武王。盗跖（zhí）是古代传说中的大盗，残暴不仁，可是他的徒子徒孙却称扬他讲义气。

墨子说："窃钩者诛，窃国者诸侯。"意思是说，普通百姓偷了一个钩子就要被诛杀，而操弄权柄的人却被封侯拜相，因为成者为王败者寇，这些"窃国者"的所作所为都披上了仁义的外衣。清代学者方苞认为，这话有隐喻，"窃钩者诛"指侠客蔑视礼法，虽能急人所难，但总是不被主流社会所容，而"窃国者诸侯"指张汤、公孙弘等人残害百姓，欺上瞒下，却能窃取高位，而且世人看不透这些人的庐山真面目，反而赞美他们。

孔子弟子季次、原宪两人固执己见，谨守着"狭隘的教条"，不与世人沉浮，倒不如学习公孙弘、张汤等人，自降身份，与世人一较短长，博取富贵荣华（这是司马迁的反话，其实他是瞧不起张汤等人的）！而只是平民出身的侠客，重视信义，说话算话，为了伸张正义，为了别人的危难，宁可牺牲自己，任人笑骂评说，这不是谁都能做到的。因此，人们在穷困之时想去投奔依靠的，难道不就是这些贤才豪杰吗？如果让游侠和儒者较量社会影响力，游侠可能要退居其次，然而游侠言出必践，果敢顽强，有谁敢轻视他们呢？

第二章　言必信驷马难追　行必果赴汤蹈火

古代平民中的侠客，名字没有流传下来。而孟尝君、信陵君、平原君、春申君这些人，因为是君王的近亲，凭着地位尊贵、家中富有，才招来天下贤者，扬名四海，但这四人有侠骨英风，也不能不说是难得的贤才。好比顺风呼喊，音量并未加大，可因势利导易于传声，"战国四君子"多少占了家世的威名。至于说平民出身的侠客，靠着个人奋斗，名扬天下，为人称道，这才是难得的成功。但是，讲究"仁义"的儒家和讲求"兼爱"的墨家都没有为这些人树碑立传，其他诸子百家就更不用说了。秦朝以前的平民中的侠客，因为没有受到关注，名声没有得到宣扬，默默无闻，对此司马迁感到十分遗憾。

司马迁说：根据我的了解，汉代以来社会上有朱家、田仲、王公、剧孟、郭解这些人，虽然他们触犯了当代的法律规章，为主流思想所不容，但他们廉洁自律，谦虚退让，有很多被人称道的地方，名不虚传。至于说狼狈为奸、互相勾结以谋取私利、仗势欺人的恶霸、豪强，他们也喊出"行侠仗义"的口号骗人，但这些人绝不是游侠。我感叹的是，普通人不能体察二者的区别，错误地把朱家、郭解这些大侠与恃强凌弱、只知为自己谋私利的暴徒画等号，这是不对的。

鲁地人朱氏，与刘邦是同时代人。齐鲁大地是儒家文化的发祥地，而朱氏却以行侠而闻名，他救助的豪杰数以百计，帮助的普通人更是不可胜数，然而他却从不夸耀自己的恩德，也害怕遇到自己施过恩的人，因为他对贫贱的、穷困的人救济不是为了沽名钓誉，而是本性使然，施恩不图报。朱氏因此家无余财，衣衫破旧，居行简便，他宁可牺牲自己，也要救济穷苦人。当时项羽的老部下季布将军多次差点杀死刘邦，刘邦称帝后在全国通缉他，朱氏通过刘邦的老兄弟夏侯婴解救了季布。当季布显贵以后，他终身不见季布。这种急人所难的高贵品质让天下豪杰贤士尽折腰，士人都倾心与他交往。

有个剑客叫田仲，他像对待父亲一样对待朱氏，自认为和朱氏存在很大的差距。田仲死后，洛阳出了个剧孟，当时洛阳人都擅长做买卖，而剧孟却因仗义闻名于世。"七国之乱"时，周亚夫来到洛阳，见到剧孟，高兴地说："吴王刘濞叛乱却不知道争取剧孟，我以此知道他没什么作为了。"天下人听后十分震惊，剧孟因此身价大增。从中可以看出，他是有很强的社会影响力的。剧孟的所作所为和朱氏相似，然而他喜欢博戏，很多少年都和他玩博戏。剧孟曾经去拜访袁盎，受到极高的礼遇。有一富人对袁盎说："剧孟是一个游手好闲、不务正业的人，您怎么结交他呢？"袁盎说："剧孟虽然好赌，但行侠仗义，结交四海宾朋。他的母亲死后，为其送葬的有千余辆车子，这是他的过人之处。谁都难免有困难，当有人求到他的头上时，他不找理由推脱，不计个人生死。能让天下倾心的，也只有季心（季布之弟）、剧孟两人罢了。别看你平时前呼后拥的，一旦你有急难，这些人哪里能够依靠呢？"从这里可以看出剧孟的为人。他死后，家里的钱物所剩无几，钱都被施舍出去了。而楚地符离人王孟也因为侠义在长江、淮河一带显名。当时，齐地济南人瞷（Xián）氏与陈地人周庸也因豪爽被人称道，汉景帝听说后，派使者诛杀了这些人。在他们之后，先后出现了诸白、韩无辟、薛兄、韩孺。本篇的重要人物叫郭解。

第三章　可爱时急人所难　争议处作奸犯科

郭解是魏地轵县人，他是汉高祖刘邦时代的相士许负（许负曾经给汉文帝的母亲薄太后算过命，在薄太后没显贵时说她会生出天子。当时薄氏还是秦末起义大军中的一个首领魏豹的姬妾，魏豹本来已归顺刘邦，一听说自己的姬妾能生出龙种，他以为是自己将拥有天下，就又叛变了。后来他被韩信擒住了，最后被刘邦部将杀死，而薄氏成了刘邦的姬妾，生下了后来的汉文帝。魏豹自作多情了）的外孙。郭解的父亲也是一个侠客，在汉文帝时被杀。统治者之所以要消灭这些人，是因为他们认为这些人是扰乱社会治安的祸首。

郭解长得短小精悍，不喜饮酒，年轻时阴险残忍，略不快意就拔刀相向，杀了不少人。他为朋友两肋插刀，不惜牺牲自己为朋友复仇，窝藏逃犯、私自铸钱、盗墓，违法乱纪的事没少干，每一条都是死罪，但他好像能得到老天爷的保佑一样，总能化险为夷，或者犯事了遇上大赦，刀头舔血的日子有惊无险。

等到他年纪大了，却改变了性情，自我检点，以德报怨，施恩不图报。但他更注重侠义的名声。他即使救过别人的命也不会夸耀功劳，然而内心还是阴险歹毒，一旦被惹恼，往往因为一点小事就可能杀死对方。这还是江山易改，禀性难移。许多不谙世事的少年都把他当作偶像来崇拜，常常打听他的仇人是谁，私自解决掉却不告诉他。他姐姐的儿子倚仗他的权势横行无忌，和人喝酒时，强迫人干杯，若对方不胜酒力，就强灌人家，有一次将人惹怒了，那人拔刀刺杀了他后逃亡了。郭解姐姐怒道："凭着郭解的名声，有人杀了他外甥，他却抓不到凶手。"她把自己儿子的尸首扔在道边，不安葬，想以此侮辱郭解。郭解派人打探到凶手的下落，这人害怕了，就主动找郭解把实情告诉了他。郭解说："您应该杀他，我外甥这事做得太过分了。"就放走了这人，把过错都推在外甥身上。江湖人听说后，认为郭解讲义气，更加归附他。

郭解出入府门，别人都给他让路，只有一个人叉腿而坐，这在当时是相当无礼的。郭解派人去打听那人的名姓，手下想杀了那人，郭解说："都是街坊邻居，我不被他尊敬，是因为我德行不够，怎能归罪于他呢？"他暗中嘱咐主管征发徭役的官吏："这个人是我关照的，等到他服役时免除掉吧。"等到那人该服役时，也没有官吏催促他，几次以后他就感到奇怪，询问原因，才知是郭解暗中帮忙，他很惭愧，脱光上身去郭解家谢罪。少年听说后，更佩服这个江湖大哥。

洛阳有两家结仇，当地豪强居中调解了十数次也未能化解仇怨。有人请郭解出马，他到了洛阳，把想报仇的一方找来了，让他看在自己的面子上把这事翻过去算了，这人因为尊重郭解只好违心答应了。郭解又说："我听说洛阳的豪杰为了这事多次调解，可您总是不听，荣幸的是您听从了我，我怎能因为这事让洛阳的名流颜面无存呢？您千万别说我来过，等我走后，当地名流再来调解时，您再听从他们。"他连夜离去，不想让人知道。按江湖规矩，这是强龙不压地头蛇，从做人做事的方法来说这么做也是对的，人不能总想着给自己脸上贴金，给别人脸上抹黑呀！

郭解对人恭敬，不敢乘车大摇大摆地进出衙门，虽然他与当地权贵私交很好。当他到别的郡县为人办事时，总是尽力而为，能够办到的，肯定会让委托人高兴，即使办不到，也能让对方满意，然后他才敢接受人家的招待。江湖人因此敬重他，争着为他排忧解难，他家乡的少年及外地豪强常常大半夜来拜访他，愿意为他安排所藏匿的亡命之徒，多时一晚来十多次。

第四章　迁茂陵郭解被灭　侠与霸泾渭分明

　　唐朝杜牧写过一首诗叫《登乐游原》:"长空澹澹孤鸟没, 万古销沉向此中。看取汉家何事业, 五陵无树起秋风。""乐游原"是唐朝时长安城南(今西安城南, 大雁塔附近)的一处游玩胜地, 秦汉时, 此地也是统治者游玩的地方, 后来人们愿意到这里抒发思古之幽情。杜牧就是在登临乐游原时联想到, 曾经强盛至极的汉王朝, 而今安在? 如果不能居安思危, 戒奢以俭, 即使建立了赫赫功业的汉朝, 也会烟消云散。当然, 他是讽刺唐朝的时政, 但是他揭示的是历史周期律, 是一个符合辩证法的真理。当时的皇帝都是在活着的时候把身后之事安排好, 本文主人公郭解的命运就与汉武帝修建的茂陵有关。

　　汉武帝修建自己的陵墓——茂陵, 他要把许多富豪都迁到茂陵居住, 这么做的政治目的是对地方豪强集中管理, 防止他们在当地为非作歹, 因为钱与权最容易结成姻亲。郭解家贫, 没有达到官府规定的财产数目, 但郭解太有名了, 上面把郭解指出来了, 地方官府不得不照办。

卫青替他讲情："郭解贫困，根本不能算富豪，不应该迁徙他。"汉武帝说："郭解作为平民百姓能让大将军为他讲情，他家肯定不穷。"于是郭解家被强行迁徙了，当地名流拿出一千多万为他送行。

郭解的老家有一个叫杨季主的人，他儿子是县里的一个官吏，就是他向上举报郭解的，所以郭解被特意点名加入迁徙行列。郭解的侄儿杀死了这个人，从此郭家与杨家结仇。

郭解到了茂陵，当地名流无论认不认识都争相与他结交。

他侄子把杨季主的儿子杀死后，杨家人想要向皇帝告状，有人在官门口把告状人杀死了。汉武帝听说后，派专员抓捕郭解，郭解就逃跑了。他把母亲及家人安置在夏阳，自己逃亡到临晋。

临晋有个籍少公也属江湖豪客，郭解和他素昧平生，但是贸然登门请求他帮一把，籍少公果然有担当，冒险把郭解送出关。郭解辗转来到太原，他常常把自己的真实姓名留给招待他住宿的人。后来，官府追查到籍少公那里，籍少公自杀，线索就断了。过了很久，官府终究还是顺藤摸瓜抓到了郭解。

专员深究他的罪行，发现郭解所杀的人，都在大赦之前。当专员派人到郭解老家轵（zhǐ）县进一步摸底时，当时很多人在场，郭解的哥们儿都称赞他，可有一个儒生说："郭解专门违法乱纪，怎能称贤能呢？"郭解的宾客听说后，把这个儒生杀了，并割下舌头。专员就此事向郭解问责，可他也不知道到底是谁干的，最后专员也没有查出杀害儒生的凶手是谁。

专员就向武帝上奏说郭解无罪，御史大夫公孙弘说："郭解只是一个平民，因打抱不平而干涉司法公正。因一点小过节就有人替他取人性命，虽然郭解对杀儒生的事不知情，可这比他亲手杀人更可恶，他的势力太大，已经到了无以复加的程度。应判处大逆不道罪。"于是把郭解的三族灭了。公孙弘也是儒生，不能不说他这么做也有为那个儒生复仇的意味。

从此以后，成为侠客的人很多，但都傲慢、蛮横，没有什么值得称颂的。而樊仲子、赵王孙、高公子、郭公仲、卤公孺、兒长卿、田君孺这些人，虽为侠客，却谦虚退让，有君子风范。至于说姚氏、诸杜、仇景、赵他、羽公子、赵调这些人，他们都是为害一方的恶霸罢了，哪有什么侠义心肠呢？这种人只是让人深恶痛绝罢了！这些人若被称为侠客，是对朱氏、剧孟等人的侮辱。司马迁对这两种人做了严格的区分。

不能说公孙弘那样评价郭解是错误的，也不能轻易地认定郭解就该被灭族，二者相当矛盾，令人非常纠结。这不仅是汉朝统治者的纠结，也是司马迁的纠结，更是后世人的纠结。儒家人士很容易以道德代替法律，以信仰代替正义，侠客集团则很容易以拳头决定是非，以刀剑来伸张正义。侠客的产生绝对是社会不公的产物，真正公平的社会，不需要侠客。当侠客大行其道时，肯定是乱世。

儒家的追求都是正义的，是人类永远在追求的理想，然而，如果把儒家的信仰当成教条，当成万用灵丹，用道德来代替法律，就无法对复杂的人性和世事做出精细化、差异化的梳理、认知和管理。

有一点应该是正确的：理想的社会不需要拿着刀剑的侠客，但是，不论什么社会，都需要秉持仁爱精神和侠义精神的侠客，否则，这个社会框架就坍塌了。

司马迁评论道：我看郭解，他相貌平平，说话也不引人注意，然而天下不论贤士还是平民，不论认识还是不认识他，都仰慕他的名声，很多人都想借重郭解提高自己的名望。哎呀！郭解被灭族真是太可惜了！

佞幸列传

诗经删后汉千年，苏李河梁句始传。
倾国佳人难再得，当时更有李延年。

（元）宋无《李延年》

底事江都泣殿除，请归其国卫乘舆。
祗知天子威仪盛，不判韩嫣在副车。

（元）宋无《韩嫣》

第一章　黄头郎因姓得宠　临死时不名一钱

俗话说："努力耕作，不如碰上好年景；善于做官，不如抓住好机遇。"这话有合理的成分。不光女人靠美色献媚取宠，就是士人和宦官也有如此做的。

古时靠撒娇卖痴博得宠幸的男人多了，前面都有描述。汉朝建立以后，这种现象也比比皆是。汉高祖刘邦是最暴猛亢直的，一般人很难摸透他的心思，然而籍孺还是靠献媚得到宠爱。汉惠帝时则有闳孺。这两人没什么实际才干，只是靠着一套溜须拍马的功夫才得以显贵，与皇帝同卧同起，王公大臣们想要进言上书都得通过他们。因此汉惠帝时，许多近侍人员都效仿籍孺和闳孺，衣着光鲜，搽脂抹粉，想以此吸引皇帝的目光。

汉文帝时也有宠臣，士人有邓通，宦官有赵同和北宫伯子。赵同是因为懂得星象学才得到宠幸的，常常坐文帝的专车。北宫伯子是一个仁爱的长者。赵同和当时的大臣袁盎不和，常常在文帝面前说袁盎的坏话，袁盎的侄儿袁种对叔父说："赵同气焰太嚣张了，您不妨在大庭广众之中折辱他，他失去体面以后再谗毁您就没有力量了。"汉文帝有一次出行，赵同登上文帝专车，袁盎跪在车前说："我听说有资格和天子一同坐车的，都应该是天下豪杰，如今我们汉朝虽缺少人才，可也不至于让受过腐刑的宦官来滥竽充数吧？"文帝大笑，让赵同下车，把赵同羞愧得泪流满面。

邓通是四川人，没什么独到的技能，因为善于驾船被任命为黄头郎，也就是御用水手，一向戴黄帽，因此被称为"黄头郎"。有一次，文帝梦见自己升天后距离天堂不过咫尺，可就是力量不足，这时有个黄头郎在后面推，自己才得以登天。他回头俯瞰，发现这人衣服背缝好像破裂了，露出一孔。文帝醒了以后就照梦中景象去寻找此人，这时看见邓通，他穿的衣服和梦中人相似，问他姓氏，他回答说姓邓。"邓"与"登"谐音，而且繁体"邓"字左边偏旁是"登"，正好印证了梦中情景，于是文帝开始宠幸他。这个荒诞不经的梦竟然让邓通一步登天。

邓通谨小慎微，不喜欢和外人交往，即使有机会也不出宫，整天陪着文帝消闲解闷，这更合文帝的心意。文帝赏赐他的财物不计其数，还提升他当了上大夫。这是封建君王一切以个人好恶来进行赏罚的最好证据，即使像文帝这样被称为明君的人也不能避免。

《古文观止》中收了一篇文章叫《谏太宗十思疏》，是魏徵劝唐太宗李世民在看人任事上要注意的十个问题，其中有两条叫"恩所加，则思无因喜以谬（miù）赏""罚所及，则思无以怒而滥刑"，也就是说，赏罚要公平公正，不要因为个人喜怒做出格的事情，因为管理者这样做是会败坏风气的。臣子若只知讨主子欢心，以此寻找仕途的终南捷径，必然会让不法之徒有机可乘，长此以往，国将不国，从上到下都是溜须拍马之徒，政治操守荡然无存，什么样的团队都会土崩瓦解。这话说得深刻啊！

文帝常常到邓通家里游戏取乐，宠幸一时极盛，然而邓通终究才智平庸，哪有什么长远眼光，不想着向皇帝推举人才，只知道独善其身，媚上而已，而且还常常恃宠傲物。前文说过，他差点被丞相申屠嘉杀了。文帝曾经让相士给邓通算命，相士说邓通"会因贫困而饿死"，文帝大笑说："你算得不准。能使邓通富贵的在于我，他怎么会贫困呢？"于是把四川的一个铜山赐给邓通，让他自行铸钱，"邓氏钱"遍布天下，他的富裕程度可想而知。

文帝曾经得了痈疮，邓通常常为他吮吸脓汁，文帝闷闷不乐，问邓通："在所有人当中谁是最爱我的呢？"邓通说："应该是太子。"太子就是后来的汉景帝刘启，他进宫探病时，文帝让他给自己吮吸脓水，他虽然做了，但显得很不情愿。后来他听说邓通多次心甘情愿地为文帝吸脓，心里惭愧，但也因此怨恨邓通谄媚太过了，竟然让自己难堪，因为文帝会在两人之间比较，单论此事还会认为刘启比不上邓通孝顺。其实文帝也应该明白，若自己没有权力和利益，邓通怎么会有这么孝顺的表现呢？

文帝去世后景帝继位，邓通被免职，在家闲居。没过多久，有人告发邓通违法铸钱，景帝就派人追查，事情属实，最后抄没了邓通的家产，邓通从"富翁"转为"负翁"。汉景帝的姐姐长公主刘嫖偷偷赐给邓通钱财，都被官吏搜出当作赃款充公了，连一根簪（zān）子都不留给他，长公主只能给他点衣食。最后邓通身上一个钱都没有（成语"不名一钱"之源，形容极其贫穷，"名"指"占有"），死在别人的家里。

第二章　喜新欢冰山难靠　口味异白首为郎

汉景帝时，没有这样的宠臣，景帝只是对大内总管（郎中令）周文仁的宠幸超过常人，但没达到前面那几个人的程度。汉武帝时，有两个宠臣，士人是韩嫣，宦官是李延年。韩嫣的曾祖父是韩王韩信，这个韩信可不是受胯下之辱的淮阴侯韩信，韩王韩信是被秦始皇灭掉的韩国的贵族后裔，与汉高祖刘邦同时代。汉朝建立以后，韩王信被派往太原郡以北防守匈奴，都城从晋阳迁到马邑，在马邑遭到冒顿（Mò dú）大单于的猛烈攻击。高祖虽然派兵解围，但怀疑韩信与匈奴有勾结，就派人责问。他怕被诛杀，就投降了匈奴，后来帮助匈奴进攻汉朝，在战斗中被打死。

韩信在向匈奴逃亡时，小妾在颓当城下生了一男婴，韩信就给他取名为韩颓当，这人就是韩嫣的爷爷。在汉文帝时，韩颓当率领部属逃回了汉朝。在汉景帝平定"七国之乱"时，韩颓当建立大功，被封为弓高侯，韩嫣是他的孽孙（庶孙），也就是小妾生的儿子的儿子。若是正室夫人的儿子的儿子，则叫嫡孙。

汉武帝成为太子前，被封为胶东王，从那时起韩嫣就和武帝一同读书玩耍，属于发小，感情很近。武帝被封为太子后，两人关系更密切。韩嫣骑射功夫好，而且见风使舵，会说甜言蜜语。汉武帝继位后想要讨伐匈奴，韩嫣就提前了解匈奴的军事情况，这很合武帝的心意，因此他日渐尊贵，得到的赏赐可以和邓通相比，而且他时常和武帝同起同卧。汉武帝异母兄江都王刘非入朝拜见，武帝让他到皇家园林上林苑等候，好一同打猎。武帝出行比较麻烦，沿途既要打扫干净，又要采取"交通管制"，他就派韩嫣坐自己的副车先去摸清野兽的踪迹，有数百骑兵跟随。江都王远远望见，以为是武帝来了，就让人避开，自己跪在路边迎候，韩嫣照行不误，视而不见。本来江都王错拜了韩嫣，心中就不痛快，又看他如此无理，心中大怒，就找武帝的母亲王太后哭诉："请您收回我的封地，我要进宫侍奉皇上，与韩嫣一较高下。他仗着皇上宠幸，竟如此藐视我们刘氏。"王太后因此讨厌韩嫣。后来韩嫣随意进入内宫，王太后听闻奸情，大怒，派使者赐韩嫣自杀。武帝替他谢罪，可还是没有成功，韩嫣自杀。韩嫣的弟弟韩说（yuè）也是佞幸。

李延年是中山国的人，他们一家都是歌舞艺人。李延年曾因犯法被处以腐刑，在皇宫养狗。武帝的姐姐平阳公主说李延年的妹妹善于跳舞，武帝见到后十分欢喜，就把她带入宫中，李延年也因此得到宠幸。李延年善于唱歌谱曲，他揣摩武帝的心意，谱了许多韵律优美、恢宏大气的新曲，而他妹妹因为生了男孩也很受宠，他因此得到很高的工资，得到的其他待遇能和韩嫣媲美。李夫人死后，武帝对李延年家人的宠爱就减少了，加上他骄横放纵，渐渐传出秽乱宫廷、作奸犯科的事情，武帝就杀了他。

从此以后，能够得到皇帝宠幸的大多是皇帝母族、妻族的人，然而都不值得述说。卫青与霍去病，一个是卫皇后的弟弟，一个是她的外甥，也因裙带关系受宠，但二人颇有才干，能够建功立业，和他人自是不可同日而语。

司马迁评论道：哎呀！这些人靠着谄媚得到的东西是最不可靠的，一旦统治者的爱好与憎恶发生变化，这些佞幸的愿望必成南柯一梦。即使千百年以后，也同样如此。自己没能力，想要靠着别人的恩赐讨生活，可能依靠的是座冰山。

有一个典故叫"白首为郎"，是说汉代有一个叫颜驷的人，已经很老了还做"郎"。"郎"即郎官，是皇帝的侍从，一般都由年轻人担任，而且郎官一般都是过渡性的职位，如果自己略有才能，就会更上一层楼。也就是说，郎官是吃青春饭的。这个颜驷历经汉文帝、景帝、武帝三朝，一直未能得到升迁。有一次，汉武帝看到了满头白发的颜驷，就问他："您是什么时候当郎官的？怎么做了这么久？"颜驷说："我是文帝时担任郎官的，那时文帝爱文，可是我爱武；到景帝时，景帝喜欢俊美小生，我又太丑；您继位，倒是喜欢会武的，可是您喜欢年轻人，我又太老了。"汉武帝听后十分感慨，就提拔了他。

因为统治者的好恶不同，所以一个人想投其所好是不容易的。一个人一门心思想要讨主子的欢心，可能就会遇到和颜驷一样的尴尬。三个时代的统治者的个人喜好肯定大异，即使同一个人，不同时期的喜好恐怕也是变化多端，因为人心是最善变的。为了更深刻地理解这一点，可以参阅诸子百家中韩非的《说难》。

人还是独立自主、自力更生最好！

李广列传

第一章　飞将军名扬天下　查历史匈奴溯源

唐代大诗人王昌龄有一首著名的诗叫《出塞》："秦时明月汉时关，万里长征人未还。但使龙城飞将在，不教胡马度阴山。"这是一首边塞诗，是说从秦汉到唐朝，边境一直未得安宁，借古讽今，借缅（miǎn）怀汉代的名将李广，抒发对唐朝对外政策的不满。这首诗被称为唐代七绝中的"压轴诗作"，诗中的"龙城飞将"就是指李广。他究竟有什么样的人格魅力，让王昌龄倾注了满腔的热情呢？

李广是甘肃人，他的祖先叫李信（秦始皇时代的名将，在荆轲刺秦王事件以后，秦始皇盛怒之下全力攻燕，燕王喜和太子丹率领精锐撤退到东北，以图再战，李信率领几千勇士在后穷追不舍，终于迫使燕王喜杀死了太子丹，李信由此名声大噪）。李广家族世世代代学习箭法，基本都有百步穿杨的本事。汉文帝十四年，匈奴大规模入侵，李广以良家子弟的身份参军，他箭法精良，骑术高超，斩获的首级多，因为有军功被提拔为汉文帝的侍从人员。李广的堂弟李蔡是皇帝的武骑常侍，为皇帝近侍护卫之一，秩八百石。李广曾经随文帝出行，冲锋陷阵，力格猛兽，文帝叹道："可惜呀！你生不逢时，若是生活在高祖东征西讨平定天下的年代，封万户侯又有何难？"汉文帝提出口头赞扬，但实际上并不想真正任用李广。汉文帝是黄老思想的信奉者，在其施政纲领中，也体现了这种"以天下无事为福"的思维。那时对匈奴基本上采取"和亲政策"为主、军事上自卫反击为辅的策略。从这个角度看，李广生不逢时。

汉景帝刚刚继位，就把李广从陇西都尉升迁为自己的骑郎将。"七国之乱"时，李广作为骁骑都尉，跟随太尉周亚夫出征，夺取了叛军的帅旗，扬名天下。当时，汉景帝的亲弟弟梁王刘武遭受叛军的猛烈攻击，李广曾在梁王辖区英勇作战。梁王仰慕他，就授予他将军印，但这触犯了景帝，因为在此之前，梁王曾有做景帝继承人之意，兄弟俩由此产生了矛盾。两人的母亲窦太后站在梁王一边，为小儿子争夺皇位继承权积极地努力着。李广平定叛乱返回朝廷后，景帝没有封赏他，反而调他出任上谷郡太守，天天与匈奴交战。典属国公孙昆邪哭着对景帝说："李广的才气天下无双，他自负贤能，多次与匈奴死拼，他若死了是大汉的损失呀！"此人爱才之意溢于言表，景帝于是把李广调到二线。后来李广在太守的职位上多次流转，都因为英勇善战而闻名。

这个匈奴到底是什么来头呢？匈奴是中国古代北方游牧民族。汉朝时常遭受匈奴的侵扰，按照当时的评价标准，匈奴是愚昧野蛮的象征。这种思想由来已久，在周朝就产生了类似东夷、西戎、南蛮、北狄的说法。中原地区以礼仪之邦自居，把其他少数民族排斥在主流文化之外。在汉代，统治者和知识分子站在"大汉族主义"的立场上，对给自己带来巨大威胁的匈奴嗤（chī）之以鼻，称他们是不开化的民族。但是司马迁的思维竟然跨越了两千年的历史沧桑，他好像预见到两千年之后，以五十六个民族为主体的中华民族会融合成统一体，真是慧眼独具。

经过考证，他认为所有的少数民族都是炎黄子孙。当时秦朝不被主流思想承认，但是司马迁认为，秦人的祖先女修是"五帝"之二帝颛顼的后代孙女，而帝颛顼是人文初祖黄帝的孙子。位于长江以南的楚国同样被排斥，但是司马迁认为楚国的始祖也是帝颛顼的后代。长江中下游的吴国、越国也一样被蔑视。司马迁考证出吴国始祖吴太伯是周武王的大祖父，而周朝的始祖是后稷，后稷是"五帝"之三帝喾的正夫人姜原生的，帝喾是黄帝的第四代孙。越国的始祖是夏朝少康的庶子，夏朝是大禹的后人，大禹是黄帝的五世孙。所有这些最后都归结到黄帝那里。

那么司马迁认为匈奴的祖先又是谁呢？

根据《史记·匈奴列传》的记载，匈奴的始祖叫淳维，他是夏朝贵族的后裔，而夏朝贵族是大禹的后代，大禹是黄帝的五世孙，这样说来，匈奴也是炎黄子孙。匈奴刚开始时四分五裂，经过一千多年的争战，才在汉初融合成统一的民族。因为开始时是四分五裂的游牧民族，所以其名称也是千差万别。在周朝时，匈奴就是中原地区的北方边患，那时主要有山戎（róng）、猃狁（xiǎn yǔn）、荤粥这几支。即使匈奴没有侵扰中原地区，汉文化也会把他们排斥在外，因为匈奴是一个遵守"优胜劣汰"自然法则的民族，他们没有固定住所，以游牧为主，以水草的肥美程度决定栖息地。匈奴崇拜武力，平时以打猎为生，形势紧急时就要侵扰，这是其本性。匈奴善于打运动战和游击战，打得赢就打，打不赢就撤，不讲究中原地区的礼义廉耻，一切以现实利益为出发点。从君王以下，都吃牲畜肉，穿皮革，身强力壮的享受肥美食品，老弱病残的只能吃残羹冷炙（zhì），这种优胜劣汰的机制肯定让讲究"老吾老，以及人之老，幼吾幼，以及人之幼"的中原文化难以接受。其实匈奴的

李广列传

◎关于匈奴的简介

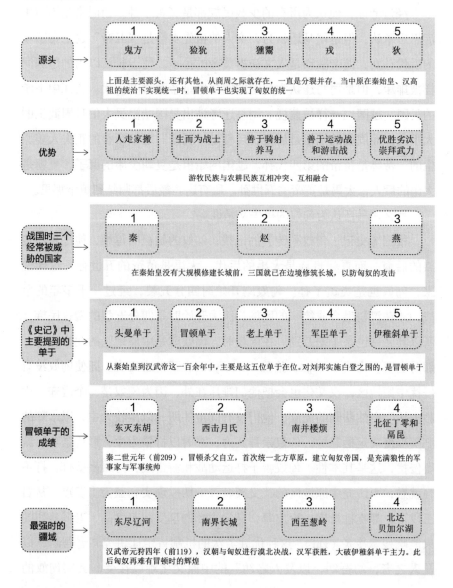

源头 →	1 鬼方	2 猃狁	3 獯鬻	4 戎	5 狄

上面是主要源头，还有其他。从商周之际就已存在，一直是分裂并存。当中原在秦始皇、汉高祖的统治下实现统一时，冒顿单于也实现了匈奴的统一

优势 →	1 人走家搬	2 生而为战士	3 善于骑射养马	4 善于运动战和游击战	5 优胜劣汰崇拜武力

游牧民族与农耕民族互相冲突、互相融合

战国时三个经常被威胁的国家 →	1 秦	2 赵	3 燕

在秦始皇没有大规模修建长城前，三国就已在边境修筑长城，以防匈奴的攻击

《史记》中主要提到的单于 →	1 头曼单于	2 冒顿单于	3 老上单于	4 军臣单于	5 伊稚斜单于

从秦始皇到汉武帝这一百余年中，主要是这五位单于在位。对刘邦实施白登之围的，是冒顿单于

冒顿单于的成绩 →	1 东灭东胡	2 西击月氏	3 南并楼烦	4 北征丁零和鬲昆

秦二世元年（前209），冒顿杀父自立，首次统一北方草原，建立匈奴帝国，是充满狼性的军事家与军事统帅

最强时的疆域 →	1 东尽辽河	2 南界长城	3 西至葱岭	4 北达贝加尔湖

汉武帝元狩四年（前119），汉朝与匈奴进行漠北决战，汉军获胜，大破伊稚斜单于主力。此后匈奴再难有冒顿时的辉煌

这种文化是自然法则的体现，只有保持竞争机制才能让民族强大，只是不要过分，同时要兼顾弱势群体。

按照匈奴的风俗，父亲死后，儿子就可以把父亲的姬妾收罗门下，生母除外；兄弟死后，活着的兄弟可以把嫂子或者弟妹们收入囊中。到了汉朝，中原大地早已进入新型社会形态，匈奴还处在原始状态。单于死后，陪葬的人达几百上千，甚至到元朝的蒙古族，其仍然保留了这一野蛮的传统。中原地区在春秋末期就在慢慢淘汰"殉葬制度"，改用烧制的陶俑来陪葬，秦始皇兵马俑也产生于这种时代背景下，成语"始作俑者"也指开用陶俑陪葬先河的人，这是人类文明进步的标志之一。只有到朱元璋时，他又进行了一次"复古运动"，找人陪葬（当然，对这个问题现在也有争议，我只是给有兴趣的朋友提个醒，大家可以做专门研究）。

第二章　兵力强雄踞北方　鸣镝响冒顿崛起

西周时，周朝与匈奴的前身猃狁多次交战，《诗经·小雅·采薇》就是在这种历史背景下创作的。最后一段尤其优美："昔我往矣，杨柳依依（出征时，柳条随风飘舞）。今我来思，雨雪霏霏（战罢归来，雪花漫天飘扬）。行道迟迟，载渴载饥。我心伤悲，莫知我哀。"虽然主人公对自己的命运颇有感慨，但还是以国家为重。不管怎样，自己胜利归来，还是值得庆幸的。这次战争就是抵抗猃狁。与猃狁之战，大概发生在西周初年，到了西周末期，那个搞"烽火戏诸侯"的周幽王就是被犬戎杀死的，犬戎也是匈奴的前身。

东周开始时，周王朝的控制力减弱，历史进入春秋时代，这时最风光的人物就是"春秋五霸"。五霸之首齐桓公提出的口号是"尊王攘夷"，"尊王"就是维护周王朝的权威，"攘夷"就是抵制少数民族对中原文化的侵袭。当时匈奴前身之一山戎攻击燕国，燕庄公向齐桓公求救，齐桓公打退山戎，燕庄公感恩戴德。燕庄公送齐桓公回国时，越过燕国领土，到了齐国境内，这与当时礼法不合，因为有资格让诸侯送出国境的只有周朝天子，于是齐桓公把燕庄公到达的齐国土地都划归燕国，这样就不违制了，齐桓公因此名满天下。

在《论语·宪问篇》中，孔子说："管仲相桓公，霸诸侯，一匡天下，民到于今受其赐。微（若是没有）管仲，吾其被发左衽（rèn。左衽，指衣襟左掩。披发左衽是夷狄打扮）矣。"孔子认为管仲在保护中原文明方面功劳很大，否则到孔子生活的时代，恐怕中原地区都是少数民族的天下了。孔子就是取这段时代背景展开议论的。

秦国统治的区域与匈奴的前身之一西戎接壤。秦穆公时代，晋文公称霸方兴未艾，秦穆公为了不与强大的晋国发生正面冲突，把目光从东方转移到西方，采用离间计及武力，兼并了西戎方圆千里的土地。晋国的北面是狄，也称翟，是晋国北面边防的最大威胁。后来狄一分为三，其中一支就成为匈奴的前身，详情请参看本系列丛书之《霸主之路》。相对来说，匈奴也是经过多民族的融合而形成的。匈奴鼎盛时，疆域东尽辽河、南界长城、西至葱岭、北达贝加尔湖。

后来"三家分晋"，进入战国时代，赵国就面临匈奴的威胁。正是在这种客观现实下，赵武灵王决定开展"胡服骑射"改革，想采用游牧民族的服饰及训练方法改革军事，增强军队的机动性。战国末期，与廉颇齐名的李牧担任"边防军司令"，抵制匈奴的进攻。而燕国在战国末年在秦开（与荆轲共同刺秦王的秦舞阳之祖父）的带领下，多次抵挡住了东胡的进攻。到了秦始皇时代，为了抵制游牧民族的进攻，秦始皇一方面修建万里长城，一方面派大将蒙恬镇守北方边境，给匈奴以迎头痛击，"却匈奴七百余里，胡人不敢南下而牧马"。在汉高祖时代，统一、强大的匈奴正式形成，对汉王朝形成巨大的威胁。当时的匈奴单于叫冒顿，他有什么能力实现统一呢？

从匈奴出现雏形到秦末这段时间经历了一千多年，大将蒙恬被秦二世逼死后，中原发生了陈胜起义和楚汉战争，匈奴得到发展的良机。这时的单于叫头曼，是冒顿的父亲。本来冒顿已经被立为太子，但头曼单于后来又宠爱另外的阏氏（匈奴皇后），有了少子后，就想废掉冒顿，于是他把冒顿派往月氏（zhī，汉武帝时张骞出使西域，就是想联合月氏夹击匈奴，月氏这时已经被匈奴打怕了，没有同意。但是因为"睁眼看世界"，汉民族拥有了广阔的视野。在头曼单于时代，月氏还是强于匈奴的）当人质。头曼想置冒顿于死地，就派兵攻打月氏，月氏人于是想杀死冒顿。冒顿非常机智，偷到良马，返回匈奴。头曼认为他很勇敢，就命令他带领一支万人的骑兵队伍。

冒顿知道父亲的心意后，不动声色，暗中筹划。他制造出一种飞行时发出尖锐响声的箭——鸣镝（dí）。在进行军事训练时，他传令道："我的鸣镝所射之处，众军士一同射击，有违抗命令的，杀无赦。"冒顿在打猎时用鸣镝射鸟兽，有不向鸣镝所射方位射击的，被就地斩杀。后来冒顿的鸣镝射向自己心爱的宝马，有人以为这可能是误射，就没有跟随射击，结果也被斩杀。没过多久，冒顿的鸣镝射向自己的爱妻，手下有人不敢射，同样被处死。后来，冒顿在打猎时，把鸣镝射向头曼单于的良马，手下毫不犹豫地将箭射出，他知道其手下可用了。有一次，他随父亲打猎，他的鸣镝射向父亲头曼，手下随着鸣镝杀死了头曼。于是，他杀死了后母及差点取代他的异母弟弟，不服从的大臣一概被杀死。冒顿自立为单于。

当时东胡强盛，听说冒顿杀父自立，想试探一下他的态度及意志力，就派使者到匈奴，索取头曼单于的千里马。冒顿问群臣怎么办，群

◎匈奴的领导核心及基本组织架构

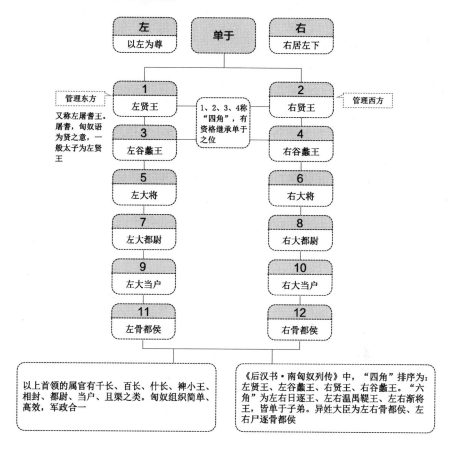

臣皆说："千里马是匈奴的宝马，不能给。"冒顿说："为何因为爱惜一匹宝马而得罪邻国呢？"于是就送给东胡千里马。人的贪欲总是一步步扩大的，东胡以为冒顿害怕自己，又来要冒顿的一个爱妻。冒顿又问左右，左右大怒道："东胡无道，竟敢索要阏氏！讨伐它。"冒顿说："为何因为一个女子而得罪邻国呢？"他又把自己的爱妻奉送。

东胡王日益骄傲，向匈奴方向扩展土地。东胡与匈奴之间有千余里不能居住的荒废土地，双方都在两边设置了哨所。东胡王派人对冒顿说："我们双方边界外的空地，你们匈奴也不要，不如让我们东胡占有算了。"冒顿就问群臣怎么办，有人说："这是一块废地，给也行，不给也行。"冒顿大怒道："土地是国家的根本，怎么能给呢？"他把认为可以给的大臣全部处死。冒顿上马，命令全体将士攻击东胡，有后到者，斩。东胡当初轻视冒顿，没有做准备，于是，匈奴兵以迅雷不及掩耳之势，大破东胡，把东胡的百姓、牲畜全部掠夺回来。接着匈奴又向西击走大月氏，南并楼烦等部，把北方游牧民族统一起来，实力空前强大，有三十万骑兵。此时正是楚汉纷争时期。

第三章　高祖中白登之围　李将军胆大如斗

汉高祖刘邦建汉后，派遣韩王信镇守代地，以马邑为都城，防备匈奴。后来匈奴大举进攻。由于军情紧急，汉朝救兵支援太慢，同时，由于刘邦大杀功臣，韩王信成惊弓之鸟，因此，他投降了匈奴。匈奴让韩王信带路，攻击太原郡，刘邦于是亲自征讨。当时天寒地冻，士卒有十分之二三以上被冻伤，这也是刘邦想要速战速决的原因之一。冒顿派出老弱病残引诱刘邦，结果刘邦孤军深入，中了埋伏，史称"白登之围"（有一人叫娄敬，劝刘邦舍弃洛阳，定都长安，占尽地利。和刘邦一起打天下的功臣都是关东人，他们不愿意到长安，所以一致反对。后来，在张良的坚持下，刘邦决定定都长安，这在冷兵器时代，是十分明智的。事后，刘邦赐娄敬为"刘敬"，以示尊崇。刘邦遭遇这次失败后，非常苦闷，就问刘敬怎么对付匈奴，刘敬说："我们汉朝刚刚建立，百废待兴，士兵困顿，不能用武力征服匈奴。冒顿单于杀父自立，娶庶母，依仗武力，目空一切，和这种人'讲仁义'是没用的。我倒是有长远之计，只是怕陛下不肯做。"刘邦说："只要可以，有什么不能做的？"刘敬说："您若是能把长公主嫁给冒顿，再赏赐大量财物，匈奴肯定欣喜。他们贪图以后的奖赏，必会立长公主为王后，生的孩子就是太子。冒顿在，是您的女婿；冒顿不在，您的外孙就会成为单于。哪有外孙与外祖父分庭抗礼的道理？这样，不必动用军队，就能让他们臣服。如果您不派遣长公主，让别人冒充，事后匈奴知道，肯定不会宠幸她，毫无意义。"刘邦同意，可是吕后日夜哭泣，说："我只有太子和这个女儿，为什么要把她派往蛮荒之地呢？"刘敬所说的长公主，应指鲁元公主，她后来嫁给了张敖。吕后肯定舍不得亲生女儿，刘邦只好找一个宫女冒充公主，派刘敬去订立了盟约。刘敬应该是汉初提倡"和亲政策"的第一人。事见《史记·刘敬叔孙通列传》），这次是陈平跟随，使用秘计才得以脱身。

高祖去世后，吕后就开始以和亲政策为主。汉文帝即位后，也是以和亲政策为主，军事上主要是自卫反击。其间，冒顿死，儿子老上单于立。老上单于死，儿子军臣单于立。军臣单于继位后不久，匈奴大举进攻汉朝。就是在这次军事冲突中，周亚夫驻军细柳，名声大噪。这时匈奴比较熟悉汉朝的情况，因为一个叫中行说（háng yuè）的宦者投靠了匈奴。他本来是汉朝宦官，汉文帝把宗室女儿嫁给老上单于，把他当陪嫁，他不愿意去，可是宫里人强迫他去。他发誓说："非得让我去，我就会成为汉朝的祸患。"他到了匈奴后，就投靠了老上单于，得到宠幸。军臣单于同样重用他。在汉景帝在位的十六年中，匈奴也是军臣单于当政。汉武帝时代，军臣单于去世，其弟弟伊稚斜自立为单于，打败军臣单于的太子于单。于单逃到汉朝，被封为侯爵，几个月之后去世。电视剧《汉武大帝》把"冒顿鸣镝"的故事嫁接在伊稚斜单于身上，是为了增加故事性。这就是当时匈奴的基本背景。

后来，汉景帝派受宠信的宦官到李广军中学习军事知识。当时匈奴正在侵袭边境，这个宦官带领几十人纵马驰奔，遇到三个匈奴人，双方交战。这三个匈奴人箭不虚发，宦官被射伤，其随从也都丧命。他带伤告知李广，李广说："他们的箭法如此精良，肯定是能挽硬弓射大雕的神箭手。"李广带了一百多骑兵去追赶三人，那三人没有马，徒步走了几十里，李广追上他们后，让手下一字排开，他亲自与三人交战。所谓强中更有强中手，一山更比一山高，李广亲自射杀两人，生擒一人，一问这三人果然是射雕的神箭手。

李广刚把这人绑在马上要回转，突然看见数千骑兵包抄过来，李广大惊，匈奴兵也大惊，他们以为李广等人是疑兵，要引诱他们，因为只带百十多骑兵就敢深入匈奴的势力范围，这不合情理。匈奴兵没敢攻击，而是在一个丘陵上摆好阵势，观察情况。当时汉军不知李广的准确位置，没法接应。李广的手下十分害怕，想快马加鞭往回跑，李广说："我们离大营有数十里的路程，如果逃跑，就暴露了我们兵少的弱点，匈奴兵肯定会在后面追杀，那么我们都别想活命。如果不走，他们必然认为这是诱敌之计，不敢主动攻击。"李广命令手下向匈奴兵阵前推进，到了离匈奴兵二里远的地方，他下令说："全部下马解鞍。"手下说："匈奴兵多而且近，一旦他们冲过来，我们跑都来不及，怎么办？"李广说："他们以为我们会走，谁知我们却下马解鞍，他们会更加坚定地认为我们是在诱敌。"匈奴兵果然不敢出击。李广真是胆略过人。

这时有一个骑白马的匈奴将领走出阵营想整顿士兵，李广上马带领十几个骑兵冲上去，射杀了那个将领，然后又折回来，解鞍。他命令士兵躺下，让马自由活动。当时正赶上天黑，匈奴兵感到很奇怪，心想汉军怎么这么大胆，最终还是不敢出击。半夜时，匈奴认为李广的伏兵可能会趁黑进攻，赶忙带兵离开。第二天早晨，李广才回到大营，没有损失一人一骑。由此可见李广的智谋与勇略。

若干年以后，汉景帝去世，汉武帝登基，左右都认为李广是名将，于是把李广升为卫尉。这是当时的"九部长"之一，银印青绶，秩中二千石，统辖宫廷卫士，相当于警卫团首长，负责皇帝的安全。程不识是李广的同僚。在《窦田列传》中提到，灌贤与程不识在田蚡的婚宴上说悄悄话，灌夫去敬酒时，心中本来有火，就借着两人对自己不敬发泄了出来，田蚡来劝时说，看在李广的面子上，也不应该当众侮辱他的同僚程不识呀。由此可见李广在当时的声望了。

第四章　领导力各有千秋　战失利免为庶人

　　当初程不识和李广都以边郡太守的身份带兵抗击匈奴，两人有截然不同的带军风格。李广的士兵没有整齐的行列队伍，行军时只找水草丰美的地方驻扎，晚上也不用人打更守夜，各种公文也力求简洁，人人感觉方便，但李广总是远远派出侦察兵，这样就不会遭受什么危险。而程不识在队伍编制、行军次序、驻扎营盘方面严格要求，有板有眼，中规中矩，晚上总有人打更值班，手下的文员整理文书直到天亮，军队得不到足够休息，但也没遭到大危险。程不识说："李广力求简洁，军队难免散漫，若敌军突然进攻，他恐怕难以抵抗，但是士兵安逸快乐，能为他死战，这就弥补了不足。我军虽然军务繁杂，但防患于未然，随时保持完整的战斗队形，敌人也不敢侵犯。"

　　当时李广与程不识都是边防部队中的名将，可是匈奴还是更怕李广的胆略，士兵也愿意跟随李广，认为在程不识手下太苦。程不识在汉景帝时因为多次直言劝谏，被提拔为太中大夫，主管议论、品评，秩比千石。他为人廉洁，有原则，一切按规章制度办事。他算是文武双全，而李广文事略显不足。从长远来看，还是程不识的做法更好，有规有矩，符合一般规律，防患于未然。李广的统兵方法不应该大力提倡，即使成功，也是特例，有其特殊性和偶然性，简单效仿可能会东施效颦（pín），弄巧成拙。

在汉武帝时期，汉朝使用诱兵之计，在马邑找人与匈奴单于联系，说要为匈奴做内应，然后汉军埋伏在马邑周围，李广作为骁骑将军随军出征，但单于发觉有诈，退兵了，汉军无功而返。四年以后，李广再次出征，遭遇匈奴大部队，李广被击败，并被生擒。因为单于听说李广贤能，之前曾下令说："一定要生擒李广。"李广当时受伤，匈奴骑兵在两匹马之间放了一个网袋，让李广躺在里面驮着他走。走了十多里，李广诈死，他用余光看到自己身旁有一人骑着匹好马，就突然跃到那人的马背上，把那人推下马，夺到弓箭，纵马狂奔了几十里，又遇到自己的残部，就一起往回走。匈奴有几百骑兵追来，李广操起弓箭射杀了领头追兵，其他人被震慑住，他因此得以逃脱。回到朝廷后，李广被送到"军事法庭"审判，法官认为他造成重大损失，而且被活捉，按律当斩，后来他花钱免除死罪，但被削职为民。

李广在家闲居了几年，他当时只以打猎为乐事。有一次他带着一个随从出城，和人在乡间饮酒，欣赏田野风光。晚上回城时，城门已关，他遇到了城里掌管军事的县尉，县尉醉了，呵斥李广，不肯放行。李广随从说："这是以前的李广将军。"县尉说："就是现任的李广将军也不行，还提什么以前的李广将军。"李广就在外留宿了一夜。没多久，匈奴又入侵，汉军吃了大败仗，就又把李广提升为将军。李广把这个县尉一起带入军中，找个借口斩杀了他。这就显得心胸狭窄了。韩信没有杀让自己受辱的无赖，反而让他当了一个官，这才是大将军的风范。同样，韩安国没有杀死侮辱自己的田甲，而是告诉他"死灰照样能够复燃"的真理，并且"善遇之"。

李广这时被匈奴称为"飞将军"，匈奴兵尽量避免和他交战。李广有一次外出打猎，远远看到草丛中掩藏猛虎，他瞄准后，一箭击中目标。等到了近前一看，才知是块大石头，箭头深入其中。他再次射箭，可再也不能射入石头了。李广听说有老虎，亲自去打虎，虎跃起伤了他，而他最终还是杀了老虎。这主要是写李广的神勇。

第五章　同甘苦爱兵如子　机制错李广难封

李广廉洁，得到封赏就分给下属，饮食起居不搞特殊化，与士兵待遇相同。李广一生，薪水在二千石左右有四十多年，可家无余财，他一直不考虑置办家业的事。李广身材修长，两膀有力，天生就是当神箭手的料，他的子孙和其他人跟随他学习，可怎么也比不上他。李广言语迟钝，不愿多说话，和人在一起时最愿玩射箭游戏，一直到死都如此。李广带兵时，遇到粮水不继的情况，发现有水，士卒若不喝完，他绝不动口；发现粮食，士卒若不吃完，他绝不动筷。他待兵宽仁，不苛责什么，因此士兵都乐于为其所用。他发现敌人，射箭时，总是要让对方进入自己的射程后才肯出手，力求百发百中，否则绝不乱射，但这样也有冒险成分，所以他的军队也多次受到困辱，他射杀猛兽时也会被它们伤害。李广爱卒如子，这才是名将风采。

后来，李广一度成为郎中令，这是令人畏惧的官职，绝对地接近权力中心。但在国家需要时，他还是要以将军的身份带兵抗击匈奴。当时军功都是以斩获敌人首级数来计算的，其他将军斩获颇丰，被封为侯爵的不计其数，李广战功无数，但是没有明显的斩获，没被封赏。其后两年，李广和后来出使西域的张骞（qiān）共同出击。他们兵分两路，李广深入数百里，匈奴的"贵族院"首领之一左贤王带四万骑兵包围了李广，而他这时只有四千军士，双方比例为十比一，李广军士大恐。李广派自己的儿子李敢上前冲锋，顺便侦察虚实。李敢只带几十健儿直冲匈奴军阵，从左至右杀出回转，说："匈奴容易对付。"军心才稳。当时汉军四面受敌，李广命令士兵围成圆阵，匈奴攻击，箭如雨下，汉军死亡过半，而且弓箭也快用完了。李广命令士兵把弓箭拉满了，但不要轻易发射，他用一种可以连续发射的大黄弩箭接连射杀好几个敌将，匈奴兵才渐渐散去。当时汉军上下都被死亡的阴影笼罩着，士兵们一个个面如土色，可李广神态自若、意气风发，精神饱满地整顿军队，士兵都被他的镇静、坚毅与勇敢所感染，士气回升。第二天，汉军又与匈奴力战，而张骞的军马也赶来营救，匈奴被击退，可汉军也疲惫不堪，无力追击了。李广差点全军覆没，回去以后，张骞因为贻（yí）误战机，按照法律应该处斩，后来花钱赎了死罪成为平民。李广功过相抵，他还是没有实现封侯的心愿。

　　当初，李广和自己的堂弟李蔡一起侍奉汉文帝、汉景帝时，李蔡积累功劳得到薪水二千石的官职。汉武帝时，李蔡随同大将军卫青击匈奴，斩首很多，被封为侯爵，后来又做过丞相。李蔡的才能智慧极其一般，名声也无法和李广相比，可是李广就是没被封侯，做官最高也就是九卿级别，而李蔡被封乐安侯，做到三公级别的高位。从李广手下走出去的军官，甚至曾是他手下的士兵，都有被封侯的，这让李广很郁闷（司马迁用反衬法突出李广的无奈）。

有一次，他与一个叫王朔的星象学家闲谈，说："自从汉朝与匈奴开战，我次次参加，大小有七十余战，可是官职在我之下、才能平平的人，都有几十个因为军功被封为侯，我李广自认不比人差，然而就是没能封侯，为什么呢？难道是命中注定吗？"王朔说："将军想一下，做没做过让自己悔恨的事？"李广说："我在做陇西太守时，羌族谋反，我把投降的八百人在一日之中杀尽，这是我最大的恨事。"王朔说："杀降不祥，最损阴德，也是将军不得封侯的原因。"这就是典故"冯唐易老，李广难封"后半部分的起源。其实李广的悲剧是自身原因加上汉代统治者的喜怒无常、不念旧德、任人唯亲共同造成的，司马迁也是借他人之酒杯浇自己胸中之块垒，是对自己命运的感叹。他就是因仗义执言被汉武帝处以宫刑，从而生不如死。当然，对李广杀死降卒也是要持批判态度的。其实"李广难封"的原因，既不是杀降，也不是运气差，而是军功授爵的弊端等造成的。可参考本系列丛书之《秦史之谜》。

第六章　大将军气势如虹　飞将军生无可恋

再后来，卫青、霍去病（卫青是汉武帝的老婆卫皇后的弟弟，霍去病是卫皇后的外甥）带领大军攻击匈奴，斩获颇多。卫青具有大将风度，霍去病骁勇善战，适合打运动战和奔袭战，他仿效匈奴的打法，不带辎重粮草，而是轻装简从，深入匈奴内部，就地取材，以其人之道，还治其人之身，给匈奴以沉重打击。霍去病寡言少语，有气魄，敢担当，汉武帝让他研究一下孙子、吴起的兵法，他说："战争要具体问题具体分析，不必学习古代兵法。"这话对，但是不全面。诚然，战争是最强调现实、最注重特殊性的，但是不管多么特殊的事情，都是有一般规律性做基础的，他不注重研究战略思维，很难成为统筹兼顾的元帅。汉武帝要给他建住宅，他说："匈奴未灭，无以家为也。"这句话听着提气。

但是，霍去病很小就显贵，所以他不知体恤（xù）士卒。每次出征时，汉武帝都赏赐他几十车食物，他吃不了都糟蹋了，可是还有很多士卒挨饿，有时士卒饿得都站不起来，他却照样踢球，只管自己快乐。这样的事例有很多，和李广的爱兵如子形成鲜明对照，这主要是出身、经历及性格不同所导致的。李广是行伍出身，知道民间疾苦，管理更加人性化。

大将军卫青本来是汉武帝姐姐平阳公主的骑奴，未显贵时，有人给他相面说："您是贵人，将来能封侯。"卫青笑道："我只是一个奴仆，只要主人不打骂我就万幸了，还敢奢望封侯？"其姐姐卫子夫本是平阳公主家的歌姬，后来得到汉武帝的宠幸，因此卫青才有出头之日，但他还是有才能的，抓住了机遇，多立战功。后来平阳公主寡居，心仪卫青，在汉武帝的撮合下，两人结合，卫青富贵至极，连在襁褓中的儿子都被封为列侯，这与李广又形成对照。

对于统治者来说，自己的亲戚即使没有功劳都要封赏，何况还立有大功呢？而李广因为名气过大，很多时候吸引了匈奴主力，这样才使别人有更多机会成功。但是汉朝的军功奖励方式仿效秦朝，是以斩获敌人首级数记功的，不管你在战略上和实际上立下多大的功劳，只要没有斩获首级，就别想被记功。这种看似公平的奖励机制其实是十分僵化、不合时宜的，没人注意李广的"隐性功劳"，他也遇不到像汉高祖刘邦那样明察秋毫的上司，有什么办法？此事复杂，请看本系列丛书之《秦史之谜》和《汉初战略》。

卫青虽然显贵，但是和自己的外甥霍去病相比，还是有很多不同，他不像霍去病那样锋芒毕露，而是为人仁慈善良，谦恭退让，凭借宽厚柔顺讨好汉武帝。不过天下人并不是十分赞赏他，为什么呢？苏建有一次对司马迁说："我曾经责备大将军卫青，虽然他的身份尊贵，但是天下贤才却不称赞他。我希望他能借鉴古代名将的经验，努力招徕贤者，大将军谢绝说：'自窦婴、田蚡厚遇宾客，天子常常切齿痛恨。他们亲近贤才是犯了大忌，因为提拔贤者、斥退庸才是国君的分内之事呀。人臣只要奉公守法就行了，何必招揽人才呢（这也是窦婴之死的重要原因。田蚡诬蔑窦婴与灌夫指天画地，意图不轨，而这正是汉武帝忌讳的）？'"在对待士人的态度上，霍去病也是如此。司马迁对这种明哲保身的行为很是不屑（笔者加入卫青、霍去病略传，是为了反衬李广）。

李广多次请战，汉武帝认为他年纪太大，开始时不同意，后来见他心诚，就准许他出征了。漠北大战前，卫青通过抓获的俘虏得知了匈奴单于的位置，于是想自己带兵直插过去，命令李广和右将军从东面包抄。东面这条路略微绕远，而且路上草稀水少，大军行走艰难。李广请求说："我被任命为前将军，理应是冲锋陷阵的，可是您却让我走远路，这样不妥，而且我自成人后一直与匈奴交战，这次才有机会直接面对单于，我愿做前锋和单于决一死战。"但卫青在出征前得到汉武帝的告诫，说李广年老，而且运气不好，不要让他与单于交战，怕给军队带来晦气。而且卫青在微贱时有一个救命恩人公孙敖，此人因为在上一次战斗中耽误了会合的时机，按律当斩，花了钱才免除死罪，但侯爵封号被取消。这次用人之际，武帝又让他戴罪立功，卫青也有私心，想让公孙敖与自己一起进发，让他立功再得奖赏。

世界上哪有不透风的墙，李广也知道这里的奥妙，所以他向大将军卫青提出请求，可卫青不听，执意让李广从东路出发。李广非常恼怒，可官大一级压死人，他只好服从命令。他没有向卫青告辞，转身就走，和右将军从东路出兵。李广军没有向导，迷了路，再加上这条路远，因此他们没有在指定时间与卫青会合。卫青军单独与单于交战，单于逃跑了，卫青只能回军，在路上遇到李广的东路军。李广怒气未消，只是礼节性地参拜了卫青，就转身回到自己的部队。卫青派将军幕府的"秘书长"给李广军送去干粮酒肉，顺便询问东路军迷路的状况，因为卫青想向汉武帝汇报出征情况，可李广不理这一套，那个"秘书长"就责问李广的下属，让他们讲明情况。李广说："我的部下没错，迷路是我的失误，我亲自去接受审问，当场对质。"

回到自己的将军幕府，李广对自己的手下说："我李广自成年以来到现在，四十余年间与匈奴打了大小七十多仗，这次有幸跟随大将军出征，并且与匈奴大单于交战，可大将军把我调到了需绕远的东路军，而且我迷路了，这难道不是天意吗？我李广已六十多岁了，不能再遭受侮辱了。"于是拔刀自杀。李广军全体将士痛哭不止，老百姓听说这件事后，无论认不认识，无论男女老幼，都为李广惋惜流泪，可见他深得人心。在电视剧《汉武大帝》中，把李广处理成战死沙场，也是好的。

第七章　杀李敢去病恃宠　力气尽李陵降敌

李广有三个儿子，叫李当户、李椒、李敢，都是汉武帝的侍从人员。汉武帝有一次和宠臣韩嫣戏耍，韩嫣出言不逊，李当户大怒，打跑了他。当时韩嫣正得宠，别人巴结还来不及，而李当户敢打他，汉武帝认为李当户很勇敢。李当户死得早，他有个遗腹子叫李陵，司马迁的命运就是因李陵而改变的。李椒曾做过太守。李当户和李椒这两个儿子都死在李广前面。前文提到过李敢，他一直随父出征，李广死时，他正效力于霍去病的军队。李广死后的第二年，李广堂弟李蔡因为侵占了汉景帝陵地而被抓捕，李蔡自杀，其爵号封地被取消。李敢跟随霍去病攻打匈奴"贵族院"首领之一左贤王，作战英勇，夺取左贤王旗鼓，斩首颇丰，被封为关内侯，后来代替李广成为郎中令，成为九卿之一。李敢一直怨恨大将军卫青逼死了父亲，有一次击伤了他，卫青内心有愧，就把这事无声息地压了下来。没过多久，李敢随汉武帝出去打猎，被骠骑将军霍去病射死，因为卫青是他舅舅，他是为舅舅报仇。当时他因战功赫赫，正受宠幸，汉武帝对外宣称李敢是被鹿角伤害致死的。一年之后，霍去病病死。

李敢有个女儿是当时太子刘据（卫子夫之子，在汉武帝晚年时被逼死）的宠姬，李敢的儿子李禹也受太子宠幸，可李禹贪财，李氏家族一代不如一代。

李当户的儿子李陵成年以后，成为护卫建章官的卫队长，统领骑兵。李陵箭法高超，爱护士兵。汉武帝认为李陵是将门之后，就派他带八百骑兵去匈奴侦察情况。李陵带兵深入匈奴腹地考察敌情，没发现敌踪，但因为他敢于冒险，回来后被任命为骑都尉。李陵把南方的五千丹阳楚人调到甘肃酒泉一带，教他们射箭，抵御匈奴。酒泉现在成了火箭发射基地，当时人烟稀少。

◎李广的个人情况及家庭情况

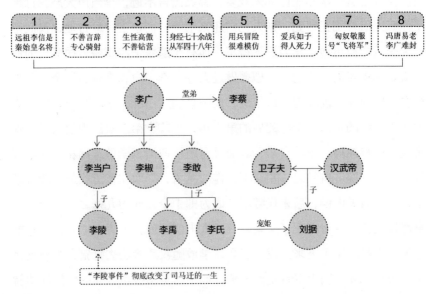

　　几年后，汉武帝的大舅哥贰师将军李广利（受宠的李夫人之兄）率领三万骑兵在祁连山一带攻打匈奴，派李陵运输辎重，可是李陵想上前线，他再三请求。汉武帝不太愉快，就让他只带领自己训练的五千步兵从其他路迂回包抄，分散匈奴兵力，减轻贰师将军正面战场的压力。李陵深入匈奴领地一千多里，到了规定期限后回军，在路上遭遇单于八万精锐骑兵的围击。李陵奋死抵抗，怎奈兵力悬殊，他没有支援，没有后勤保障，弓箭都用完了，死亡过半，但是杀伤了匈奴一万多人。李陵军边退边打，苦战了八个日夜，撤退到离大本营百余里地的地方，马上就能突围了，可是这时出现叛徒管敢，他把汉军的实力和盘托出，于是匈奴重新组织进攻，把汉军唯一一条狭窄退路截断了，这个地方一夫当关万夫莫开。李陵军弹尽粮绝，而救兵迟迟不到，匈奴一面加紧进攻一面招降，李陵无奈地说道："我没有脸面去见皇上了。"就投降了匈奴，李陵军队仅有四百多人逃回汉朝。单于抓到李陵后，因为一直仰慕李家的声名，尤其欣赏他们在战斗中的英勇顽强，就把自己的女儿嫁给了李陵，让他显贵。汉武帝知道了这一情况，又听说他为匈奴训练士兵，就把李陵的老母妻儿都杀了。实际上那人叫李绪，汉武帝冤枉了李陵。从此以后，李氏名声败落，那些曾经与李家结交的宾客都深感耻辱。

第八章　说公道司马遭殃　为史记包羞忍耻

后来，汉武帝把李陵的问题放在朝廷上议论，群臣揣摩武帝的意思，众口一词，认为他贪生怕死、卑鄙无耻，确实应该自杀。但司马迁对这些落井下石的言论不以为然，一直想向武帝陈述自己的观点，因为他是太史令，熟悉历史典故。后来武帝真的问到了他。司马迁认为李陵孝顺、讲义气、守信用、廉洁，他恭谨谦逊，礼贤下士，有国士之风，爱兵如子，能为人死力维护，为了国家奋不顾身，这样的人不应该是卑劣小人。况且李陵只有五千士兵与匈奴八万精锐交战，双方实力悬殊，最后弹尽粮绝，没办法才投降。以李陵的一贯为人和李氏家风，这肯定是权宜之计，想在适当时候再为大汉效力。

司马迁实事求是，也想宽慰一下汉武帝，他与李陵根本没有私交，只是出于公道才这么说的，但汉武帝非常恼怒，认为这是诋毁自己的大舅哥李广利。这次出兵，李广利的主力没遇到敌军，反而是偏师李陵军遭逢强敌，李广利也没有及时策应，这才让李陵全军覆没，李广利作为主帅肯定有很大的责任。依此类推，作为最高统帅的汉武帝恐怕也难辞其咎。汉武帝听到这种话肯定感觉刺耳，以为司马迁是为李陵游说，于是把司马迁打入牢狱。当时一向直言敢谏的大臣都哑口无言，平时两肋插刀的朋友更是鸦雀无声。司马迁被判了死罪。

司马迁的《报任安书》最能体现他当时的心情。他说，他认为李陵投降是为了保留有用之身，以便将来再为大汉效力。他这样说也是出于好心，只是不想让汉武帝太上火，尽量往宽处想，同时他也不满意大臣们的奴颜婢膝。还没等他把意思说明白，汉武帝大怒，"明主"（传统政治就是这样，这样无情，还得说"明主"）不理解他的心情，认为他是为李陵说话，同时讥刺李广利这个靠女人裙带提升的庸才，也就是间接抨击汉武帝（要说司马迁没有一点怨言也不对，但他是从国家利益出发考虑问题的。汉武帝后来四处征讨，就是他这个大舅哥李广利的"贰师将军"头衔都是靠累累白骨堆积成的。这是怎么回事呢？《史记·大宛列传》记载，大宛在贰师城有宝马，汉武帝听说后，就派人去买，可是大宛王不卖。汉朝使者出言不逊，行为过激，于是被杀死。汉武帝大怒。手下有人说大宛实力不强，而且他这时正想找机会封赏李广利，就封其为贰师将军，去夺取宝马。谁知说起来容易，做起来难。第一次，征讨两年，几万部队无功而返，仅剩十分之一二。汉武帝恼怒，不让李广利通过玉门关，败军只能驻扎在敦煌。后来，汉武帝又派给李广利六万士兵进行第二次出征。军队到达大宛时只剩三万，但总算把大宛包围起来。大宛贵族无奈之下，杀死了大宛王求和，但措辞还是很强硬，说大宛王得罪了汉朝，杀他也就算谢罪了，如果赶尽杀绝，他们就破釜沉舟。李广利也是强弩之末，只好同意，结果只拿回来几十匹良马和三千匹左右的中等马。这就是"战利品"，这就是耗费钱粮无数，死了上万人得到的代价），于是把他投入监狱，判了死刑。他的耿耿忠心无人理解，他也没有辩白的机会。当时的死刑犯有三条路可以选，一是服刑，二是交纳五十万钱的赎金，三是接受官刑。他遇到了什么情况呢？家境贫穷，没有赎身的钱，也没有两肋插刀的朋友，更没有仗义执言的人为自己开脱（"家贫，财略不足以自赎，交游莫救，左右亲近不为壹言"）。他当时是什么心情呢？他认为，热爱生命、厌恶死亡、顾念妻儿老小，这是人的天性，但是对于崇拜真理、热爱正义的人来说就不是这样，他们会为了更加崇高的目标献身，也会在实现这个目标之前尽量争取生命，不是为了活命，而是为理想而战。

司马迁是个刚烈之人，也是一个深明大义、宁死不辱的人，但是为什么要遭受牢狱之灾的侮辱呢？一个普通人都敢自杀，他就真没胆吗？他之所以忍辱偷生，即使被关在猪圈一样的监狱中也不肯死去，是因为自己心中还有未尽之理想，他怕就此死去，自己的文采不能千古流芳（"所以隐忍苟活，函粪土之中而不辞者，恨私心有所不尽，鄙没世而文采不表于后也"）。如果当时伏法受诛，如同九牛亡一毛，与蝼蚁有什么区别？而世人又不会把他和那些因坚守节操而死的人相提并论，他怎么办呢？他从历史到现实，寻找让自己活下去的理由："古者富贵而名摩灭，不可胜记，唯倜傥非常之人称焉（自古以来，生时富贵死后湮没无闻的人数不胜数，只有那些豪迈不羁、非同寻常的人才会名垂后世）。盖西伯拘而演《周易》（周文王被商纣王囚禁时推演了《周易》）；仲尼厄而作《春秋》（孔夫子遭受困厄时写成《春秋》）；屈原放逐，乃赋《离骚》（其实《离骚》是屈原被放逐之前创作的，司马迁这样写是为了突出悲剧色彩）；左丘失明（左丘明据说是个盲人），厥有《国语》；孙子（指孙膑）膑脚，《兵法》修列；不韦迁蜀，世传《吕览》（《吕氏春秋》是吕不韦当丞相时编著的，后来他被秦始皇判处流放四川，就自杀了，司马迁这样写同样是要突出其悲剧色彩）；韩非囚秦，《说难》《孤愤》（这两篇千古文章是《韩非子》中的，其实是在韩非到达秦国被李斯谮害投入监狱之前创作的）；《诗》（指《诗经》）三百篇，大氐圣贤发愤之所为作也。此人皆意有所郁结，不得通其道，故述往事，思来者。及如左丘明无目，孙子断足，终不可用，退论书策以舒其愤，思垂空文以自见（这些人都很不得志，不能施展抱负，才追述往事。正如左丘明目盲，孙膑脚断，他们自认为很难被重用了，于是著书立说，抒发心中愤懑，想借助千古文章来表现自己的理想和抱负）。"

第九章　名作成洛阳纸贵　太史公重于泰山

　　司马迁要做孔子第二，他网罗天下逸事旧闻，"略考其行事，综其终始，稽其成败兴坏之纪，上计轩辕，下至于兹（"轩辕"指黄帝，"兹"指他所处的汉武帝时代。他把从黄帝开始到汉武帝这一段历史进行梳理、再创作，考察历史的兴衰成败），为十表（"表"是把事件按照时间的顺序进行系统整理），本纪十二（"本纪"是纪传体史书中帝王的传记），书八章（"书"是八篇政治、经济、科技、社会和天文学论文），世家三十（是给能够传世的诸侯立传，特例是孔子和陈胜），列传七十（给将相、士人、游侠、刺客、少数民族等立传，描写社会百态），凡百三十篇（《史记》共一百三十篇）。亦欲以究天人之际，通古今之变，成一家之言（这是司马迁的创作目的）"。《史记》还没有完成，正好赶上李陵这件事，他痛惜全书未完，于是毫不犹豫地选择宫刑。他只想把《史记》完成，然后一部藏在名山之中，一部放在四通八达的大都市中，传给能够理解此书的后人（他没有想到，两千多年了，他的后代知音如同过江之鲫，数不胜数）。能做到这点，他认为自己就可以雪耻了。即使这时他被千刀万剐，又怎么会后悔呢？然而，这种心情只能说给那些智者听，普通人恐怕难以理解（"草创未就，适会此祸，惜其不成，是以就极刑而无愠色。仆诚已著此书，藏之名山，传之其人通邑大都，则仆偿前辱之责，虽万被戮，岂有悔哉！然此可为智者道，难为俗人言也"）。

前面说了，被判处死刑，有三条路可以选：一是服刑，二是花钱免死，三是接受宫刑。他在作品完成前不想死，又拿不出五十万钱这笔高昂费用，只好接受宫刑，就是割去了男人的生殖器，这是相当耻辱的。汉初还保留战国遗风，士人是强调气节的，"士可杀不可辱"，很多人宁可选择死，也不愿遭受这种侮辱，可是有谁能理解他当时的心情？有谁知道他忍受奇耻大辱的原因？

他遭受宫刑之后究竟是什么心情呢？他"肠一日而九回"（"九回"指九转，形容痛苦至极），居家时恍恍惚惚、魂不守舍，出门时迷茫不已、神志不清，不知何去何从，每当想起奇耻大辱，汗流浃背（"居则忽忽若有所亡，出则不知所如往。每念斯耻，汗未尝不发背沾衣也"）。他本来就地位卑贱，一直被人看不起，因为仗义执言，遭受此祸，更加被人耻笑。他认为自己今后都没脸到父母的坟地上坟了，而且即使百代之后，自己的耻辱也会有增无减。由此可见，他当时的心被伤害到何种地步。两千年后，当笔者读起《报任安书》时，仍然能感受到他滴血的心，以及他那被伤害的灵魂向苍天发出的尖锐考问。

即使这样，他还不能死，因为他的使命还没有完成。他认为，"人固有一死，死有重于泰山，或轻于鸿毛"，他要死得比泰山还要重，而其《史记》的完成，是他和父亲两代人几十年的心血。父亲去世时，千叮咛万嘱咐，让他完成自己的心愿，这才是最大的孝道。他综合考虑，只有隐忍苟活，因为人生在世，他的身体不仅仅是自己的，人不能太自私。

他终于达到了目的，他自身就是中国历史的一座丰碑。他在世时，被强权压迫，没有地方伸张正义，只能忍受生的痛苦，但是他用文房四宝把自己的冤案留给后人，让后人为他昭雪冤情。他做到了。"立德、立言、立功"三不朽境界，他做到了。他的思想历经岁月的洗礼，仍然放射出耀眼的光芒。他写伍子胥、越王勾践、韩信、季布忍辱复仇时那么动情，写悲剧人物时感情那么充沛，对社会上的假、恶、丑现象那么痛恨，对见风使舵之人那么蔑视，这一切都注入了他个人的情感。尤其难能可贵的是，即使这样，他也没有感情用事，而是实事求是，用一分为二的辩证法思维看待人与事。

司马迁的死至今还是个谜，应该有三种结局：一是隐居；二是自杀，因为完成《史记》后，他的使命完成了，他已经无憾了，对他而言，这个世界已经没有太多值得留恋的了；三是他写《报任安书》（司马迁在遭受宫刑之后，担任汉武帝的中书令，这一官职本来只由宦官充当，司马迁把此事看作大辱，可是为了完成心愿，他只能忍受。任安是司马迁的朋友，他给司马迁写信，让他利用当中书令的机会，"推贤进士"。隔了很久，司马迁才回信，写出了自己遭受宫刑之后的心理状态以及自己苟且偷生的原因，也是想向误解自己无刚无胆的俗人披露心迹。此时任安也被投入监狱。这是怎么回事呢？汉武帝晚年更加刚愎自用，疑心病很重，因为听信谗言，逼反了他和卫子夫生的太子刘据。刘据到时任北军将军的任安那里调兵，北军是卫戍首都长安的精锐，任安接到刘据的命令后，退回营寨，闭门不出，既不响应也不平定叛乱。汉武帝当时不在长安，当他击败刘据，返回长安后，认为任安老奸巨猾，是"两面派"，想坐观成败，就把他投入监狱，最后任安也死在狱中，这是这封信产生的时代背景）时,《史记》已经完成,自己毫无顾忌了,就直抒胸臆,把自己的真实想法写了出来。这封信被披露后,引起了汉武帝的忌恨,司马迁再次被投入监狱,最后死在狱中。司马迁这时已经满足了,至于怎么死,已经无所谓了。一个文人敢于如此反抗暴政,这种品格就是中华民族的宝贵遗产。曹丕在其《典论·论文》中说:"盖文章,经国之大业,不朽之盛事。年寿有时而尽,荣乐止乎其身,二者必至之常期,未若文章之无穷（寿命有终结,荣乐更是如同过眼云烟,不值一提,只有经世致用的文章可垂千古）。"这句话可以为司马迁之功业做一个注脚。

　　三国时的蔡邕和司马迁有相同的志向。董卓残暴不仁,人神共戮,王允和吕布合谋杀死他后,蔡邕发出了一声叹息,为什么呢? 蔡邕是大

◎中国史书的三种主要体例

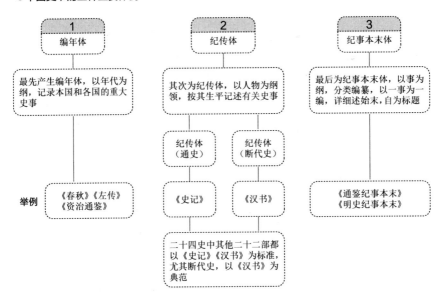

学者，可惜遭到迫害，董卓出于收买人心的考虑，为蔡邕翻案，并且在三天之内让他坐上高位。蔡邕是"秀才遇到兵，有理说不清"，在枪杆子的逼迫下只有接受，但是客观上，这也是一种知遇之恩，所以董卓死后，他也有一丝感慨。王允大怒，把他投入监狱。他向王允请求，宁愿遭受"黥首刖足"之刑，只想留下性命完成汉史。很多人为他讲情，王允不同意，说："当年，汉武帝不杀司马迁，让他完成谤书，流于后世。"王允嘴里的"谤书"就是《史记》，由此可见司马迁立言之大胆。对司马迁来说，写汉初历史就是写"近代史"，这是最难写的，他敢于在那样的政治高压下，实事求是地著述，其"文胆"傲视今古。

第十章　答苏武怨愤深沉　一家言千古绝唱

　　那么李陵投降前后的心境及最终命运如何呢？通过《昭明文选》中的《答苏武书》，我们可以略窥（kuī）端倪。尽管这里有李陵文过饰非、言不由衷的地方，但是其所列举的事例还是很说明问题的，而其文章慷慨悲凉，是大手笔。苏武我们都比较熟悉，他出使匈奴，被扣留十九年，匈奴威逼利诱，他就是不屈服，并在今天的西伯利亚一带放羊，渴饮雪，饥吞毡（zhān）。"苏武牧羊"是与岳飞"精忠报国"齐名的历史典故。

　　李陵投降匈奴时，苏武还在牧羊，李陵多次与苏武会面，其目的也包括在匈奴的指使下劝降苏武，但是遭到苏武的严词拒绝。公元前 81 年，苏武回国。苏武在汉武帝时出使匈奴，被扣留，匈奴说等到公羊能下崽时再放了他，也就是不想放。后来，武帝与钩弋夫人生的汉昭帝继位，几年后，匈奴和汉朝达成和解。汉朝寻求苏武等人，匈奴撒谎说苏武已死。后来汉使者又到匈奴，了解苏武等人在匈奴的情况，有人告诉汉使者，他应对单于说："天子在上林苑中射猎，射得一只大雁，脚上系着帛书，上面说苏武等人在北海。"汉使者万分高兴，按照此人所教的话责问单于。单于及身边的人十分惊讶，向汉使者道歉说："苏武等人的确还活着。"于是李陵安排酒筵向苏武祝贺，说："你威震匈奴，今天归汉，更加声名显赫。即使古代史书所记载的英雄事迹，图画上所绘的人物，又怎能超过你？我李陵虽然无能和胆怯，假如汉朝姑且宽恕我的罪过，不杀我的老母、妻子，使我能实现在忍受奇耻大辱情况下的心愿，这就可能同曹刿在与齐桓公盟会时逼迫其退还侵占鲁国土地的事差不多。重新为汉朝效力一直是我的梦想呀！可惜，杀戮我的全家，让我忍受当世的奇耻大辱，我还会顾念什么呢？算了吧，人之相知，贵在知心，我也不会企求别人的理解，只是希望你理解我就足够了！我已成异国之人，这一别就永远隔绝了！"李陵起舞，唱道："径万里兮度沙幕，为君将兮奋匈奴。路穷绝兮矢刃摧，士众灭兮名已隤。老母已死，虽欲报恩将安归。"李陵泪下纵横，于是同苏武永别。单于召集苏武的部下，除了以前已经投降和死亡的，总共跟随苏武回去的有九人。苏武八十多岁才去世。看来奋斗着的生命最坚强。

此时苏武反过来劝李陵回国，于是有了李陵的这篇《答苏武书》（这篇文章在学术界有争议，人们认为它是伪作。这里且不谈真假，单从写作角度和内容来看，这篇文章文笔一流，所述事实基本吻合李陵之遭遇和心境）。他先是写了自己投降匈奴后，因为文化和生活习惯等存在巨大差异，自己背负叛国罪名，全家又被汉武帝杀害，所以自己内心悲苦，夜不能寐。然后，和《报任安书》一样，他写了当时战斗的惨烈，自己不得已才投降。他说，自己未能以死殉国，确实是有罪。接着他又问苏武，在其眼中自己真是个贪生怕死的人吗？哪里有背叛国家、背叛父母、抛家弃子却能得到益处的事呢？他之所以不死，是想有所作为。徒然死去，不如再寻良机，报答汉朝。他又举例说，高祖在谋臣如云、武将如雨，带领三十万大军的情况下，尚且遭受"白登之围"，何况自己只有五千士兵呢？没有支援，又遭遇匈奴主力，自己的失败是意料之中的。范蠡在越王勾践遭受"会稽之败"时也没有死，而是忍受屈辱，帮助勾践打败吴国，这才是真正的大节。他也想效仿，可是还没等实施，他的亲人就都成了刀下之鬼，他只能仰对苍天，椎心泣血（捶打胸膛，哭得眼中出血。形容极度悲伤），又有谁知道他的悲痛和心意？

　　苏武给李陵写信时，说"汉朝对功臣很够意思"，李陵列举了一些实例进行反驳，他认为汉朝统治者薄情寡恩、残忍自私。他举例说，萧何那样忠贞，也曾被投入监狱；樊哙是高祖的连襟，也差点被杀；韩信、彭越这些开国功臣更不用说，被灭三族；晁错积极为中央谋划，结果成了替罪羊；周勃稳定汉朝江山，仍然被投入监狱，差点被杀；窦婴以公事为重，还是被迫害致死；周亚夫平定"七国之乱"，功高盖世，最后被以"反于地下"的罪名杀害；他的爷爷李广勇冠三军，只是不屑于迎合权贵的心意，也自杀而死。他又说苏武颠沛流离十九年，历经人间沧桑，矢志不移，出发时风华正茂，回国时满头白发，老母亡故，妻子改嫁，连匈奴都佩服其骨气，可是回国后也就被封了个典属国，可是那些舞文弄墨、阿谀奉承之人却窃取高位，因此怎么能说"汉朝对功臣很够意思"呢？于是他决定还是不回去了。

　　然而，他若是战死，也就没有司马迁的受刑，司马迁能否实现从普通史官到伟大历史学家的转化，其《史记》能不能充斥荡气回肠的"奇气"，还是未知数。李陵在匈奴待了二十多年后去世，留下《李陵集》。有人说他是"五言诗"的创始人之一，说他遭受命运颠簸之后，其文章才凄怆悲凉，让人回味无穷，这也是遭受苦厄的好处。杜甫说"李陵苏武是吾师"，苏轼说"苏李之天成"，认为两人的文章自然天成。

　　司马迁评论说，《论语》中写道："其身正，不令而行；其身不正，虽令不从。"这难道是说李广将军的吗？李广朴素得像个乡下人，不善辞令，可他死时，人们不论认不认识他，都为他流泪，难道是他忠实真诚的品格征服了人心吗？谚语说："桃李不言，下自成蹊（xī，小路）。"这是说桃李虽然不能说话，但它们有丰硕的果实，这样自然而然就会招致别人的采摘，树下都被踩出小路了。这虽然说是件小事，但我们能从中看出隐藏的大道理呀！

君以国士待我，我以国士报之

（一）

有时我们评判各个王朝的利弊得失，可能是取决于自己的关注点，关注点不同，对一个朝代或者一个人的评价，就会出现不同的侧重。

其实，中国的历史里有丰富的矿藏，可以说，我们现在犯的错误和将来可能犯的错误，中国的二十四史都记述尽了。

中国历史写尽了一切真，一切假，一切善，一切恶，一切美，一切丑，一切对，一切错，写尽了一切辉煌与罪孽。

但我们就是不能真正吸收和警醒，总是重复过去的错误。有时避开一个出现过的错误，结果重新犯另一个错误；有时为了避免出现某个王朝的缺点，同时又屏蔽了这个王朝的优点；有时恰恰是剔除了一个王朝的优点，却把它的缺点全盘接收，并且"发扬光大"。

很少有一个王朝或者时代，能同时兼有春秋战国之思辨自由、秦朝之武勇理性、汉朝之文武双全、唐朝之开放大气、宋朝之文风豁达，很少能让孔孟、商韩、老庄、墨子等坐到一起，进行深入的头脑风暴，理性沟通，取长补短，让这个社会朝着一个清晰的战略轨道前进。

任何一个王朝都不可能十全十美，我们为什么不把华夏五千年当成一个整体去"粉"，为什么只粉一个朝代？为了让寄托自己理想的朝代更符合自己心目中的样子，我们开始给它做整容手术，开始涂脂抹粉，为它打开滤镜和美颜，我们可能创造了一个"完美的朝代"，却是一个"虚假的朝代"。

罢黜百家，独尊法术，这是秦朝的国策，结果大家都知道了。

罢黜百家，独尊儒术，这是汉武帝的政策，虽然在他的时代里，他兼用百家，独尊儒术，为中央集权和大一统建立了巨大功劳，但是这个政策越到后来越显示出其局限性，明清科举甚至一度"罢黜百家，独尊朱熹"，把"思想标准化"，让整个社会的思想停顿了。

不怕"尊"，就怕"独尊"。

一独尊，再优秀的思想最后都成为一口没有活水进来的臭池塘。

只重视军事，不重视价值观建设，秦朝就是例子。社会缺少黏合剂，很快土崩瓦解。

只发展经济，缺少尚武精神，宋朝就是例子。一个靖康之耻，基本会摧毁百年的基业。

只发展军事，不做政治制度改革，洋务运动就是例子。一个甲午之战，打破一切神话。

真心希望，未来的人看我们这几代人时，能够盛赞这几代人的远见，终于跳出了历史周期律的支配，以兼容百家之长的理性，走出一条文武双全，真正体现大国风范的道路。

（二）

我对秦史有点研究，在开始读的时候，很受儒家的价值观影响，戴着有色眼镜来看秦史，总体上是从批判的角度来看。随着年龄的增长和社会实践的深入，尤其是数据化时代的到来，我又发现了它独特的价值。我发现，秦国人真的好像是穿越过去的，他们的很多管理思维非常具有现代意义。

从商鞅变法开始，秦国人就注重大数据管理。我们现代人知道，国家和国家的竞争、公司和公司的竞争，有时比拼的就是组织效率、核心竞争力和综合实力。秦国就是这样胜利的，而现代管理也是朝这个方向发展的。商鞅变法的目的只有一个，就是要把所有人都纳入数据化管理中，只不过当时的管理理念和技术手段过于落后，因此才有保甲制度、株连制度、户籍管理制度、严刑苛法等。现在不用那么费劲，因为只要输入我们户口本和身份证上的信息，一切个人情况，在数据中心那里都是透明的。

其实，秦以后的朝代所继承的是法家的厚黑学部分，原始法家追求的公开、公平、公正的理念，则被抛弃。

在中国历史中，法家执政是个异类，外儒内法才是正宗，但我还在想，如果秦朝坚持两百年，能否让我们这个民族的法制观念和理性批判思维根植于人心？当然，不是秦始皇和秦二世时苛刻的秦法。

简单来说，法家奉行国家主义，儒家奉行民本主义，道家奉行自由主义。单纯的法家，过于刚性；单纯的儒家，关键时刻办不了事，解决不了棘手的难题；单纯的道家追求无政府主义，更不现实。一个国家最好的状态是，有国家主义，有国家理性，有国家大战略，也有民本主义，满足人民对美好生活的向往，同时在思想领域，又有一个百花齐放、百家争鸣的局面。

太理想化了。

春秋战国、秦汉时代支撑起了中华文化的整个框架，后面的王朝添砖加瓦，局部创新。

（三）

我们对中国历史上一些具有雄才大略的人物的评价往往泾渭分明，阵营鲜明。追捧者，只看优点；贬斥者，只看缺点。这都是不客观的。

谈缺点，不影响一个人的伟大，掩饰其缺点，才会损伤其伟大。

评价朝代的优劣得失需要理性，评价个人又何尝不是如此呢？

不吹，不捧，以兼容百家的理性，看待这些朝代和历史人物，对个人、对社会，都将是一大福音。

不给历史开美颜，寻找兼容百家之长的历史理性。

我个人非常喜欢春秋战国史、秦汉史和三国史，因为在这几段历史中，有一种士文化精神。

梁启超先生是民国的一个"士"，是最能体现"士大夫精神"的一个典型，他曾经创作过一篇非常知名的文章《中国之武士道》，书中所举的案例，基本上都来自《史记》，其中贯穿的就是尚武思想。直到秦皇汉武不断加强中央集权之后，直到后世提倡文人治国之后，中国的"尚武精神""士大夫精神"渐趋消亡。如果没有《史记》的记载，人们何从得知中国历史上曾经有过这样一段辉煌灿烂的历史和个性鲜明、不折不屈、为国为民，能够体现"士大夫精神"的群体？

在《史记》的记录中，有国士、文士、武士、智士、勇士、义士、壮士、志士、谋士、说（shuì）士、战士、斗士、名士、寒士、隐士、绅士、侠士、死士等，他们突破平庸的生活，以一种创造力和意志力，为自己和民族的精神世界，贡献了美的艺术、绚烂的文采和超凡脱俗的价值追求。

何其豪迈！

（四）

某夜，做了一梦。

恍恍惚惚中，我感觉走到了司马迁书房之外。屋外月朗星稀，屋内琴书潇洒，里面一张床上，躺着一位老人，有一个青年跪在床下。

我断断续续地听到老人在说："我死后，估计你一定会做太史令。你要是做了太史令，一定不要忘记我想写的那部著作，且最浅层次的孝道是侍奉父母，中间层次是侍奉国君，最高层次则是建立功名。如果能使自己名扬后世，父母也会因此荣光，这才是最大的孝道（"余死，汝必为太史；为太史，无忘吾所欲论著矣。且夫孝始于事亲，中于事君，终于立身。扬名于后世，以显父母，此孝之大者"）……从鲁哀公获麟、孔子停笔以来，到今天又有四百多年了，由于诸侯兼并，社会迭经战乱，很多历史书都已经散乱亡逸了。当今汉朝建立，海内一统，明主贤君、忠臣义士的事迹很多，我们作为史官，如果不能把他们都记录下来，造成历史文献的缺失，那真是一种莫大的罪过，想想我都深感恐惧。你一定要好好注意这件事（"自获麟以来四百有余岁，而诸侯相兼，史记放绝。今汉兴，海内一统，明主贤君忠臣死义之士，余为太史而弗论载，废天下之史文，余甚惧焉，汝其念哉"）。"

我看见那个青年低着头，流着泪，说："我虽然不聪明，但我一定要把您收集整理的资料写成著作，完成您的心愿，决不能让它有半点闪失（"小子不敏，请悉论先人所次旧闻，弗敢阙"）。"

屋内人发下宏愿，屋外人泪眼婆娑。

江州司马青衫湿，不为知音缘何泣？

梦中的我，想起来了，这是《史记·太史公自序》中的一个场景。当时的我，深受感动。司马迁这是答应父亲要完成一项时代使命和家族使命，当时的他一定想不到，自己为了这部书要付出什么样的代价。

（五）

人生在世，如同白驹过隙，即便百年光阴，也是倏忽而至。

去掉幼年、老年，去掉为了生存而不得不在工作上用掉的时间，去掉在吃喝拉撒睡上用掉的时间，去掉为了实现自己的人生角色所消耗的时间，去掉为了满足酒色财气、七情六欲而消耗的时间，真正属于自己的时间，并不太多，真正属于青春的时间，更是如同朝露一样，色彩斑斓，可又短暂得可怜。

为了实现这项宏愿，司马迁必须集中精力，付出所有的时间，没有任何享受生活的可能。只要不是深度睡眠，所有的心思都在这部书上，反复权衡细节。

他为了完成此项使命，精神生活一定波澜壮阔，头脑会在一种大历史的激荡中获得无尽的快感，而现实生活单调乏味，只有青灯古佛陪伴着他。这不是正常人能够忍受的生活。这身臭皮囊托生在他的身上，一定要遭受血与火的炼狱，才能凤凰涅槃，磨炼出常人所不具有的心志。

恐怕这也是所有的创作者需要经历的一种血与火的考验，需要经历的一种痛并快乐的体验。

当时的司马先生一定想不到，为了创作《史记》，他会赌上他一生的荣誉，赌上他的身家性命。评价《红楼梦》时有一句"字字看来皆是血，十年辛苦不寻常"的词句，这句话同样适合《史记》的创作。

突然，我又想起了互联网上对司马迁的种种非议，语言之下流，人格之卑劣，让人义愤填膺、怒发冲冠。

那不是正常的学术考证和学术质疑，他们写不出梁玉绳《史记志疑》一类的学术作品，而是纯粹的人格侮辱。

已经过了两千多年了，还有人在司马迁的伤口上撒盐。

司马公，如果您当时生而有灵，能够预测到有这样一群人存在，您还会创作《史记》吗？您还会为这个民族做出那么惨烈的牺牲吗？

当司马迁从书房里出来后，我记得自己好像把这个情况告诉了他，我还问："出现这种情况，您会后悔创作《史记》吗？"

他没有回答，一边走，一边吟诵着他写在《报任安书》中的一段名言："古者富贵而名摩灭，不可胜记，唯倜傥非常之人称焉。盖西伯拘而演《周易》；仲尼厄而作《春秋》；屈原放逐，乃赋《离骚》；左丘失明，厥有《国语》；孙子膑脚，《兵法》修列；不韦迁蜀，世传《吕览》；韩非囚秦，《说难》《孤愤》；《诗》三百篇，大氐圣贤发愤之所为作也。"

论是非不论利害，论顺逆不论成败，论万世不论一生。

贫贱不能移，威武不能屈。司马迁，诚伟丈夫也！

［1］（汉）司马迁. 史记［M］. 上海：上海古籍出版社，1997.

［2］王利器. 史记注译［M］. 西安：三秦出版社，1988.

［3］韩兆琦. 史记（文白对照本）［M］. 北京：中华书局，2008.

［4］韩兆琦. 史记选注集说［M］. 南昌：江西人民出版社，1982.

［5］韩兆琦. 史记选注汇评［M］. 郑州：中州古籍出版社，1990.

［6］韩兆琦. 史记通论［M］. 桂林：广西师范大学出版社，1996.

［7］张大可. 史记选注讲［M］. 济南：山东教育出版社，1989.

［8］白玉林，曾志华，张新科. 史记解读［M］. 北京：华龄出版社，
　　2006.

［9］杨燕起，陈可，赖长扬. 历代名家评《史记》［M］. 北京：北京师
　　范大学出版社，1986.

［10］（汉）班固. 汉书［M］. 长沙：岳麓书社，1993.

［11］（南朝·宋）范晔. 后汉书［M］. 长沙：岳麓书社，1994.

［12］《资治通鉴新注》编纂委员会. 资治通鉴新注［M］. 西安：陕西人民出版社，1998.

［13］钱超尘. 战国策译注［M］. 北京：北京燕山出版社，1993.

［14］王守谦，金秀珍，王凤春. 左传全译［M］. 贵阳：贵州人民出版社，1990.

［15］张觉. 吴越春秋全译［M］. 贵阳：贵州人民出版社，1993.

［16］俞纪东. 越绝书全译［M］. 贵阳：贵州人民出版社，1996.

［17］张觉. 韩非子全译［M］. 贵阳：贵州人民出版社，1992.

［18］刘春生. 尉缭子全译［M］. 贵阳：贵州人民出版社，1993.

［19］张华清. 国语［M］. 济南：山东画报出版社，2014.

［20］谭其骧. 简明中国历史地图集［M］. 北京：中国地图出版社，1991.

［21］张传玺，杨济安. 中国古代史教学参考地图集［M］. 北京：北京大学出版社，1984.

［22］仓修良，魏得良，王能毅. 史记辞典［M］. 济南：山东教育出版社，1991.

［23］仓修良，魏得良，王能毅. 汉书辞典［M］. 济南：山东教育出版社，1996.

［24］李一华，吕德申. 汉语成语词典［M］. 成都：四川辞书出版社，1985.

［25］中国历史大辞典·秦汉史卷编纂委员会. 中国历史大辞典·秦汉史卷［M］. 上海：上海辞书出版社，1990.

［26］睡虎地秦墓竹简整理小组. 睡虎地秦墓竹简［M］. 北京：文物出版社，1978.

［27］高敏. 云梦秦简初探（增订本）［M］. 郑州：河南人民出版社，
　　　1979.

［28］栗劲. 秦律通论［M］. 济南：山东人民出版社，1985.

［29］丘光明. 中国历代度量衡考［M］. 北京：科学出版社，1992.

［30］国家质检总局计量司组编. 计量史话［M］. 北京：中国计量出版
　　　社，2010.

［31］靳生禾. 长平之战：中国古代最大战役之研究［M］. 太原：山西
　　　人民出版社，1998.

［32］靳生禾，谢鸿喜. 赵武灵王评传［M］. 太原：山西人民出版社，
　　　1990.

［33］吴慧. 中国历代粮食亩产研究［M］. 北京：农业出版社，1985.

［34］闻人军. 考工记译注［M］. 上海：上海古籍出版社，1993.

［35］沈起炜. 中国历史大事年表（古代史卷）［M］. 上海：上海辞书出
　　　版社，1983.

［36］赵望秦，蔡丹，等. 史记与咏史诗［M］. 西安：陕西出版集团，
　　　三秦出版社，2012.

［37］范文澜. 中国通史［M］. 北京：人民出版社，1978.

［38］杨宽. 战国史［M］. 上海：上海人民出版社，1980.

［39］林剑鸣. 秦汉史［M］. 上海：上海人民出版社，2019.

［40］席龙飞. 中国造船史［M］. 武汉：湖北教育出版社，2000.

［41］路遇，滕泽之. 中国人口通史［M］. 济南：山东人民出版社，
　　　2000.

［42］（清）王夫之. 读通鉴论［M］. 北京：中华书局，2013.

［43］蓝永蔚. 春秋时期的步兵［M］. 北京：中华书局，1979.

［44］项立岭，罗义俊. 刘邦［M］. 北京：人民出版社，1976.

［45］杨国宜，冯能保，等. 全文译注四书［M］. 南京：南京大学出版
社，1993.

［46］钱伯城. 古文观止新编［M］. 上海：上海古籍出版社，1988.

［47］上海辞书出版社. 中国历代职官词典［M］. 上海：上海辞书出版
社，1992.

［48］高亨. 商君书注译［M］. 北京：中华书局，1974.

［49］张觉. 商君书全译［M］. 贵阳：贵州人民出版社，1993.

［50］朱绍侯. 军功爵制试探［M］. 上海：上海人民出版社，1980.

［51］杨英杰. 战车与车战［M］. 长春：东北师范大学出版社，1986.

［52］王利器，王贞珉. 盐铁论译注［M］. 长春：吉林文史出版社，
1995.

［53］杨生民. 汉武帝传［M］. 北京：人民出版社，2001.

［54］郭志坤. 秦始皇大传［M］. 上海：上海三联书店，1989.

［55］文物出版社. 中国历史年代简表［M］. 北京：文物出版社，2001.

［56］黄绍筠. 中国第一部经济史：汉书食货志［M］. 北京：中国经济
出版社，1991.

［57］滕新才，荣挺进. 管子白话今译［M］. 北京：中国书店，1994.

［58］石俊志. 半两钱制度研究［M］. 北京：中国金融出版社，2009.